나는 박열이다

나는 박열이다

일왕 폭살을 꾀한 어느 아나키스트의 뜨거운 삶의 연대기

김삼웅 지음

책뜨락

일러두기
1. 일본의 연호는 직접 인용에서도 현대 표기법에 따랐다.(예 : 다이쇼, 쇼와 등)
2. 가네코 후미코는 당시 언론 기사 등에서 '가네코 아야코'로 표기하고 있는 경우가 있는데,
   여기서는 가네코 후미코로 통일했다.

불굴의 독립운동가의 명예회복을 위하여

한 인간이 자신의 신념을 지키며 평생을 살아간다는 것은 보통 어려운 일이 아니다. 선거철이나 권력교체기에 나타나는 철새족을 보면 신념과 지조를 지키면서 사는 것이 얼마나 어려운 일인가를 잘 알 수 있다. 일제 강점기 동안 많은 독립운동가와 민족주의자들의 친일 변절에 우리는 일말의 동정을 하면서도 경멸한다. 동정은 시대 상황의 가혹성 때문이고, 경멸은 지조를 지키지 못한 까닭이다.

박열(朴烈, 1902~1974)은 지조와 신념을 지킨 독립운동가이자 혁명가였다. 일왕 부자를 처단하려다 '대역 사건'이라는 죄명으로 사형선고를 받고 무기로 감형되어 일수로 8,091일, 연력으로 22년 2개월하고도 하루 동안의 혹독한 일본 감옥생활을 견딘 '운명의 승리자'이다.

당시 세계감옥사에 일죄일범(一罪一犯)으로서 22년여의 옥고를 치르고도 살아남은 혁명가는 그가 처음이었다. 더욱이 그는 심신이 건강한 상태로 생환하였다.

대학생 몇 명에게 그의 이름을 댔다. 지적 업무에 종사하는 사람들에게도 그의 이름을 아느냐고 물어보았다. 부끄러운 일이지만 그를 안다고 하는 사람은 거의 없었다.

이는 역사교육과 독립운동사 기술에 책임이 없지 않다. 경직된 반공 이데올로기의 교육에도 책임의 일단이 있을 것이며, 비슷하게 경직된 지성 풍토에도 문제가 있을 것이다.

단지 아나키스트라는 이유로, 한국전쟁 때 납북되어 북한에서 활동했다는 이유로, 그는 우리 머릿속에서 지워진, 기피 인물이 되었다. 우리의 지성 풍토는 그동안 '무정부주의'를 반체제적인 이데올로기로 치부하여 기피해왔다. '아나키즘'을 '무정부주의'로 번역하는 것부터가 잘못이었다. 무정부주의가 모든 제도와 권력을 부정하는 이념처럼 인식됨으로써 지식인 사회에서 비판·기피의 대상이 된 것이다.

원래 아나키즘의 어원은 그리스어의 '아나르코스(anarchos)'인데 이것은 '지배자가 없다'는 뜻이며, 원래 '무강권주의(無强權主義)'로 번역될 수 있으며, 무정부주의로 번역하는 것은 옳지 않다.

자유를 갈망하는 것은 인간의 가장 큰 본능 가운데 하나다. 인간은 들판의 꽃이나 하늘의 새처럼 거침없이 자유롭게 살아가기를 원한다. 아나키즘은 이러한 인간의 근원적 욕망이나 이상을 근저로 하여 그것을 위해 싸우는 신념 체계이다. 이것은 냉정한 합리주의만이 아니라 낭만적 감상이나 동경까지를 포함하고 있는 사상이다. 인류사회의 궁극적인 이상 형태를 말하자면 의심할 나위 없이 그것은 아나키즘 사회일 것이다.

식민지의 청년 박열에게 아나키즘은 일제 강권주의에 대치되는 구원의 이념이었다. 그래서 일본 아나키즘의 거두 오스기 사카에(大杉榮, 1885~1923)와 교유하게 되고, 강권주의의 상징인 일왕을 제거하고자 하였다. 이와 더불어 박열의 사상적 근저를 이룬 것은 조국 해방을 염원하는 민족주의였다.

아나키즘과 공산주의는 상극적인 관계이다. 박열이 체포되기 전 도쿄에서 김약수, 조봉암 등과 흑도회(黑濤會)를 결성해 활동하다가 이탈하여 흑우회를 조직한 것도 흑도회의 사회주의적 경향 때문이었다. 박열은 공산주의를 배격했고 해방 후에도 이승만을 도와 정부수립운동을 지원했다. 그런데도 북한에서 활동했다는 이유로 기피인물이 되고 잊힌 독립지사로 역사의 저편에 묻혀온 것은 부끄러운 일이다.

아나키즘에 대한 연구가 부족한 저자가 감히 박열의 전기에 손을 댄 것은 그와 부인 가네코 후미코(金子文子, 1903~1926)의 법정 투쟁에 감명을 받았기 때문이다. 아주 오래전에 서울대학교 최재희 교수의 『사상의 주변』(1962)이란 책에서 박열의 법정 투쟁에 관한 짧은 글을 읽은 이래 틈틈이 모은 자료와 일본 흑도회에서 발간한 공판 기록 등을 토대로 한 권의 책으로 엮었다.

책의 성격상 본문에서는 일왕과 왕세자를 당시 호칭대로 천황·황태자 등으로 표기한 대목이 있다. 박열이 옥고를 치를 때 몇 차례 면회를 한 바 있으며, 1990년대까지 한국 아나키즘운동을 이끌었던 90 노객 최갑룡 선생께서 증언과 몇 가지 자료를 넘겨주셨고, 다른 몇 분도 값진 자료를 보내주셨다. 감사의 말씀을 드린다.

이 책은 1996년에 『박열 평전』으로 냈던 것을 보완하고 체제를 바꾸어 재간하게 되었음을 밝힌다. 저에게는 30여 권의 인물 평전 중 첫째 권에 이르러 특히 애착이 간다.

2017년 6월
김삼웅

박열의 민족주의와 아나키즘

박열은 일제 강점기의 수많은 독립운동가 가운데서도 독특한 위치를 차지하는 인물이다. 그는 이미 20대 초반에 일본인 부인 가네코 후미코와 함께 아나키스트로서, 국권을 강탈한 일본 제국주의의 상징인 일왕 부자의 폭살을 도모하다가 사형선고를 받은 실천적인 독립운동가였다.

박열이 법정 투쟁에서 독립투사로서 보인 애국 열정과 투지는 꺼지지 않는 항일의 불꽃이었고, 23년간 혹독한 옥고를 치르고도 살아남은 '의지의 인간', '운명의 승리자'였다.

일왕 부자의 폭살 도모는 당시 조선인 독립운동가라면 누구나 한 번쯤 꿈꾸었을 만한 거대한 도전이었다. 그러나 함부로 나서기 어려운 '성역'이기도 했다. 그런데 박열은 아나키즘의 기치를 들고 이것을 도모하다가 좌절되었다. 하지만 박열의 아나키즘은 독립운동 실천 방안의 하나였을 뿐 일본인들의 아나키즘과는 성격이 크게 달랐다.

일본인의 아나키즘은 일본 국가주의에 대한 정면 반대, 일본 천황제에 대한 전면 폐지론이었음에 반해, 박열의 아나키즘은 철저한 혁명적 민족주의가 바탕이 되었다. 그는 민족이 민족을 지배하고 압박·착취함에 반대하여 조선 민족의 완전 자주독립을 주장하는 반(反)제국주의자였고, 독립된 민족 사회 내부에서 압박과 피압박, 그리고 빈부격차의 완전 타파와 모든 사회 성원의 균등한 경제생활 실현을 추구한 점에서는 다소 사회주의적인 면도 있었다. 그러나 그는 공산주의를 배격하는 반(反)공산주의적 입장이었다. 흑도회 등에서 김약수, 조봉암 등 사회주의를 지향한 인물들과 결별한 과정에서 볼 수 있듯이 그의 사상 체계는 반(反)천황제·반(反)식민지·반(反)사회주의적이었다.

박열의 옥중투쟁은 식민지 청년의 기백과 투혼을 일본인들에게 유감없이 보여준 쾌거가 아닐 수 없었다. 이봉창 의사가 적도 사쿠라다몬(櫻田門) 앞에서 일왕을 향해 폭탄을 던져 일인들의 간담을 서늘케 했다면, 비록 일왕 부자 폭살 기도는 비록 미수에 그쳤지만 박열이 법정에서 보인 행동과 진술은 일본의 식자층에게 커다란 충격을 안겨주었다.

박열의 독립운동 원칙은 철저한 실천성에 있었다. 김약수 등과 함께 조선인에 의한 진보적 사회운동단체의 효시라는 '흑도회(黑燾會)'를 조직하고 「흑도」라는 기관지를 발간하여 민족차별 반대운동에 나서고, '불령사'를 조직해 친일분자들을 응징한 행동 등은 그의 실천성을 잘 보여주는 대목이다.

박열이 즐겨 사용하던 '흑도'라는 말은 '검은 파도'라는 뜻으로 아나키즘 사조를 지칭한 것이며, 이후에 조직한 '흑로회(黑勞會)', '흑우회(黑友會)', 잡지 「불령선인(不逞鮮人)」 「현 사회(現社會)」 등은 하나같이 그의 아나키즘의 외피에 싸인 민족주의의 실천성을 상징하고 있다.

박열의 아나키즘은 일본의 사상가이자 아나키스트인 오스기 사카에와 이와사 사쿠타로(岩佐作太郎, 1879~1967)에게 많은 영향을 받았다. 일본에 건너가 고학을 하던 박열은 천황제를 부정하고 조선에 각별한 동정심을 품고 있던 그들을 만나고, 이들과의 교유를 통해 아나키즘에 심취하게 되었다.

박열이 처음 아나키즘에 관심을 갖게 된 계기는 서울에서 경성고보에 다니던 10대 시절에 한 일본인 교사로부터 고토쿠 슈스이(幸德秋水, 1871~1911)의 '대역 사건'에 대한 이야기를 듣고 충격을 받은 것이다. 고토쿠 슈스이는 아나키즘 신념에서 일왕을 살해하려다 체포되어 일행과 함께 처형된 일본 아나키즘운동 창시자이다.

아나키즘은 1900년 이후 일본에 수용된 급진적 사회개혁 사상의 하나였다. 사회주의와는 일정한 거리를 유지하면서 일본에 전파되어 진보적인 청년·지식인들에게 매혹의 대상이 되었다. 이 운동을 일본에 전파한 고토쿠는 1903년 평민주의·사회주의·평화주의를 내걸고 언론 활동과 조직운동을 전개하다가 결국 일왕 암살 음모라는 '대역 사건'으로 처형당했다.

3·1혁명이 조선 민중의 참담한 희생으로 끝난 후 재일 조선 유

학생들은 극심한 좌절감과 허무주의에 빠져들었다. 경제적으로 여유 있는 일부 친일파 지주 계급의 자식들은 현실에 적응하면서 출세 지향으로 활로를 찾고자 하기도 했지만, 고학으로 공부하는 청년 학생 대다수는 피압박 민족으로서의 고통 외에 경제적 고통이라는 이중고에 시달렸고, 따라서 사회주의와 아나키즘에 빠져든 경우가 많았다.

일본 제국주의가 청일전쟁과 러일전쟁에서 승리하고, 을사늑약을 통해 조선을 강점한 데 이어 무력으로 3·1혁명을 짓밟던 당시에, 일본의 진보적인 지식인 사회에는 새로운 사회사상으로 아나키즘이 대두되었다. 크로포트킨 등의 러시아 아나키즘운동에서 비롯된 일본에서의 아나키즘운동은 식민지 상황 하의 조선 청년들에게도 대단히 매력적으로 다가왔으며 또한 호기심을 자극하는 대상이기도 했다.

반면 3·1혁명의 좌절 이후 국내에서는 문화운동이라는 이름으로 대중계몽운동이 대대적으로 일어났고, 국외의 독립운동전선에서는 무력항쟁으로의 독립운동 노선 전환이 이루어졌다. 이러한 상황에서 박열을 중심으로 한 일단의 청년들은 일본에서 허무주의적 아나키즘의 행동주의를 표방하면서 일왕 부자 폭살 계획을 추진하기에 이르렀다.

일본 법정은 박열의 정신과 사상을 극단적인 과격 사상과 허무주의에서 비롯된 병적인 현상으로 몰아가려고 했다. 그러나 박열의 정신 상태는 지극히 건전하였고, 그의 허무주의는 결코 개인적인 니힐리즘이나 비관주의가 아닌, 조선 민족이 처한 시대상의 산물이었으며, 과격주의는 중국에 있는 임시정부와 의열단 투쟁 등과 맥을 같이하는 자기희생적인 독립투쟁 노선을 바탕으로 하고 있었다.

따라서 박열의 사상적 바탕은 아나키즘도 허무주의도 아닌, 민족주의였다 해야 할 것이다. 아나키즘과 허무주의는 민족주의를 감싸는 껍질에 불과한 것이었다. 법정 진술에서 그가 보여준 아나키즘·허무주의적인 언사는, 어디까지나 민족주의를 보호하려는 껍데기고 외장이었다. 마치 달걀의 노른자와 흰자, 그리고 껍데기가 수정란을 보호하는 장치인 것과 같다 하겠다.

박열의 천황제 비판이나, 일제의 최고책임자에 한민족 침략의 책임을 묻고자 하는 일왕 부자 폭살 계획, 법정에서 조선옷을 입고 일본인 판·검사들에게 반말로 일관한 태도 등은 조국의 독립과 자존을 지키려는 민족주의가 바탕이 되지 않고서는 설명하기 어렵다.

일본인들의 아나키즘운동이나 1924년 서울에서 조직된 흑기(黑旗)연맹과 대구의 진우(眞友)연맹 등이 하나같이 일본 왕실을 부정하는 아나키즘운동이었던 것에 비해, 박열의 경우는 이를 '운동' 차원에서 '직접 행동'의 차원으로 끌어내고 스스로 선두에 섰다는 데서 그의 아나키즘은 광휘를 더하고, 나아가서 일반적인 아나키즘과는 유형을 달리하며 여기에서 그의 독특한 민족주의 사상을 엿볼 수 있다.

또한 당시 일본에서 아나키스트와 볼셰비스트 간에 러시아혁명의 현실을 둘러싸고 벌어진 이른바 '아나볼 논쟁'에 대한 박열의 입장에서도 그의 사상 체계를 가늠할 수 있다. 박열은 볼셰비스트 측이 러시아를 '무산대중의 조국'이라 부르며 행동하는 논거에 승복하지 않았다. 본인이 무산자 계급이었음에도 불구하고 러시아를 조국으로 섬기려는 광신적인 이데올로그들을 배격하는 자세를 보여주었던 것이다. 박열에게 이데올로기가 있다면 그것은 오로지 민족주의뿐이었고, 일제에 대한 민족해방이 모든 행동의 대원칙이었다.

박열이 '대역 사건'이란 죄목으로 법정에 나서면서 제시한 4가지 조건을 살펴보면 그가 가진 민족주의의 진면목을 볼 수 있다. 조선 민족을 대표하는 입장에서 조선의 왕관을 쓰고 조선 왕의 옷을 입도록 할 것, 법정에 서는 취지를 스스로 선언하도록 할 것, 조선어로 말할 터이니 통역을 준비할 것, 일본인 판사와 좌석을 동등하게 해줄 것 등의 4가지 조항은 박열이 아니고는 상상하기도 어려운 조건이었고, 이와 같은 조건의 제시는 민족주의적인 정신과 행동주의의 바탕에서만 가능했다.

박열이 일본 감옥에서 쓴 '한 불령선인으로부터 일본의 권력자 계급에게 전한다.'라는 「대일증오격문」에는 일제가 "세계를 속이고 난폭한 군대와 칼로써 우리의 조국을 강간하다시피 합병했던 것이다."라고 강제 병합 사실을 규정하면서 "우리들은 우리들 조국의 강제적인 피탈(被奪)을 피할 수 없는 운명이라고는 생각지 않는다. 우리들은 잔인한 운명에 대해서 반드시 복수할 것을 서약한다."고 민족해방 투쟁의 의지를 다지고 있다.

또 출감 후 일본에서 저술한 『신조선혁명론』(1946)에서도 그의 민족주의의 명징성을 입증하고 있다. 그는 서두에서 이렇게 주장했다.

나의 사상과 행동은 언제나 보다 올바르고 보다 정의로울 것을 지표로 삼고 있다. 나 개인이 올바른 인간이 되도록, 우리들이 사는 사회가 정의로운 사회가 되도록, 또한 우리 민족이 어느 곳에서든 올바르고 왕성하게 발육할 수 있는 세계가 되도록 나의 간곡한 염원은 언제나 이러한 사상을 근거로 삼고 행동해왔다.

물론 시대 상황의 영향도 있었겠지만 이 책의 어디에서도 무정부주의나 허무주의의 흔적을 발견하기는 어렵다. 해방 후 박열의 정치적인 입장은 통일된 자유민주주의 국가 건설에 있었고, 그것은 그의 투철한 민족주의의 일관성에서 비롯된 것이라고 할 수 있다.

해방 후 북한에 체류하면서 '재북평화통일촉진협의회' 결성에 참여하고 나중에 이 단체의 책임자로 활동한 데서도 그의 민족주의의 시들지 않는 사상적 편모를 살필 수 있다.

박열은 3·1혁명에 참여한 민족주의자로 출발하여 한때 아나키즘에서 허무사상가가 되었지만, 그 밑바탕에는 언제나 일제에 의해 학대받고 수탈당하고 있는 조선 민중해방과 조선 민족의 자주독립 정신이 강하게 깔려 있었다. 일제에 대한 투쟁의 와중에서 그 보호색으로서 아나키스트가 되었을 뿐, 그의 사상적인 기반은 민족주의였고 그 자신은 철저한 민족주의자였다.

박열의 신념 체계를 한마디로 정의하는 것이 허용된다면 '민족 독립의 기치를 들고 아나키즘의 지팡이를 짚고 허무주의의 의상을 입은 행동하는 민족주의자'였다고 한다면 너무 슬로건적인 관찰이라고 할 것인가.

제1장

아나키스트의 길

시골 소년, 경성에 가다

박열은 1902년 2월 3일 경상북도 문경군 마성면 오천리 98번 지 샘골(泉洞)에서 아버지 박지수(朴芝洙)와 어머니 정선동(鄭仙洞) 사이에 셋째아들로 태어났다. 할아버지 때 문경으로 이주해 왔다.

어릴 때 이름은 준식(準植)이며 일명 혁(爀)이라고도 했다. 그가 '열(烈)'이라는 이름을 쓰기는 서당에 다닐 때부터, 자기는 기질로 보아 스스로 열이라고 쓰는 것이 좋겠다고 하여 사용하게 되었다는 설과, 3·1혁명 때 민족운동을 전개하면서 일본말의 '폭렬(爆烈)'을 의미하여 스스로 바꾼 것이라는 2가지 설이 있다. 그러나 그의 큰형 박정식 씨가 법정에서 진술한 내용을 보면 앞의 이야기가 맞는 듯하다.

문 : 준식의 자명(字名), 유명(幼名) 등은 무엇인가?

답 : 아버지가 그에게 준 이름은 '혁(爀), 식(植)'뿐으로 자(字)가
　　없었습니다. 그런데 그가 7, 8세, 즉 서당에 통학할 때부
　　터 자기의 기질로 보아 스스로 '열(烈)'이라고 칭하고 싶
　　다고 말했습니다. 그 당시 호적에 있던 준식이라는 이름
　　은 호적법 시행(메이지 42년) 당시 혁식(爀植)을 나쁘다고 하
　　여 개명한 것입니다. 도쿄로부터 통신으로 온 엽서에는
　　박열(朴烈)이라고 써서 부쳐왔기 때문에 그 당시 그렇게
　　칭하고 있었다고 생각합니다.

문 : '열'의 뜻은 무엇인가?

답 : 결심한 것은 꼭 수행하고야 마는 성격이었기 때문에 그렇
　　게 칭했을 뿐이라고 생각합니다.

　　　　　　　　　　　— 박정식의 증인 심문조서(다이쇼 14년 8월 22일)에서

　박열의 가문인 함양 박씨 집안은 누대로 전통적인 유가세전(儒家
世傳)의 양반 가문으로 주위로부터 존경받아오던 지방 명문이었다.
재산도 상당히 많아서 일본에 병탄당하기 전에는 지주 계급에 속
했으나, 그가 태어났을 무렵에는 약간의 자영농과 소작으로 생계
를 꾸려나가고 있었다.

　1916년 박열이 경성고등보통학교(오늘날 경기고등학교)를 졸업할 무
렵의 조사에 따르면 재산이 1,500원으로 기록돼 있다. 당시 실정
으로는 영세한 규모의 재산이었다.

　박열의 아버지는 그가 5살 때 상주군 화북군 장암리 180번지로
이사하여 이곳에서 어린 시절을 보내고 서당에 다녔다. 이런 연유

로 그의 호적상 원적지는 상주가 되었다.

박열은 어려서부터 총명, 대담, 의협심이 강했으며 7살부터 9살 때까지 서당에 다니면서 『천자문』, 『동몽선습』, 『자치강목』 등을 배우고 10살에 일본 정부가 설립한 함창공립보통학교(4년제)에 입학하여 14살에 졸업했다. 5살에 아버지를 잃고 홀어머니 밑에서 자랐다(경술국치의 해인 9살 때 아버지를 여의었다는 기록이 있으나 착오에 따른 오류로 보인다).

박열이 다닌 함창공립보통학교에는 현재 박열의 학적부는 남아 있지 않지만, 졸업생 명부에는 3회 졸업생으로 1916년 3월 24일 졸업했다는 기록이 박준식(朴準植)이라는 이름으로 남아 있다.

박열이 졸업하기 직전에 그때까지 가르치고 있던 조선인 교사가 학생들을 몰래 모아놓고, 자기는 이때까지 일본 정부의 압력에 못 이겨 너희들에게 거짓 교육을 시켰노라고 울면서 사과한 사건이 있었다. 박열은 이 교사로부터 조선역사의 존엄성과 민족독립의 필요성을 배우고 비로소 민족의식과 반일감정에 눈을 뜨게 되었다.

박열이 함창공립보통학교를 다닐 무렵은 일본이 한국을 병탄한 후 가혹한 헌병무단통치를 자행하고 있을 때였다. 어려서부터 일본의 무단지배 체제에서 식민지 교육을 받고 자란 그에게 이 조선인 교사의 짧은 '민족교육'이 그에게 잠자던 민족혼을 일깨워준 계기가 되었던 것이다.

박열은 이런 사실을 후일 법정에서 예심판사 다테마쓰(立松)에게 말했다.

성적이 뛰어나서 보통학교를 졸업하고 경성고등보통학교에 가고 싶어 했지만, 그때 박열의 집안은 타인의 채무보증을 잘못 섰다가 파산을 당하여 학비를 조달할 수 없는 형편이어서 형님의 반대에 부딪혔다.

그러나 단념하지 않고 도장관(道長官, 오늘날 도지사)의 추천을 받아 관비로 공부할 수 있는 경성고등보통학교 사범과에 시험을 보아 합격하여 서울에서 공부하는 길을 찾게 되었다.

당시 수재들만 모인다는 이 학교에 입학한 박열은 우수한 성적을 보이기도 했으나 일본 정부에서 주는 관비로 공부한다는 것이 창피하기도 하던 차에, 사상이 건전치 못하다는 이유로 3학년 때 퇴학당하고 말았다. 1919년 3·1혁명이 일어나자 시위에 가담한 것은 물론, 지하신문을 발행하고 격문도 살포하는 등 실제 독립운동에 가담한 것이 퇴학을 당하게 된 이유였다.

박열의 어린 시절과 학창 시절에 관해서는 친형 박정식의 '증인 심문조서' 외에 이렇다 할 기록이 남아 있지 않다. 다만 경성고등보통학교 동창으로, 서울교대 초대 학장과 색동회 중앙위원 등을 지낸 조재호(1902년 경남 의령 출생) 씨의 증언이 남아 있다.

기미년 3·1운동이 일어나던 해 나는 경성고등보통학교 4학년에 재학 중이었다. 이듬해 나는 사범과생이 되어 기숙사 생활을 하게 되었는데, 그때 내가 들어 있던 방 건너편 방에는 경북 출신의 박준식이란 학생이 들어 있었다.

이 학생은 조용하고 침착해 얼핏 보면 돌같이 무거운 듯한 인상을 주었다. 어느 날 아침 조례를 마치고 기숙사로 들어오려는데 건너편 방에서 우는 소리가 들렸다. 문을 열고 들어가보니 박준식이 부어오른 양볼을 양손으로 감싸 쥐고 흐느끼고 있었다. 웬일이냐고 물으니 일본인 사감한테 조례에 참석하지 않았다고 매를 맞았다고 했다. 그는 선생이 학생들 잘되라고 때리는 것은 있을 수 있는 일이지만 일본인 사감이 자기한테 가한 매질은 교사로서의 '사랑의 매질'이 아니고 민족적 감정에서 우러나온 악의에 찬 매질이라면서 흥분하고 있었다.

이 사건이 있은 후 얼마쯤 지나 박준식은 학교를 떠났다. 처음에는 마음에 입은 상처를 달래기 위해 잠시 귀향했거나 아니면 서울 집에서 잠시 쉬고 있는 줄 생각했다. 그러나 그는 졸업할 때까지도 학교에 나오지 않았다. (후략)

— '잊을 수 없는 사람들', 「한국경제」, 1993. 2. 15. 참조

이렇듯 '조용하고 침착'했던 박열은 경성고등보통학교 시절에 이미 민족의식이 상당히 강하여 일본인 사감의 매질을 민족차별로 느낄 만큼 반일의식이 굳게 자리 잡고 있었음을 알 수 있다. 박열의 생전의 동지인 이강훈 전(前) 광복회장은 저서 『청사에 빛난 순국선열들』(1990)에서 박열을 이렇게 평했다.

선천적으로 두뇌가 총명하고 담략과 의협심이 남달라, 성장하면서 조국이 일본 제국주의 무리들에게 침탈된 사실을 알게 되자 자연히 적개심이 팽배해져서 마침내 불공대천지수 일본

의 상징적 존재인 일본 천황을 죽이려는 회천(回天)의 확지(確志)까지 품게 되었던 것이다.

박열은 후일 예심을 기다리면서 구치소에서 동지이자 부인이 된 가네코 후미코에게 고향과 가족 이야기를 다음과 같이 들려주면서 어머니를 그리워했다고 한다(『운명의 승리자』 참조).

> 만일 여명(餘命)이 있으면 언젠가 함께 가보고 싶어. 화목하고 아름다운 촌락이지. 사방에 산이 둘러싸여 있고 맑은 물이 개천을 흐르고 있는 우리 집은 지금은 박정식이란 형님이 호주이며, 형님은 부드럽고 순박한 사람이야. 농사와 양잠으로 생계를 이어가지만, 옛날에는 상당한 가문으로 이조시대에는 판서공으로서 학문에 뛰어난 인물도 배출되었었지. 아버지는 내가 9살 때 돌아가셨으나 어머니는 아직 살아 계시며, 어머니는 나를 무척 사랑해주셨으며 매일 밤 나는 어머니의 발에 내 발을 끈으로 묶어두고 잠을 자곤 했지.

경성고보 시절 박열의 일생에서 가장 큰 영향을 끼친 사건 2가지가 있었다.

하나는 일본 정부의 동양척식주식회사(동척) 운영이었다. 동척은 조선인의 멸망을 꾀하는 일제의 경제적 침략 기도였다. 조선 사람이 가지고 있던 토지를 멋대로 일본인 명의로 고치고 그 일본인이 동척에 매도하도록 하여 예부터 토지를 생명처럼 소중하게 여기던 조선인들은 자기도 모르는 사이에 토지를 빼앗기게 되었다. 박열은 주변에서 이런 경우를 숱하게 목격하였다.

다른 하나는 일본 고등사범학교를 졸업한 젊은 일본인 교사로부터 들은 고토쿠 슈스이의 '대역 사건'(1911)이었다. 심리학을 가르치던 이 교사는 당시 금기사항이었던 이 사건을 들려주며 천황제의 문제점과 아나키즘에 대해 말해주었다. 이 교사는 처음에는 고등관으로 조선에 부임해왔는데, 이런 이유로 해서 판임관으로 강등되고 창가(唱歌) 담당으로 바뀌었다.

박열은 이때 조선 독립의 의지를 갖게 되고 3·1혁명 당시 체포된 친구들로부터 경찰에서는 혐의자들에게 가하는 고문이 너무 잔학하다는 말을 듣고 국내에서 독립운동을 하기보다 일본으로 건너가는 것이 유리하겠다고 판단했던 것이다. 그래서 일본행을 결심하게 되었다.

총 21회에 걸친 예심판사의 심문 과정에서 박열이 직접 밝힌 자신의 사상을 읽어보자.

3문 : 피고가 허무적 사상을 갖게 된 경위는?

답 : 나는 처음에 민족적 독립사상을 가지고 있었던 차에, 광의의 사회주의에 빠져들었고, 그 후 무정부주의로 변한 후 다시 현재의 허무주의 사상을 갖게 되었지만, 지금도 민족적 독립사상을 내 마음속에서 떨쳐버릴 수 없다. 내가 그런 사상을 갖게 된 경위는 연혁적으로 말하자면, 우선 첫 번째는 학교에 가기 전 내가 8, 9세 때의 일이었다.

조선은 전통적으로 계급제도를 중시하고, 약자는 강자에 대해 절대복종 관계의 고전주의였다. 예를 들면 자식은 부모에 대해, 남동생·여동생은 형·누나에 대해, 어린 사람은 나이든 이에 대해 절대복종 관계에 있고, 특히 조선의 관습상 기혼자는 성인으로서 대우받으므로 연장자의 미혼자는 연하의 기혼자에 대해, 또 연장자의 하급 친족자는 연하의 상급 친족자에 대해 절대복종적 관계에 있었다. 또 조선에 있어서 조선 고유의 문자가 있는데도 불구하고, 한문을 진서(眞書)라 부르고 존중하며, 새 것을 배척하고 낡은 것을 존중하는 고전적인 이들의 절대복종적, 고전적인 것에 관해 나는 어린애이지만 회의를 품고 있었다.

두 번째로, 내 사상에 영향을 미친 것은 학교에 다니게 된 후의 환경이다. 조선인은 일본인을 왜놈이라고 부르며 모욕하고 무조건 일본인을 배척하였지만, 나는 일본인의 생활이 비교적 개화되어 있는 것을 보고, 일본인이 경영하는 학교에 들어가고 싶어져서, 데라고야(서당)에서 함창공립보통학교에 전학했다.

전학 당시 나는 일본의 교육 방법이 얼마나 진보되어 있는가에 감탄하여 열심히 공부했다. 교사로부터 일본과 조선은 한 나라이며, 일본인과 조선인은 동포이며 평등하다는 것을 가르치는 일본 천황의 고마움을 설교받았지만, 사실상 일본인 소학교는 조선인 소학교보다 우선순위에 놓여지고, 학교에서 조선어를 사용하는 것을 금하며, 조

선의 지사나 위인에 관한 것은 물론 조선 황제에 관한 것
조차 조금도 언급되지 않을 정도로 불평등한 것에 대해
나는 회의를 품고 있었다.

졸업할 때에 임박해서 조선인 교사가 우리 조선 소학생을
모아놓고 "이제까지 마음에도 없는 거짓 교육을 했다. 조
선의 역사를 존중하지 않으면 안 된다. 일본의 교사는 경
찰서의 형사다."라고 말하며 우리들 앞에서 운 일이 있었
다. 나는 이것을 보고 매우 감동했다.

학교에서의 생활은 그토록 평등을 표방했지만 사실상 불
평등했기 때문에 거듭 학교생활과 가정생활은 모순·충
돌하고 있었다. 학교에서 교사가 옳다고 가르친 것이 내
가정에서는 옳지 않은 경우도 있고, 또 당시 나는 어린이
였지만 실제로 사회를 보면, 일본인과 조선인은 평등하며
동포라고 하였지만 조선인은 차별적이고 불평등한 대우
를 받고 있었다.

조선인 공무원은 직무상 중요하고 높은 지위에 앉는 일이
불가능하고, 일본인 관리보다 봉급도 적고, 승진도 늦고,
또 일본인이 경영하는 상점에서는 조선인 손님에게 도량
이나 눈금을 속이고 있었고, 같은 노동자간에도 일본인과
조선인을 차별대우하고 있었다.

일본인은 일본을 본국이라 부르고 있었다. 일본어를 국어
라고 했지만, 조선인의 입장에서 보면 일본은 본국이 아
니며 일본어는 국어가 아니다. 나는 학교에서 일본의 위

인을 위인으로서 가르침을 받았지만, 사회 선배로부터 듣
자니, 이토 히로부미를 죽인 것은 안중근이라든지, 그 외
에 조선을 위해 일한 지사·위인도 많이 있었다.

그처럼 일본 학교의 교육, 일본인의 생활, 일본 관헌의 통
치 방법은 평등을 표방하고 있으면서 조선인에 대해 민족
적 차별대우를 하고 있으므로 나는 12, 13세부터 14, 15
세에 이르는 사이 경부터 민족적 독립사상을 우선 갖게
된 것이다.

아까 말하기를 잠깐 잊어버렸는데, 그 당시 나는 어린이
였지만 일본인의 조선인에 대한 횡포를 목격하고 적지 않
은 반감을 가진 일이 있었다. 예를 들면 일본 정부는, 구
조선 정부 시대의 소학교 교과서인『동몽선습』, 그 외 역
사적 교과서는 물론 구 정부 시대의 연호를 사용한 서적
을 몰수하고, 그 후 그런 부류의 서적을 소지하고 있는 사
람을 벌금에 처했다. 그때부터 나는 오히려 호기심이 생
겨 괜히 그러한 책이 읽고 싶어지는 경우도 있었다.

또 일본 정부는 토지측량조사를 함에 있어서 진짜 소유자
가 누구든간에 상관없이 조사 당시의 토지 소유 명의인에
게 소유자임을 인정한다고 하는 법령을 설정해, 일본인을
소유 명의인으로 하여, 전국적으로 조선인의 토지를 빼앗
아버렸다.

민둥산을 몰수한다는 법률을 설정하고 일본인에게 식수
를 장려하여 일정기간 내에 일정한 숲을 이루게 해서 일

본인에게 그 토지를 내려주어, 결국 전국적으로 조선인의 손에서 산을 전부 빼앗아버렸다.

또 일본인은 한창 고리대금업을 하여, 조선인의 무지함을 이용해 소유하고 있는 토지 또는 가옥을 저당잡고, 조선인이 변제 기일에 돈을 되돌려주러 가도 그 고리대금업자는 돈을 받지 않고 저당물을 몰수해버리며, 후에 말다툼이 되면 고리대금업자에게 얻어맞아 피를 흘린 조선인이 헌병대에 호소하면 헌병대는 그 고리대금업자를 옹호하여, 저당물을 몰수당한 조선인을 꾸짖거나 때리거나 했다.

빚이 있는 일본인 직인(職人)은 숨어서 길 가는 조선인을 때리고, 또 일본 관리는 발견하는 대로 만나는 조선인을 잡아서 무거운 짐을 지게 하고, 목적지까지 도착하고 나서는 그 조선인에게 어떠한 사례나 보답도 하지 않는 것이 통례였다.

또 조선인의 입장에서는 지사(志士)인 의병을 일본 정부는 폭도라 부르고 학살했다. 이런 일들이 일본 민족·일본 정부에 대한 반역적 기분을 갖게 된 두 번째 동기였다.

　　　— 제3회 심문조서(다이쇼 13년 1월 30일, 도쿄지방재판소)에서

1문 : 피고가 세 번째로 사상상의 영향을 받은 동기는?

답 : 내가 사상상의 영향을 받은 것은 고등보통학교 시대였다. 전에 말한 대로 당시 나는 점차 일본 민족·일본 정부에 대한 반역적 기분이 높아가고 있었는데, 한편으로는 나는

학문을 좋아하여 연구·향학열에 불타고 있었다.

전에 말한 대로 우리 집은 유복하지 않았기 때문에 학비가 궁했다. 그래서 나는 '부(富)'를 매우 부러워했는데, 이것이 내가 자본가 및 자본주의적 사회제도에 대해 증오심을 갖게 된 제1보였던 것으로 생각된다. 학비가 궁했으므로 나는 일본에 대한 반역적 기분을 억누르면서도 면학을 위해, 장관(도지사)의 추천에 의해 관비로 입학할 수 있는 고등보통학교 사범과에 입학하기로 결심했다. 고등보통학교라고 하면 일본의 중학교에 상당하며, 조선인을 수용하는 학교였다.

나는 입학시험에 낙제했을 경우의 수치를 고려하여 무단으로 대구로 가서 입학시험을 치르고, 합격했으므로 부모에게 그 사정을 알리고, 일부 학비를 받기로 하고, 경성에 있는 동(同) 학교에 입학했다. 입학하고 나서 한 학기 정도는 그다지 눈치 채지 못했지만, 그 후 동 학교의 교육 정도가 일본인을 수용하는 중학교보다 매우 낮음을 발견했다. 동 학교는 생도(학생)에 대해 영어를 가르치거나 또 영어의 강의록을 읽는 일조차도 금지하고 있었다. 또한 생도가 상업 방면에 치우치는 것을 경계하고 있었다. 영어를 금하고 상업에 치우치는 것을 막는 것은, 조선인이 영어를 배워서 상업에 종사함에 의해 시야가 세계적으로 됨을 경계하는 일본 정부의 방침에 따른 것이었다.

주요한 학과는 일본어이며 또 모든 학과는 일본어를 가르치기 위한 학과이거나 조선인을 일본의 노예로 만들기 위해 준비된 것이었다. 박물역사 교사는 일본과 조선은 한 나라이며, 일본인과 조선인은 동일 인종이라는 것을 고취시켰다. 또 자주 한 사람에 대해 충정애국을 설교하며, 일본 천황의 고마움이라는 것을 설명했지만 우리들에게는 조금도 일본 천황의 고마움이 느껴지지 않았고, 우리의 흥미를 끌지 않았다. 이 때문에 우리 동료들 사이에는 '국가'를 '곡가(穀價)'로, '우리나라(와가쿠니)'를 '우리 먹으니(와가쿠이)'라 읽으며 반역적 기분을 만족시키며 살았다.

또 학교는 조선인에게 경쟁심이나 적개심을 일으키지 않게 하기 위해 대항시합이나 이와 유사한 유희를 금지했다. 또 조선에서는 조선의 상류사회 사람에 한해서 그 자녀를 일본인 학교에 입학함을 허가했지만, 우리들에게는 물론 일본인 학교에 들어간 조선인에게도 군사교육을 하지 않기 위해 군대교련을 시키지 않았다.

교사의 과반수는 소학교의 교사 수준이었다. 남자들 대부분이 저능했지만 그중에는 재미있는 남자도 있었다. 어느 일본의 고등사범학교를 졸업한 젊은 심리학 교사는 사상을 품은 자로, 고토쿠 슈스이의 대역 사건 이야기를 들려주었으므로 나는 흥미를 갖고 그 이야기를 들은 적도 있다. 역사 교사는 자기는 일본인이 아니라 세계인이라고 하며, 독일이 프랑스로부터 정복당해 후에 독립하게 된 이야기를 들려주어 우리들에게 독립적 기분을 고취시켰

고, 고등관인 판사관이 된 후에 창가(唱歌) 선생이 되었다
는 남자의 이야기도 꽤 재미있었다.

또 학교는 우리들 조선인 학생에 대해 일본으로 유학한
학생은 불건전하다고 하며, 일인(日人) 등과 교제하는 것
을 금하고, 사립학교에는 조선인 교사가 많다는 이유로
그곳 학생과도 교제하는 것을 금하고, 우리들이 기독교
교회나 강연회, 기타 집회에 출석하는 것까지도 금했다.
그처럼 금지당하자, 호기심이 발동해 각 집회에 출석해보
고 싶어지는 것이었다.

조선에서는 연설회를 금지하고 있기 때문에, 연설회를 개
최할 때는 강연회라는 명의로 여는 것인데, 나는 학교에
다니면서 속속 강연회에도 가고 기독교 교회에도 출석했
다. 출석해보니 조선인 연사자, 목사, 미국인 목사들이 조
선어로 반대어나 속어를 사용해 청중에 대해 인종의 자유
평등, 독립을 활발히 연설하고 있는 것을 듣고 나는 매우
유쾌히 여겼다.

학교에 가서 내가 그 연설 내용을 들려주자, 다른 학생들
이 매우 기뻐하며, 그날 밤 강연회에 많은 수가 출석했으
므로, 강연회 주최자를 학교에서 기피하여 그 강연회를
중지한 적도 있을 정도다.

조선 총독이나 일본 고관이 경성을 출입할 때, 또는 학교
에 참관하러 올 때에는, 우리들을 사열시켜 환영하는데,
그때 반드시 교사는 우리들이 담배를 소지하고 있는지를

조사한다며 우리들이 위험물을 소지하고 있는지를 조사하고, 우리들 조선인 생도를 일본인 생도 뒷열에 세웠다.

내가 동(同) 학교에 있었을 때, 미국전쟁이 시작되었으므로 우리들은 정류장에서 일본의 군대를 환송하거나 환영하도록 강요당했는데, 우리들은 군대에 대해 만세라고 외쳐야 하는 것을 "일본 망세(亡歲)"라고 소리치며 내심 몰래 스스로를 위로하고 있었다. (후략)

— 제4회 심문조서(다이쇼 13년 2월 2일, 도쿄지방재판소)에서

문 : 지난번 말했던 것의 다음은 무엇인가?

답 : 고등보통학교 시절에 내가 사회로부터 받은 자극을 말해보고자 한다.

지난번 말한 대로 나는 심리학 교사에게서 그의 사상에 관한 이야기를 듣고, 흥미를 갖게 되어 기노시타 나오에(木下尚江), 나쓰메 소세키(夏目漱石), 오가와 미메이(小川未明), 다케고시 산사(竹越三叉), 구로이와 루이코(黑岩淚香) 등의 저서를 읽고 사상적으로 얻는 것이 많았는데, 사립학교의 조선인 학생은 우리들 관립학교의 학생을 '다된 왜놈'이라 부르며 냉소하고 있어서 나도 내심 일본 정부가 설립한 학교에서 취학하고 있는 것을 부끄러워하고 있었다.

일본 정부는 조선에 대학과 전문학교를 세우는 것을 허가하지 않았으며, 이렇게 해서 일본 정부는 조선인에게 전문적 지식을 주는 것을 막고 노예로 만들어 사용하기에

좋을 듯한 여건의 학교 설립만을 허가했다.

이런 까닭에 조선인으로 하여금 법률을 배워 일본 정부의 공무원이 되지 않는 자는 일본 정부로부터 미움을 받고 괄시당하게 되었다. 또 일본 정부가 조선인의 집회를 금지하고 신문·잡지 기타 출판물의 발행을 허가하지 않고, 외국으로 여행할 여행권을 주기를 거부하는 일들은 일본 정부가 조선인이 세계적이 됨을 싫어했다는 증거다.

또 일본인은 열차 안에서 넓게 좌석을 차지하고 결코 조선의 노약자 남녀에게 자리를 양보하려 하지 않았고, 목욕탕 같은 곳에서도 조선인의 입장을 거부하며, 일본인 노동자에게 조선인 노동자보다도 우선 일을 주며, 쌀이 모자라 나누어주던 때에도 나중에 온 일본인에게 우선 주었다. 그러므로 일본인과 조선인 사이에 불화가 생겨 수명이 사상한 일조차 있고, 재판에서도 조선인과 일본인 간의 소송에서는 조선인 쪽이 패소함이 당연한 귀결이었다.

특히 심하게 마음에 걸리는 것은 데라우치 빌리켄(데라우치 마사타케를 가리킴 - 지은이) 총독시대의 아편정책·매독정책이다. 외국에 대한 대면상 일본 정부는 아편의 매매를 금지하고 있지만 그것은 표면상이며, 내실은 그 매매를 공인하고 있다. 아편은 대개 일본인 의사의 손에서 팔리며 도쿄 성(東京省) 제품이 사용되고 있다. 생각 있는 조선인이 그 매매 사실을 알고 관헌에 신고하면 그 위범자는 2, 3일간 구류해두는 데 그치는 것이다. 그러면서도 일본에서의 아편 매매는 엄중히 단속되고 있다. 일본 정부는 은근히 매춘을 장려하고, 성병을 일본으로부터 유입해 결코 매독 검사를 하려 하지도 않는다. 이러한 것 등은 일본 정부가 정책상 조선인의 멸망을 꾀하고 있다는 증거다.

또 일본 정부는 동양척식주식회사와 결탁해서, 조선의 경제적 실권을 장악하고자 노력하고 있다. 그리하여 일본인과 일본 정부는 정치적·경제적·사회적으로 조선인의 손에서 실권을 빼앗고, 조선 민족의 멸망을 꾀했다. 학대받고 착취당하고 있는 조선 민족이야말로 정말 가엾기 짝이 없다.

나는 학창 시절부터 그런 사회 실상을 보고, 일본 민족에 대한 증오의 염(念), 조선 민족 독립의 염을 갖지 않을 수 없었다. 이상은 다이쇼 8년(1919) – 나는 일본 연호를 사용하기가 불쾌하므로 검사에게 이야기했을 때에는 서력 연호를 사용했는데, 서력으로는 잘 모르겠다하므로 이제부터는 일본 연호를 사용하겠다 – 내가 18, 19세 때의 일이었다.

세계대전도 종결되고 베르사유 회의를 열 즈음이 되고 나서 조선인은 서로 호응하여 세계에 대해 조선 민족의 독립을 선언하는 운동을 일으키게 되었다.

그것이 소위 다이쇼 8년 3월 1일 독립소요사건이었고, 나도 독립 만세를 외치며 시내를 누비며 다닐 때는 유쾌했지만, 그즈음 조선의 이태왕(李太王, 고종을 가리킴 – 지은이)이 일본과 호의적으로 합병에 동의했다는 각서에 조인할 것을 거부했기 때문에 일본 정부로부터 독살당했다는 이야기를 듣고, 이윽고 학교에서 쓸데없이 날을 보내고 있을 수가 없다는 생각이 들어, 그 때문에 나는 학교에 적을 두고만 있었고, 그 후 일본에 대한 시위운동을 일으킬 계획을 세우고, 동지와 왕래하며 동지 4, 5명과 함께 「독립신문」을 발행하며, 격문을 배포하거나 하면서 실제 운동에 관계하게 되었다.

그러던 때, 나는 3월 1일 소요사건에서, 혀를 자르고 전기를 통하게 하며, 부인의 음모를 뽑고, 자궁에 증기를 통하게 하거나 또는 음경에 지넘(紙捻, 비튼 종이)을 쑤셔넣거나 하는 고문을 했다는 이야기를 듣고, 이렇게 단속이 엄중하고 잔학한 조선에서는 영속적으로 독립운동을 할 수 없다, 조선에서 독립운동을 하다가 한 번 잡히는 날이면 그걸로 마지막이며 다시는 운동을 할 수 없다고 생각하여 이윽고 조선을 떠나기로 결심했다.

그 무렵 나는 인간은, 인종과 인종 사이는 물론이요, 같은 인종의 인간과 인간 사이에도 절대 자유평등하지 않으면 안 된다는 생각을 하고 있었다. 나는 그즈음 광의의 사회주의 사상을 갖고 있었던 것이다. 그래서 나는 반일본민족주의와 범사회주의 사상을 갖고 다이쇼 8년(1919) 10월경, 일본에 왔던 것이다. 내가 일본에 오고 난 후의 생활은 사상상 제4기로서 일대 변화를 겪은 시기였다.

나는 일본에 온 후에 검거에 이르기까지 생활방편으로서 명소(名所)의 신문판매점에서 신문배달을 했고, 제흙공장 직공도 되었고, 후카가와(深川) 구내에서 날품팔이도 했으며, 우편배달부·인력거꾼·중국집·야경수(야간경비)·점원·인삼행상·조선엿장수 등의 노동에 종사했었다.

일본에 와서부터 나는 일본 사회가 조선 사회보다 생활정도, 교육정도가 진보되어 있음을 느꼈지만, 우리들에 대한 일본 경찰의 단속 방법은 조선에서보다는 소위 문명적이었지만, 직접적인 폭력을 쓰지만 않았을 뿐으로 간접적으로는 음험하고 교묘한 스파이 정책을 써서 우리들의 직업과 주거를 빼앗은 사례가 많이 있으며, 이에 따라 반감이 더 커지고 있었는데 그 실례는 생략해두겠다.

사상에 관해, 나는 조선에 있었던 당시부터 주의부터 말하건, 반역적 기분의 만족부터 말하건, 일본이 싫어하고 있는 점부터 말하건, 미국의 과격파 운동에 흥미를 갖고 있었는데, 그 후의 러시아의 모양새를 보니, 종속민족의 개방평등을 표방하면서 다수결 제도에 의해 소수의 의견을 유린하고, 법률을 설정하여 사회민중의 의사를 강제하고 있으므로, 일종의 국가주의의 변형에 지나지 않으며, 소수의 권력자가 국가사회를 강제하는 모양새는 '로마노프' 왕조시대의 그것과 다름없음을 보고 나는 소위 사회주의·공산주의에 만족할 수 없어 동(同) 주의에 공명할 여지가 없었으므로 무권력·무지배의, 모든 개인의 자주

자치에 의한 평화로운 세계를 동경하게 되었다.

즉, 나는 당시 절대로 권력이 행사되지 않을 것을 목적으로 하는 무정부주의를 마음속에 품고 있었던 것이다. 그러나 나는 무정부주의에도 의구심을 가졌다. 인간성은 모두 추악해서 인간성에 신뢰하고 기대할 수 없음을 깨닫고 나서, 이 추악한 인간성 때문에 무정부주의라는 이상이 아름다운 서정시를 이룰 수 없음을 알고 나는 허무사상을 품게 되었다.

나의 허무사상에 대해 상세히 설명해보고 싶다. 우선 인간성의 불순부터 말하자면, 일본에 있어서 각종 사회적 운동자에 관해서 보니 동지를 배반하고 변절하는 일은 종종 있다. 이런 운동자는 대부분의 경우 부르주아 생활을 공격하는 이면에 있어서는 거만한 생활을 하고 이상에 치달아 자기의 주장을 자기 생활에 실현하려고 하지 않는다. 그런 점에서 보니 인간에게는 서로 사랑하는 일면, 증오의 감정이 있으므로 나는 절대적 진리나 절대적 선은 그처럼 많이 있을 리가 없다고 생각한다.

또 많은 사람이 똑같이 진리이며 선이라고 생각했다고 해도 이에 반하는 진리·선의 사고방식을 갖고 있는 소수의 약자는 그 강자인 다수의 진리·선을 위해서 희생된다. 또 소수의 진리·선이 보다 강한 권력 위에 놓여지면 다수의 진리·선은 소수 때문에 희생되는 것이다. 어쨌든 강자와 약자의 투쟁, 약육강식의 관계가 결국 우주의 대원칙과 같다고도 볼 수 있다. 소위 이것이 신의 뜻인 것같이 생각된다. 타인의 결점만을 보고, 책임감이 적으며, 우월감이 강하고, 질투심이 많고 또 잔인하고, 허위와 위선이 많은 인간에게는 언제나 투쟁이 일어나는 법이다.

다음으로 나는 진리는 우주의 원칙이며 신의 뜻이므로 소중하게 여기지 않으면 안 된다는 생각에 의심을 품고 있다. 모든 사람은 자기의 주장이 진리이며 선이라고 주장하고 있다. 그렇게 되면 모든 사람의 사고방식이 일치하지 않는 한 소위 인간의 진리나 선은 인간의 수만큼 무수해진다. 인간이 이 신의 뜻에 복종하지 않으면 안 된다고 한다면 인간만큼 무참한 것이 없다.

전지전능의 신이라는 조물주는 인간을 만들어 인간에게 약육강식의 진리에 복종케 하고 인간을 학살로 인도하고 있으므로, 소위 은혜롭고 전지전능한 신은 실로 잔인한 악마이며, 신은 인간과 만물을 만들어낼 때에는 자비심이 깊고 전지전능했다고 해도 인간과 만물을 만들어낸 후에는 그 사이에 약육강식의 투쟁이 일어나게 하여 약자는 잔인한 비극 속에 휘말릴 수밖에 없음을 보면서, 그것을 구해내려고도 하지 않고 또 구해낼 수도 없을 정도로 냉혹하고 무능하다면 그 신은 오히려 가장 무지무능한 존재일지도 모른다.

약자를 멸한 강자는 그보다 강한 자에 의해 멸망하게 되며, 결과적으로 약육강식의 현상은 각 시대 각 사회를 통해서 영구적으로 일어나는 법이다. 서로 돕고 서로 구제한다는 것은 어쩌면 선일지도 모른다. 그러나 그것은 강자나 약자가 마음대로 자기의 편의를 위하여 사용하는 방편에 지나지 않는다. 그러고 보면 어느 시대나 사회에서 행해지는 바 진리·선이라 칭해지는 것은 결국 강자를 위해 설정된 구실이며, 사회의 질서·법률제도·도덕·종교·국가주권은 어느 것이나 유형무형으로 약육강식의 투쟁관계를 나타내는 미명에 지나지 않는다.

이 약육강식의 관계는 인간사회뿐만 아니라 만물 사이에도 존재한다. 이런 생각을 해온 나는 인간성 자체를 신뢰할 수 없게 되었고 또한 인간은 적막·고독하다는 생각을 갖게 됨과 동시에 나 자신이 조선인으로서 태어난 약자인 것, 또 인간으로서 약자라고 하는 것이 저주스럽게 생각되었다. 나는 원래 만물의 존재를 부정함과 동시에, 참을 수 없는 학대 하에 약자로서 인내하며 따르는 것이 저주스러워 모든 것에 대한 반역·복수로써 모든 것을 멸하는 일이 자연에 대한 합리적 행동이라고 믿게 되었다.

따라서 나는, 자가하여 복수도 하지 못하고 공손·온순하게 일본 정부의 학정을 인내하고 있는 조선 민족에 대해서도 저주스러운 감정이 생겼다. 그러므로 나는 조선 민족의 한 사람으로서, 약자인 조선을 학대하는 강자인 일본의 권력자 계급에 대한 반역적 복수심을 아무래도 떨쳐 버릴 수 없었다.

그러므로 나는 방법이 정당하지 않더라도, 커다란 목적을 달성하기 위해서는 비상수단을 행하여 그들을 멸함과 동시에 자신을 멸하기로 생각하여 그 실행에 착수하게까지 되었다. 또한 가능하다면 일본의 권력자 계급뿐 아니라 우주만물까지도 멸망시키고자 생각했던 것이다.

만물의 존재를 부정하고 저주하는 내가 왜 삶을 살아가고 있는지, 또 일본 권력자에 대해 타오르는 복수심을 떨칠 수 없는 내가 왜 그 법령제도에 따르고 있는지 하는 것을 설명해두겠지만, 요컨대 그것은 큰 결과를 기대하기 위해서 하는 구차한 복종이다.

— 제5회 심문조서(다이쇼 13년 2월 3일, 이치가야 형무소)에서

제국의 심장부 도쿄에서
항일 단체를 조직하다

조서에서도 진술하고 있듯이, 박열은 18세가 되던 1919년 10월 도쿄로 건너갔다. 3·1혁명의 자극을 받아서 감시와 고문이 심한 국내에서보다는 국외가 비교적 식민지인에 대한 압박이 적겠다고 판단, 사상운동과 독립운동을 벌일 목적으로 도일을 결심한 것이었다.

도쿄에 도착한 박열은 신문 배달을 비롯하여 식당 종업원, 막노동꾼, 우체부 등의 일을 하면서 세이소쿠(正則) 영어학교에 다녔다. 일부 기록에는 메이지대학에 입학한 것으로 되어 있지만 사실과 다르다.

세이소쿠 영어학교에 다니면서 1921년부터 정태성, 김천해 등과 더불어 '도쿄노동동지회'를 '재일조선인고학생동지회'로 개편하고 사회운동에 참가했다. 이 무렵 '일본사회주의동맹'의 창립을 전후해서 재일 조선인 유학생들이 새로운 사상운동에 합류하면서 박열은 김약수 등과 일본의 사상가이며 아나키스트인 오스기 사카에, 이와사 사쿠타로와 만나 그들의 영향을 받아 자신의 인생관·사회관을 형성해갔다.

당시 일본에 거류하고 있던 조선 학생들은 처음에는 일본의 발전된 모습에 놀라기도 했지만 이내 민족적 자각심을 찾게 되었다. 그리하여 민족독립운동의 방향을 모색하면서 자연히 유학생과 노동자들이 운동의 중심이 되었다. 1919년 2·8독립선언과 국내에서의 3·1혁명으로 독립의식이 고취되면서 1920년대에 들어 일본에서는 유학생과 노동자 사이에 일본의 혁신세력과의 연대가 형성되어갔다. 이러한 현상은 종래의 개별적이고 소극적인 운동에서 탈피하여 국제적 연대의식이 첨가됨으로써 보다 광범위한 민족운동으로 발전할 수 있는 토대를 제공했다.

일본 내에서의 독립운동은 유학생과 노동자들이 나라 잃은 설움과 울분을 억제하면서 민족적 전통을 지키는 데 머물렀으나, 점차 가중되는 일제의 박해와 민족적 차별에 대항하여 민족운동은 보다 조직적으로 발전하게 되었다. 특히 3·1혁명을 전후하여 국제적 조류가 급격히 변화하는 가운데 발흥한 사회주의운동은 사상적 전환의 계기가 되었다.

이러한 급진적 발전을 거쳐 일본 내에서는 1917년 1월 홍승로에 의해 처음으로 도쿄노동동지회가 조직되었으며, 1921년에 박열, 김천해, 정태성, 최갑춘, 이기동 등이 이 조직을 재일조선인고학생동지회로 개편했던 것이다.

이 무렵 박열은 '혈거단(血擧團)'이란 청년단체도 조직했다. 목적은 조선인의 사상퇴폐 문제와 공공연히 친일을 표방하고 일본 정부와 일본의 사회단체로부터 공작금을 받아 조선인 학생과 노동자 조직을 분열·와해시키려는 자들을 응징하는 것이었다. 박열은 이들이 조선 민족의 체면을 오손시키고 독립운동에 저해된다고 단정하면서 이들 타락분자들을 단죄하기 위해 혈거단을 조직한다고 그 취지를 동지들에게 밝혔다.

혈거단이 처음 조직되었을 때의 명칭은 '의거단(義擧團)'이었으나 곧 '철거단(鐵擧團)'으로 고치고 나중에 혈거단으로 바꾸었다. 명칭에서도 나타나듯이 물리적인 힘을 써서라도 파렴치범과 반민족행위자들을 응징하고자 하는 비밀결사체였다.

1923년 2월 박열은 그들에게 다음과 같은 경고문을 보냈다.

"오라, 오쿠보연병장(大久保錬兵場) 서쪽 입구에, 오전 8시까지. 안 오면 집으로 달려가겠다. 너의 죄상은 네가 잘 알 것이다. 구태여 여러 말이 필요 없다. 너는 우리 민족에 대하여 용서할 수 없는 죄인이다. 우리의 얼굴을 더럽히는 너를 우리는 그냥 둘 수 없다. 사실의 증거는 우리 손안에 있다. 우리의 체면을 더럽히는 너의 추악한 짓을 책하지 않을 수 없다. 따라서 이 경고장을 보낸다."

박열은 혈거단을 중심으로 이런 식으로 재일 조선인 가운데 행실이 불량하거나 일제의 앞잡이 노릇을 하는 분자들을 불러내어 응징했던 것이다.

박열이 이 무렵 혈거단의 이름으로 응징한 사건이 있었다. 장덕수가 러시아로부터 6천 원인가 7천 원을 받아서 유흥비로 썼다는 소문을 듣고, 그가 마침 일본 간다(神田)에 머물고 있다는 사실을 알아낸 박열은 동료들과 함께 몰려가 장덕수를 폭행하고, 이로 인해 니시간다(西神田) 경찰서에 구속되었다.

사건의 발단은 이동휘가 러시아와 교섭하여 조선독립운동 자금 원조를 한다고 당시 러시아화 10만 루블에 해당하는 금괴를 받아다가 그중 5만 원을 국내 공작비로 장덕수에게 보낸 것을 장덕수가 전액을 최(崔) 모에게 넘겨주었다고 했는데, 그 뒤 이 자금의 거취에 관하여 말썽이 난 다음에야 최가 그 돈으로 박희도와 최명식이 주관하는 사상잡지 「신생활」사를 설립하게 했다고 자백한 것이다.

그러나 당시 박열이 입수한 정보는 국내에 들어온 자금액은 20만 원, 그것을 장덕수가 총독부와 짜고 전액 착복했으며, 장덕수의 미국 유학 자금도 실상은 그 돈이라는 것이었다. 이러한 부정행위를 묵과할 수 없다는 것이 당시 박열의 생각이었다. 그는 이데올로기의 계열을 따지기 이전에 민족을 대신하여, 부정행위라고 생각하는 것에는 가리지 않고 응징에 나섰던 것이다.

1919년 3·1혁명을 전후하여 일본에는 이미 상당수의 한국인 노동자와 유학생들이 건너가 있었다. 1921년 재일 한국인은 4만여 명에 달했다. 유학생은 매국노의 자식을 비롯한 극소수를 제외하고는 노동하면서 공부하는 고학생들이 대부분이었다.

3·1혁명 직후 4월에 백남훈·변희용·김준연·최승만 등은 요시노 사쿠조(吉野作造)·후쿠다 도쿠조(福田德三) 등이 주재하는 '여명회'에, 원종린·정태성·권희국·이증림·김홍기·임세희 등은 사카이 도시히코(堺利彦)의 '코스모스 구락부'와 다카쓰 마사미치(高津正道)의 '효민회(曉民會)' 및 가토 가즈오의 '자유연맹' 등에 출입하면서 일본 사회주의자들과 접촉하고 있었다.

박열과 김약수, 원종린 등은 일본의 대표적인 아나키스트인 오스기, 이와사 등과 자주 접촉하며 그들의 사상에 공명하게 되었다. 1921년 10월 원종린은 '신인연맹'이란 사상단체를 계획하고 동지를 규합했다. 박열을 비롯, 김판권·정태성·조봉암·임택룡·장귀수·김사국 등이 호응하여 이에 11월 29일 '흑도회'를 창립했다. 이 단체는 한국인이 조직한 진보적 사회단체의 효시가 되었다.

흑도회에는 민족주의·공산주의·아나키즘 등 각 사상 조류가 합류하고 있었는데, 흑도회란 명칭으로 봐서 그중 아나키즘이 우세했음을 알 수 있다(『한국 아나키즘운동사』, 무정부주의운동사편찬위원회).

흑도회의 첫 과제는 니가타(新潟) 현 시나노가와(新濃川) 댐 공사장에서 일어난 조선노동자 집단학살사건에 대한 진상규명과 항의투쟁이었다. 사건이 발생하자 박열은 크게 분개하면서 이 사건의 진상을 밝히는 데 앞장섰다. 박열이 흑도회를 조직하고 「현 사회」 등 기관지를 발행하며 한창 활동 중이던 1922년 7월, 일본 니가타 현 탄광에서 조선인 노동자 100여 명을 집단 살해한 이 사건은 조선인들에게 큰 충격을 주었다.

니가타 현 탄광에는 이른바 감옥방(監獄房) 제도라는 것이 있어서 외부에서 노동자를 감언이설로 유인하여 광산 노동판에 끌어들인 후, 그 광산에 설치된 감옥방에 노동자들을 강제수용하고 저임금, 장시간 근무, 기타 극한적인 악조건 밑에서 혹사를 시켰으며 탈출하려는 자가 있으면 용서 없이 구타하며 사살도 서슴지 않았다. 말하자면 이 사건은 당시 일본 노동시장이 아직 자유화되지 못하고 전근대적 잔재가 남아 있었는데, 여기에 조선인에 대한 차별정책이 더해져서 발생한 것이었다.

여기에 일본 제국주의의 가혹한 식민지 수탈정책으로 국내에서 견디지 못하고 일본으로 무작정 건너간 조선인 노동자들이 걸려들어서, 사실상의 노예노동에 종사하다가 집단탈출하려는 것을 감시대가 발견하고 가격을 가하여 100여 명의 사상자를 내고 아직도 적지 않은 수가 억류당해 있다는 내용의 사건이었다. 이 사실이 외부에 알려진 것은 구사일생으로 탈출에 성공한 한 노동자가 이 어마어마한 '노동지옥'의 실상을 폭로했기 때문이었다.

소식을 전해들은 박열은 도쿄에 있던 유학생 간부들과 연락하여 진상조사단을 구성하고 직접 이들을 이끌고 현지에 달려가 조사 활동을 하는 한편, 도쿄와 오사카 등 일본 내 주요 도시에서 규탄연설회를 열었다.

국내에서도 민간 신문들이 이를 대대적으로 보도하여 전 민족을 격분시켰다. 박열은 서울에서도 연설회를 열고자 노력했으나 경찰의 방해로 실현되지 못했다. 그러나 박열의 노력으로 국내외의 여론이 환기되어 일본 정부에서도 이 사건을 방치할 수만은 없어서 결국 이 사건을 계기로 일본의 전근대적 노동감옥방 제도가 폐지되었다. 니가타뿐만 아니라 홋카이도와 사할린에도 비슷한 감옥방 제도가 있다는 사실이 그 뒤 일본의 언론에 의해 밝혀지고, 일본 노동계의 전근대적 유제(遺制)들이 크게 바뀌게 되었다.

이처럼 흑도회는 민족적 사회운동단체로서 민족차별과 압박에 대한 당면 목표로 출범하여 소기의 성과를 거두었으나, 김약수 등의 사회주의 계열과 박열·원종린·정태성 등의 아나키스트 계열이 사상적 대립으로 분열하기에 이르렀다. 이에 박열은 1921년 12월 흑도회를 해산하고 '흑로회'를 조직하고 1923년 2월에는 '흑우회'로 이름을 바꾸었다[흑로회는 '풍뢰회(風雷會)'라고도 하였다]. 한편 김약수 등은 '북성회(北星會)'를 조직해 각각 독자적 활동을 전개했다. 흑우회는 북성회에 비하면 압도적 다수의 사람들이 참여하였다.

박열은 흑도회를 흑로회로 개편하면서 기관지이던 「흑도」를 폐간하고 별도 잡지형의 월간지 「불령선인」을 발행했다. '불령선인'이란 당시 일제가 조선인 독립운동가나 반일인사들을 모욕하기 위해 일제 경찰에서부터 쓰기 시작한 것이 일반화되어 쓰던 경멸의 말로, '못된 조선 놈'이란 욕설이 담겨 있었다. 박열은 그러한 욕칭을 잡지의 제호에 역용(逆用)해서 사용하고자 했던 것이다.

그러나 「불령선인」은 1, 2호를 낸 후 검열 당국으로부터 제호 사용을 금지당했다. 그러자 이번에는 아예 제호를 일본어인 「후토이 센징(太い鮮人)」으로 바꿨다. '후토이'라는 일본말 속어는 역시 '못된 놈'이란 뜻이 함축되어 있었다. 따라서 '불령선인'의 일본식 표기가 바로 '후토이 센징'이라 할 수 있다.

당국이 이 제호도 사용을 금지시키자 박열은 다시 「현 사회」로 제호를 고쳤다. 이 제호로 박열과 그의 동지들이 일제히 검거될 때까지 잡지는 발행되었다. 내용은 현 사회 제도에 대한 신랄한 공격과 일제의 조선 식민통치에 대한 격렬한 반대 논설로 편집되었으며, 독립운동과 사회사상운동 전선의 동향에 관한 보도기사를 곁들였다.

당시 이러한 출판물을 검열 당국이 그대로 둘 리가 없었다. 잡지가 인쇄소에서 제본되어 나오자마자 곧 압수되고 발매금지 처분을 받기 일쑤였다. 철저한 언론탄압으로 이들의 주장과 활동을 봉쇄하려는 일본 관헌들의 처사였다. 그러나 박열 일행의 저항도 만만치 않았다. 잡지 인쇄소를 철저히 비밀에 부쳤고, 자주 옮겨 다녔다. 그리고 압수를 당하더라도 될 수 있는 대로 경찰의 압수에서 벗어나는 부수가 많게 하기 위해 비밀 배포를 하게끔 조치하였다. 경찰에서는 가능한 한 그런 비상조치를 막아보려고 촉각을 곤두세우고 있어 잡지 발행 기간이 되면 언제나 양쪽에서는 쫓고 쫓기는 한바탕 '전쟁'이 벌어지곤 했다.

또 검열 당국은 이른바 '내검열'이라 하여 인쇄소에 보내기 전에 교정쇄를 당국에 미리 제출케 하여 저촉되는 부분을 지적받으면 동판에서 깎아내고 인쇄하도록 요구하고 있었다. 이것은 발매금지·압수를 면하는 편익은 있었으나 「현 사회」의 경우 전문 삭제를 하여야 하는 경우가 대부분이니 이런 것을 인쇄한다는 것 자체가 무의미했다. 따라서 이들은 당국의 '내검열'을 아예 무시하게 되었다.

부득이 '내검열'을 받게 될 때에도 깎으라는 부분을 제대로 깎지 않고 비밀 발행을 하는 경우가 많았다. 그러나 이것 역시 위험이 따르는 모험이었다. 이러한 악조건 속에서도 박열은 잡지 발행을 계속했다. 그는 출판 비용 조달과 잡지 보급에 관한 업무 등 주로 대외활동을 담당했고, 동지이자 연인인 가네코 후미코가 잡지 편집과 원고 집필 등 내부 일을 맡아서 처리했다.

가네코는 대단히 뛰어난 문필가였다. 학식도 수준 이상이었다. 박열의 이름으로 발표된 논설기사 중 상당 부분이 그녀가 대필하였던 것이다. 당시 박열과 가네코는 함께 살고 있었다. 그 무렵 「현 사회」 지면에서 그녀는 자주 '박문자(朴文子)'라는 이름을 썼다. 일본에서는 결혼하면 여자는 남편의 성을 따랐다. 박열의 아내임을 스스로 공언한 것이다. 동지들 사회에서도 그들의 관계를 공인해주고 있었다.

그러나 그들의 생활은 간고(艱苦), 그것이었다. 잡지 발간 비용을 조달하고 조직 활동비도 준비하고 또 생활비도 마련해야 하니 사는 것이 어려울 수밖에 없었다. 여성정치가인 고(故) 박순천의 회고에 의하면, 박열은 박순천보다 4살 아래였으므로 박순천을 누이라고 부르며 자주 찾아다니고 늘 '군자금'이라면서 돈을 꾸어갔다고 한다.

박열이 조직한 흑도회 회원이기도 했던 변희용은 당시 게이오대학 이재과에 재학 중이었는데, 아직 박순천(여성운동가)과 결혼하기 전이었다. 희용이 순천에게 구애하는 의미도 있었겠지만 순천의 생일선물로 당시 12원(円)이나 하는 값비싼 책이던 『국민경제강화』를 사준 일이 있었다. 박열은 '군자금'을 청구하러 왔다가 현

금이 없다고 하면 그 책을 빌려다 전당포에 맡기고 5원을 변통해서 쓰고 뒤에 다시 찾아다 돌려주곤 하기가 일쑤였다 한다.

박열과 가네코는 이렇게 어려운 여건에서도 기관지 「현 사회」를 꾸준히 발간하면서 학생·노동자를 통한 항일운동과 아나키즘 운동을 계속하는 한편, 일본 왕과 왕세자, 지배계급을 폭살시킬 계획을 은밀히 추진하고 있었다.

당시 일본의 사회사상계는 사회주의가 풍미하여 지식인들은 물론 학생, 노동자들도 여기에 많이 경도되어 있었다. 조선의 젊은 이들도 새로운 민족해방의 지도이념으로 사회주의에 관심을 기울이는 경향을 보였다. 그러나 박열과 그의 동지들은 사회주의보다 아나키즘에 더욱 관심을 가졌다. 오스기와 이와사의 영향이 크게 작용했다고 볼 수 있다.

그러나 박열의 아나키즘(무정부주의)과 오스기 또는 일본인 일반의 아나키즘 사이에는 내용상 큰 차이가 있었다. 즉 당시 일본인들의 아나키즘은 일본 국가주의에 대한 정면 반대, 일본 천황제에 대한 전면 폐지론이었음에 반해 박열의 아나키즘은 철저한 혁명적 민족주의가 그 바탕이 되었다는 점은 앞에서 설명한 대로이다.

이 무렵 박열은 민족이 민족을 지배하고 압박·착취함을 반대하며, 조선 민족의 완전 자주독립을 주장하는 반제국주의적인 입장이었고, 독립된 민족사회 내부에서 압박과 피압박, 그리고 빈부격차의 완전 타파와, 모든 사회성원의 균등한 경제생활 실현을 추구한다는 의미에서 다소 사회주의에 관심을 보였다.

따라서 일본인 아나키스트 고토쿠 슈스이가 최초의 대역 사건으로 희생당하고, 오스기 사카에 부부가 간토대지진의 혼란통에 국수주의 반동군벌의 마수에 의해 피살되는 등 목숨을 잃은 것은 그들의 신념 때문에 바쳐진 자기희생이었지만, 그에 비해 박열의 일왕 폭살 기도, 이른바 '대역 사건'은 민족해방을 위해 바쳐진 그의 실천철학에서 비롯된 것이었다.

박열은 이 무렵 혈거단과 흑도회에 이어 비밀결사인 '불령사(不逞社)'를 조직했다. 당시 아직 치안유지법이 제정되지 않았고, 결사·집회 관계 규칙으로는 메이지시대부터 내려온 치안경찰법이 있었을 뿐이다. 이것은 후일의 치안유지법에 비하면 거의 경범죄 처벌 규칙 정도의 수준이었다.

당시 박열은 잡지 발행이 까다롭고 힘이 많이 들며, 기타 집회와 단체운동에도 제한이 하도 많아서, 아예 치안경찰법의 존재 같은 것을 무시하는 배일 행동단체로서 불령사를 조직했던 것이다. 가네코 후미코가 심문조서에서 말했듯이 '불령사'라는 단체의 성격은 "불령한 사람들의 친목을 도모하기 위해 조직했고…… 동지 중 마음 맞는 사람이 자유롭게 직접 행동으로 나서는 것"이었다.

이것이 나중에 이들을 일제히 검거한 일본 경찰의 구실이었거니와, 잡지명으로도 쓰지 못하도록 두 번씩이나 금지당했던 '불령'을 굳이 단체 이름으로 쓴 것은 그의 투철한 항거정신을 보여주는 대목이라 하겠다.

박열은 처음에는 아나키스트들의 영향을 받아 차츰 아나키스트가 되어갔고, 그 후에 여러 가지 사회환경과 가네코를 만나면서부터는 점차 허무주의자로 바뀌어갔다. 그러나 그의 민족주의 사상은 바뀌지 않았다. 공판 과정에 나타난 법정투쟁에서 그의 민족주의 사상은 한밤중의 별처럼 빛났고, 이것은 어떠한 회유와 협박에도 꺾이지 않는 신념이었다. 그러면서도 그의 사상과 마음의 밑바닥에 허무주의가 자리 잡고 있었던 것 또한 사실이었다.

대심원의 공판 준비 절차를 밟을 때 이타쿠라(板倉) 판사와의 문답에서 허무주의의 실현을 예로 들어보라는 요구를 받자, 박열은 "지구를 깨끗하게 청소하는 일, 그 제일보로서 국가, 더욱 나와 관계가 깊은 일본 제국을 무너뜨리는 일이다."고 말한 바 있다. 한마디로 그의 모든 이념 체계의 바탕에는 민족해방이라는 민족주의 사상이 자리 잡고 있었음을 알 수 있다.

최악의 지진, 뒤틀린 운명

1923년 9월 1일 오전 11시 58분, 일본의 간토(關東), 시즈오카(靜岡), 야마나시(山梨) 지방에서 진도 7.9의 대지진이 일어났다. 이 지진으로 12만 가구의 집이 무너지고 45만 가구가 불탔으며 사망자와 행방불명자 총 40만 명, 이재민 340만 명이 발생했다.

이 무렵 일본은 커다란 시대적 전환기에 직면하고 있었다. 밖으로는 코민테른의 활동이 동아시아 전역에 미쳐 조선과 중국에서 민족해방운동이 격화되기 시작하였으며, 안으로는 공황으로 노동운동, 농민운동, 부락해방운동이 사회의 저변을 뒤흔들었다.

이에 대하여 일본의 군부와 국가주의자들은 '과격사회운동 취체법' 제정을 시도하고, 이들 운동에 대한 탄압의 기회를 엿보고 있었다. 이때 일어난 대지진은 일본 전체를 공황 상태에 빠뜨렸고, 일본 군부와 군국주의자들은 당면위기를 극복하고자 민중의 보수적 감정을 이용했다.

대지진이 발생한 당일 오후, 경시청은 정부에 출병을 요청하는 동시에 계엄령 선포를 준비하였다. 내무대신 미즈노 렌타로(水野錬太郎 : 전 조선총독부 정무총감), 경시총감 아카이케 아쓰시(赤池濃 : 전 조선총독부 경무국장) 등은 각 경찰서 및 경비대로 하여금 "조선인과 사회주의자들이 폭동을 일으켰다."라는 터무니없는 유언비어를 퍼뜨리도록 하는 동시에 그 소문을 각 경찰서가 진상보고케 했다. 그리고 '폭동'의 전문(電文)을 준비하여 2일 오후부터 3일 사이에 내무성 경보국장의 명의로 전국의 지방장관에게 타전했다.

그 전문은 "도쿄 부근의 진재를 이용하여 조선인과 사회주의자들이 각지에서 방화하는 등 불령(不逞)을 이루려고 하여, 현재 도쿄 시내에는 폭탄을 소지하고 석유를 뿌리는 자가 있다. 도쿄에서는 이미 일부 계엄령을 실시하였으므로 각지에서도 충분히 주밀한 시찰을 가하고, 조선인의 행동에 대하여는 엄밀한 단속을 가해주기 바란다."는 내용이었다. 이 전문은 조선총독부와 타이완(대만)총독부에도 타전되었다.

이와 같은 '조선인과 사회주의자들의 폭동'이라는 터무니없는 유언비어가 전국으로 퍼져나가는 가운데 2일 오후 6시 계엄령이 선포되었다. 5일에는 계엄사령부에 의해 '조선문제에 관한 협정'이라는 것이 극비리에 결정되어 '조선인의 폭행 또는 폭행하려고 한 사실을 적극 수사하여 긍정적으로 처리할 것', '풍설을 철저히 조사하여 이를 사실화하고 될 수 있는 대로 긍정하는 방향으로 노력할 것', '해외에는 특히 적화(赤化) 일본인 및 적화 조선인이 배

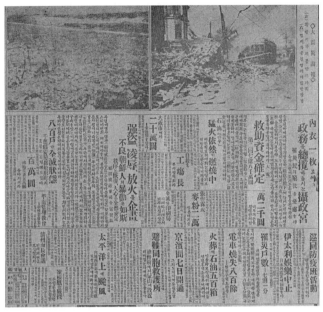

간토대지진이 일어난 지 9일 뒤인 1923년 9월 10일자 「매일신보」. '간토대지진 당시 조선인들이 폭동을 조장하고 있다'는 내용의 기사로 온통 도배하여 조선인 폭동설을 유포하는 데 일조하고 있다.

후에서 폭행을 선동한 사실이 있다는 것을 선전하는 데 노력할 것' 등을 지령하여 조선인 폭동을 사실로 날조하는 데 광분했다.

계엄령은 처음 도쿄와 인접한 군에 선포되었으나 3일에는 가나가와 현, 4일에는 사이타마(埼玉) 현과 지바(千葉) 현에도 확대되었다. 계엄령 아래에서 군대·경찰에 의해, 또한 조선인 폭동 단속령에 의해 각지에 조직된 자경단(自警團)에 의해 6,000여 명의 조선인과 일본인 사회주의자가 학살되었으며, 이들 가운데 상당수는 시체조차 찾지 못했다.

이러한 학살은 먼저 도쿄와 가나가와 현에서 군대와 경찰이 중심이 되어 행해졌고 지바, 사이타마 현 등지에서는 민족배외주의자를 중심으로 한 자경단에 의해 행해졌다. 자경단은 죽창, 일본도, 곤봉, 철봉 등을 들고 도망치는 한국인들을 붙잡아 무차별 학살하였으며, 심지어 경무서 내로 도망친 한국인들까지 쫓아들어와 학살하였는데도 일본 관헌은 사실상 이를 방조했다.

이런 와중에 일본 경찰은 9월 3일 불령사 회원들을 구속했다. 조선인 육홍균, 최규종, 김중한, 서동성, 정태성, 장상중, 하일, 서상경, 홍진우와 일본인 가네코, 니야마(新山初代), 노구치(野口品二), 구리하라(栗原一男), 오가와(小川茂) 등 16명이 '보호'라는 명목으로 도쿄 경시청 또는 관할 경찰서인 세타가야(世田谷) 경찰서에 구속되었다.

9월 16일에는 오스기 사카에와 그의 부인, 어린 조카가 도쿄 헌병대 본부에 의해 체포되고 이어서 각 시군에 흩어져 있던 사회주의자 100여 명도 체포되었다. 이틀 뒤인 9월 18일 오스기 일가는 헌병대에서 무참히 살해되었다.

지금까지 대부분의 기록에 따르면 박열은 불령사 동지들과 함께 이때 예비검속된 것으로 알려지고 있다. 그러나 사건 관련자 중 한 사람이었던 육홍균의 증언에 의하면 그는 그 이전에 고향인 경북 상주군에 돌아와 휴가 중 추석을 맞이하고 있을 때 경찰이 덮쳐들어 조선옷을 입은 채 잡혀갔다고 한다. 그날이 바로 8월 28일이었다.

경찰의 호송을 받으며 부산에서 배를 타고 일본 모지(門司)에 내리니 거기에는 벌써 경시청 형사들이 대기했다가 호송을 인계받았다. 김중한도 고향인 평남 용강군에 돌아와서 쉬고 있다가 경찰에 체포되어 일본으로 끌려갔다고 한다.

　이로 미루어보면 불령사 회원들에 대한 일제검거는 간토대지진 직전에 시작되었음이 확실하다. 결과적으로 이들의 예비검속은 오히려 다행한 일이었다. 왜냐하면 일행 중 전원은 '조선인 학살' 또는 '사회주의 사냥'에서 어느 한쪽이나 또는 양쪽의 재난을 피하기 힘들었을 것이기 때문이다. 그러나 이때의 검거 사건이 '대역음모'라는 큰 사건을 배태하고 있을 줄을 박열이나 가네코 자신들도 당시에는 까마득히 몰랐다.

제2장

나 박열은 피고가 아니다

왕세자를 암살하라

1923년 9월 1일 발생한 간토대지진을 전후하여 박열과 가네코 후미코를 비롯한 불령사 회원 17명이 검거되었다.

앞에서 말했듯이 박열과 김중한은 조선에서 검거되어 일본으로 끌려가고 나머지 불령사 회원들은 대부분 일본 현지에서 체포되었다. 간토대지진이 발생하기 직전 일본 관헌은 급진적 사상과 사회단체를 일체 검속하면서 불령사 회원을 체포했다. 이들이 그나마 간토대지진에 앞서 예비검속됨으로써 진재 와중에서 학살되는 참변을 모면한 것은 불행 중 다행이었다.

일본 정부는 불령사를 '과격한 폭력적 직접행동의 반체제 단체'로 규정하고, 특히 박열과 가네코 등이 공모하여 황태자(히로히토, 훗날 쇼와 일왕)의 결혼식에 폭탄을 던져서 황태자와 일본 정부 고관을 암살하려 한 것에 대해 '음모 사건'이라고 대대적으로 발표했다.

일본 정부는 또한 동조자 김중한이 중국 상해에서 폭탄을 구입해 올 사명을 띠고 활동했고, 그 비용은 흑우회의 기관지인 「현 사회」 광고료로 충당하려 했다는 사실도 발표했다.

이 사건은 일본 관헌이 간토대지진을 당해 흉흉한 민심을 다른 곳으로 돌리기 위한 음모로, 재일 조선인 유학생간에 일어난 새로운 사회사상·사회운동·민족운동 등으로 확대 보도되고 정략적으로 이용하였다. 그 결과 이 사건은 일본 황실에 대한 불경죄에 해당하는 '대역 사건'으로 돌변하고 일본의 모든 언론과 해외 선전망을 통해 대대적으로 선전되었다.

일본 정부가 이 사건을 '대역 사건'으로 확대시킨 의도는 간토대지진으로 인한 관심을 다른 곳으로 돌리려는 것과, 진재의 와중에 수많은 조선인을 무차별 학살하여 국제적인 비난과 지탄이 빗발치자 이들을 희생양 삼아서 실제로 '대역 음모' 세력이 있었음을 내외에 알리려는 데 있었다.

박열 사건은 일본에서 이른바 '대역 사건'으로는 1911년에 고토쿠 슈스이가 일왕 암살을 시도했다가 그의 처와 동지 24명이 처형되거나 중형을 받은 이래 네 번째의 일이었다[첫 번째는 고토쿠 슈스이 사건, 두 번째는 러시아 황태자 저격 사건, 세 번째는 난바 다이스케(難波大助)의 황태자 저격 사건, 네 번째는 박열 부처 사건]. 일본 아나키즘의 창시자인 고토쿠 슈스이는 1903년 주간지 「평민신문(平民新聞)」을 창간하고 평민주의·사회주의·평화주의를 사시로 내걸었던 진보적 지식인이었다. 그는 러일전쟁에 반대하여 반전의 기수가 되었고, 일본의 조선 침략에 대해서도 비판하여 일본의 군벌과 우익 세력으로부터 반역

일본 아나키즘의 창시자이자 진보적 지식인이었
던 고토쿠 슈스이. 1911년에 일왕 암살을 음모했
다가 처형되었다.

자로 몰려 결국 처형되기에 이르렀다.

그 뒤에 박열에게 사상적으로 크게 영향을 끼친 오스기 사카에
는 아나키즘을 전파하면서 조선 등지에 대한 일본의 침략주의를
비판하여 우익과 군에게 '눈엣가시' 같은 존재였다.

간토대지진이 발생하자 일본 관헌은 좌익과 조선인들이 불온한
계획을 꾸미고 있다는 유언비어를 퍼뜨려 조선인을 대량학살하고,
그 와중에서 오스기도 "대진재의 혼란에 편승하여 사회주의자와
조선인에 대한 반동적 선전을 퍼뜨려 일반 민중의 테러리즘을 선
동한 일[곤도 겐지(近藤憲二),『내가 본 일본 아나키즘 운동사(私の見た日本アナキズム
運動史)』]"등의 혐의를 씌워 체포하여 부인과 함께 학살했다.

오스기는 당시 조선에 대해 남다른 애정과 관심을 보였던 인물
이다. 1919년 말 상해 임시정부의 요인이었던 여운형이 일본 정
부의 초청을 받아 일본에 왔을 적에는 도쿄제국대학 신인회(新人會)
에서 그를 위한 환영회를 열었으며, 그 석상에서 오스기는 "조선

박열에게 사상적으로 크게 영향을 끼친 일본의 대표적인 아나키스트 오스기 사카에. 간토대지진의 혼란 중에 학살당했다.

독립 만세!"를 선창했다. 그 뒤 일본을 탈출하여 상해에 밀항했을 때에도 여운형과 비밀 회담을 했었고, 일본에 유학하는 우리 유학생들과 적지 않은 지면 관계를 갖고 있었다.

일본 관헌은 뒤이어 발생한 박열의 '대역 사건'을 "대중의 반역을 선동한 무정부주의의 선동과 직접 폭력론을 목적으로 조직된 '불령사'라는 비밀 조직이 황태자 암살을 음모했다가 미수에 그쳤다."는 이른바 황실에 대한 불경 사건으로 꾸몄다.

박열의 '대역 사건'이란 것이 발표되자 일본과 국내의 신문들은 연일 대서특필했으며 박열의 동지들은 물론, 도쿄의 조선유학생학우회가 총궐기 태세로 수감 중인 박열을 지원하고 나섰다. 그러나 엄격한 검열로 사건의 구체적인 내용은 전혀 보도되지 못했고, 그저 '대역 사건'이라는 정부의 발표 내용과 '국경을 넘은 애정 사건'이란 센세이셔널리즘으로 보도됐을 뿐이다. 조선인 청년 혁명가와 그의 일본인 아내 가네코의 사랑은 큰 화제가 되었고, '대역 사건'의 공범이 일본 여성이라는 점에서 일본 사회가 받은 충격은 대단히 컸다.

사건 발생 한 달쯤 뒤인 1923년 10월 16일자 「동아일보」는 '상해 폭탄 사건, 진원은 무정부주의자의 대음모'라는 제목으로 다음과 같이 보도했다.

본건(本件)은 조선에까지 확대될 듯

도쿄 경시청 특고과(特高課)에서는 거월(去月) 3일 별안간 활동을 개시, 도쿄에 있는 조선인 무정부주의자 단체 박열 일파를 검거했는데, 그 내용에 대해서는 전하는 말이 구구하여 진상을 알 수 없으나 여러 가지 말을 종합해보면, 이 일은 전기 박열이 중심이 되고 일부 일본인 무정부주의자의 원조를 받아 계획된 대음모이며, 이 계획은 벌써 금년 4, 5월부터 착착 구체화된 듯하며 경시청에서도 그 형적(形迹)을 짐작해오던 중이라 한다.

폭탄을 구하고자 만주 지방에 특사를

그들은 계획을 실행하기 위하여 다수의 폭탄이 필요한데 돈은 없고 취체는 엄중하여 일본에서는 어려울 것으로 짐작하고, 8월 상순에 동지 중의 한 사람인 ○○○을 만주에 파견하게 되어 경성을 지나 국경을 넘어 ○○○에 얼마 동안 체류 중, 그는 직접 행동으로 유명한 의열단 김원봉 일파와 기맥을 통하여 당초 목적한 폭탄을 구하게 되었다.

폭탄 50개의 수수를 본월(本月) 3일로 기한 마침 그때 도쿄 지방의 대진재가 일어나 도쿄 부근의 질서가 문란함에 박열의 행동에 의심을 품었던 경시청은 더욱 조선인 무정부주의자를 감시하게 되었으며, 한편으로 ㅇㅇㅇ 편에서도 대진재를 기회 삼아 급속히 그 계획을 진행한 듯한 형적이 있어 전기 ㅇㅇㅇ 에 체류 중이던 ㅇㅇㅇ에 대하여는 폭탄의 수입을 재촉했으며 ㅇㅇㅇ도 의열단과 교섭 결과 폭탄 50개를 본월 3일에 수수하기로 의논되었다.

폭탄은 상해서 압수, 동류는 비밀리에 압송

그 후 경시청에서 세타가야의 음모단 본부를 급습하게 된 결과를 알 수 없으나 이때 검거가 실행되던 전후에 도쿄로부터 비밀 전보를 받고 조선총독부에서는 돌연 전 조선에 대하여 대검색을 행하고 마침내 거월 29일의 전후 수일 동안 전기 ㅇ 모 이하 ㅇ명을 ㅇㅇㅇ 및 ㅇㅇㅇ의 두 지방에서 체포하는 동시에, 우연한 기회에 문제의 폭탄 50개는 오히려 상해 불조계(佛租界)에 있다는 것을 알고 갑자기 동지(同地) 총영사에게 통첩을 발하여 교섭한 결과 폭탄을 압수하고 혐의자 수명은 전부 9월 30일에 경무국에서 비밀리에 도쿄까지 압송하였다 한다.

김원봉 상해로, 이 말을 듣고

상해에서 압수된 폭탄은, 그것을 가져올 청년이 이미 가방에 담아놓고 여행 준비까지 한 때에 아슬아슬하게 잡혔는데, 이

소문을 듣자 북경에서 누워서 형세를 관망하고 있던 김원봉
도 깜짝 놀라 그 익일, 상해로 떠났다 한다.

「동아일보」는 이틀 뒤인 10월 18일자에 다음과 같이 보도했다.

박열과 그의 애인, 사랑과 주의 공명으로 감옥에까지 갔다
작지(昨紙)에 보도한 도쿄 진재 당시에 대음모를 도모하던 무
정부주의자의 수령 박열이란 조선 청년은 도쿄에 오랫동안
머물러 있으면서 동지 사회주의자를 규합하여 「흑로」, 「불령
선인」 등의 주의선전 잡지를 발행하던 청년인데, 그의 뒤를
따라 목하 그와 함께 철창에 신음하는 꽃 같은 여성이 한 사
람 있으니, 그는 다름 아닌 「불령선인」 등의 잡지에 박문자라
는 이름으로 종종 기염을 토한 일본 여자 가네코 후미코(金子
文子 : 22세)이다. 그녀는 일찍이 박열과 사랑의 애정에 얽히어
주의와 사랑에는 국경이 없다는 좋은 모범을 보여준 박열의
애인이니, 그와 그녀가 만나기까지의 가네코 후미코의 전반생
은 실로 한 권의 소설과 다름없는 사연이 숨어 있다 한다……

석 달 뒤인 1924년 1월 27일자 「동아일보」는 처음으로 '○○음
모 사건'이란 표현 대신 '대역 사건'이란 용어로 보도하였다.

대역 사건 연루자 조선 청년을 석방,
작년 12월 중순에 체포·취조 후 2명 무죄 석방

황해도 해주군 취야리에 본적을 둔 김상혁(金相赫 : 30세), 어해 (漁海 : 20세) 양 씨는 작년 12월 중순경 대역 사건 공범으로 도쿄 경시청에 체포되어 엄중취조, 근일 무사히 방면되었는데, 그 내용을 들건대 전기 양 씨는 재작년 10월 중순경 황금정(黃金町), 2정목(二丁目)에 잠입, 무정부주의자 다카시마(高島) 일파와 기맥을 통하여 모 사건을 단행하려고 비밀리에 의논 후 무기를 수입하려고 전기 김씨는 노령으로 들어가고 어씨는 경성에 체재하여 통신사무를 취급하며 다카시마는 자금운동차 도쿄로 건너가 활동하던 중 작년 3월 25일 대역범으로 체포되었는데 이 소식을 들은 어 씨는 7월 중순 오사카로 건너가고 김 씨도 8월 중순 일본으로 들어가서 다카시마의 계통을 탐지하며 한편으로는 조선근육노동자동맹을 조직하고 활동 중 그해 2월 3일 어 씨가 도쿄서 체포됨에 따라 김 씨도 오사카에서 체포되어 도쿄 경시청으로 호송된 이래 엄중취조, 전기 어 씨는 다카시마와 연락은 있었으나 아무것도 실행한 사실이 없으므로 무죄 방면.

일본 당국은 2년여 동안이나 이 사건의 재판을 진행하면서 사건 내용과 공판 과정을 공개하지 않았다. 박열과 가네코의 진술 내용을 일체 보도통제하고 기자들의 법정 출입을 막았다. 그리고 처음에 '대역 사건'이라 하여 17명씩이나 구속했던 것과는 달리 대부분을 면소 처리하고 박열 부부와 김중한 3명만 기소하여 사건의 정치성을 내보였다.

「동아일보」는 같은 해 11월 25일자에서 이 사건을 다음과 같이 보도했다.

박열 사건 보도 해제, 대중의 반역을 표방하고 무정부주의를 선전, 사회운동과 직접행동을 목적한 불령사 사건

다이쇼(大正) 12년(1923) 4월경 일본 도쿄 부 도요타마 군 요요하타초 요요기토미야(豊多摩郡 代代幡町 代代木富谷) 147번지의 비밀한 집에서 대중의 반역을 표방하고 과격한 무정부주의의 선전과 주의상 필요한 사회운동과 폭력적 직접행동을 목적한 불령사라는 비밀결사를 조직하고 그 실행에 착수했었는데 조선인 문경군 출생 박열 곧 박준식 이하 11명의 조선인과 5명의 일본인의 한 단체는 비밀이 탄로되어 그해 9월 1일(도쿄 진재 날)에 경시청에 체포되어 그동안의 전후전말은 당국으로부터 신문 게재를 금지했으므로 지금까지 세상에 알려지지 않았는데, 도쿄지방재판소 이시다(石田) 검사 주임 하에 히라타(平田), 구로가와(黑川), 이치키(一木) 3검사가 엄밀한 취조를 마친 결과 치안경찰법 위반죄로 마침내 기소되어 그간 다테마쓰 예심판사에게 엄중취조된 바 또 다시 불경죄에 해당하는 사실이 발각되었으나 근근 예심을 종결하고 공판에 회부했는데, 피고들의 성명과 범죄 사실은 다음과 같다.

관계자 16명, 그중 니야마는 옥사, 가네코는 전년(1922)부터 박열과 동거. 박열(準植, 26), 동부인 가네코(24), 김중한(25), 니야마(23), 홍진우(28), 최규종(24), 육홍균(25), 서동성(28), 정태

성(24), 노구치(25), 장상중(27), 하일(世明, 24), 한현상(24), 구리하라(25), 서상경(25), 오가와(27), 불경죄 사건은 영원히 기사 금지…….

이때부터 '대역 사건'은 박열 부부에게 초점이 집중되었다.

'폭탄을 구하라' - 대역 사건의 진상

박열과 가네코에게 사형이 선고될 만큼 큰 사건이었던 이 사건의 진상은 무엇인가? 정말로 이들은 황태자를 폭살하기 위해 '음모'를 꾸미고 폭탄을 구입하고자 했던 것일까?

박열은 실제로 1921년 11월경부터 스기모토(杉本貞一)라는 일본의 외항선원을 통해 폭탄을 구하려고 노력했다. 그러나 이 일은 수포로 돌아갔다.

1922년 9월 서울의 노동자대회에서는 시나노가와 탄광 사건에 대한 보고를 해달라며 박열을 초청하면서 여비를 보내왔다. 사건의 진상규명에 앞장섰던 박열은 서울로 달려왔고, 그 대회 석상에서 조선독립당의 지도적 인물인 김한을 만났다. 그때 박열은 다른 일 때문에 곧 도쿄로 돌아갔다가 11월에 다시 서울에 와서 김한으로부터 폭탄을 보내주겠다는 약속을 받았다. 상해 의열단으로부터 폭탄 30개가 도착하게 되어 있으니 그중 몇 개를 도쿄에도 보내준다는 약속이었다. 앞으로의 연락은 김한이 알고 있던 서울의 기생 이소홍을 통하여 하기로 약속했다.

편지 연락은 붉은색이나 분홍봉투를 사용하여 겉으로는 연서처럼 보이도록 하고, 안에는 알파벳과 숫자로 짠 암호문으로 할 약속이 되어 있었다.

이소홍을 통하여 두 사람 사이에 두 번쯤 편지가 오갔을 때였다. 상해에서 서울에 온 의열단원 김상옥은 김한과 연락을 주고받고 있었는데, 종로경찰서에 폭탄 의거를 하고는 경찰에 포위되었다가 장렬하게 순국하고 말았다. 이 사건으로 김한도 혐의를 받게 되고, 박열과의 폭탄 약속은 무산되어버렸다.

다음해인 1923년 5월 27일 김중한이 불령사에 가입했다. 양반집 출신인 김중한은 그때 22살 청년이었다. 서울에서 고등보통학교를 다니다가 가정불화 때문에 염세적이 되어 일본으로 건너온 김중한은 곧 박열 숭배자가 되었다.

김중한은 아나키스트이며 시인으로 불령사 회원인 이윤희라는 여성과 만나게 되었다. 이윤희는 김중한에게 「흑도」라는 잡지를 빌려주었다. 이 잡지의 여러 기사와 특히 박열에게서 강렬한 충격을 받은 김중한은 박열을 소개시켜달라고 부탁하고, 이것이 인연이 되어 박열과의 서신 연락이 시작되었다.

이때 김중한은 착실하게 아나키즘을 공부해서 일본의 오스기 사카에나 가토 가즈오 같은 인물이 되겠다고 스스로 생각하고 있었다. 그리고 박열을 찾아가서 그와 행동을 함께하기로 결심하고 불령사에 가입했다.

이 무렵 박열은 폭탄을 구하기 위해서 여러 가지로 고심하고 있었다. 김중한을 만난 박열은 "나는 이번에(장덕수 사건으로) 감옥에서 깊이 생각해보았는데, 그런 곳에서 반년이나 1년을 도저히 있을 수가 없다. 그러나 사회운동을 하는 이상 감옥과는 인연을 끊을 수가 없는 것이니, 차라리 폭탄을 던져 세상을 뒤집어버리고 죽어버릴 생각인데, 자네는 테러리스트를 어떻게 생각하는가?"라고 그의 의사를 타진했고, 김중한은 흔쾌히 공감했다.

박열은 가을에 왕세자 결혼식이 있다는 사실을 알아내고 수단·방법을 가리지 않고 폭탄을 구하는 일을 서둘렀다. 자신이 직접 상해로 건너가서 폭탄을 입수할까도 생각했지만 박열의 얼굴이 너무 알려져 경찰 눈에 띄기 쉽다는 이유로 가네코가 반대했다. 대신에 가네코가 상해로 가는 것도 고려했지만 여자가 이국땅에서 혼자 서성거리면 오히려 눈에 띄기 쉬워서 위험하다고 박열이 말렸다.

이리하여 이 역할을 김중한에게 맡기기로 했다. 김중한 역시 모처럼 중요한 일을 하게 되었다면서 무척 기뻐했다. 그런데 호사다마라고 할까, 이 무렵 김중한은 일본 여성으로서 역시 불령회 회원으로 활동하고 있던 니야마 하쓰요(新山初代)라는 여성과 사랑에 빠졌다. 김중한은 박열로부터 자기가 크게 신망받고 있다는 점을 과시하기 위해서 중대한 사명을 의탁받았다는 사실을 니야마에게 말하고 말았다.

박열은 김중한에게 폭탄 입수를 의탁하고 줄곧 그를 관찰하고 있었다. 만약 이 사실이 밖으로 새어나간다면 일을 치르기도 전에 낭패가 될 것이었기 때문이다. 또 상해를 다녀올 때 필요한 많은 자금을 마련하기도 쉽지 않았다.

이런 연유로 김중한을 지켜보던 박열은 자신의 결정이 신중하지 못했음을 깨달았다. 김중한이 예상외로 신중하지 못하고 말을 함부로 하여 큰일을 맡기기 어려운 인물로 인식되었다. 더욱이 가깝게 지내는 일본 여성 니야마에게라도 사실이 알려진다면 여간 낭패가 아닐 수 없었다. 그래서 박열은 어느 날 "폭탄 입수 건은 사정이 생겨서 계획을 변경하였으니 미안하지만 자네에게 부탁했던 것은 잊어버리게."라고 말했다. 김중한은 즉석에서 얼굴색이 변했지만 박열은 내친 김에 "자네에게 부탁한 것은 취소했지만 그런 문제가 외부에 누설되면 서로 큰 변을 당하는 것이니 금후는 절대로 말을 삼가기로 하자."고 다짐하듯이 당부했다.

그 무렵 김중한과 니야마는 「자단(自檀)」이라는 잡지를 낼 계획을 세우고 있었다. 어느 날 니야마가 박열에게 이런 자신들의 계획을 설명하자 박열은 김중한이 일견 든든해 보이지만 경박하고 매명적이어서 아무래도 믿을 수가 없다면서 둘이서 잡지를 내는 것은 중지하는 것이 좋을 것이라고 정색하고 충고했다. 그런데 당시 두 사람은 이미 육체관계까지 맺고 있던 터라 떨어질 수 없는 사이가 되어 있었다.

니야마로부터 박열이 자기를 불신하고 있다는 말을 전해들은 김중한은 불령사의 집회에서 단도를 뽑아들고 박열에게 덤벼들었다. 그리곤 비겁한 사람이라며 이성을 잃고 칼을 휘둘러댔다. 다행히 여러 사람의 만류로 큰 불상사는 없었지만 이들의 관계는 이미 엎질러진 물이었다. 김중한과 니야마는 이들의 모임에서 차츰 멀어지게 되었고 니야마를 통해 일본 관헌에 이 정보가 알려지고 말았다. 이렇게 하여 폭탄 입수는 논의 단계에서 좌절되었고 일행은 간토대지진을 전후하여 일망타진, 구속되는 신세가 되었다. 서울의 김한과 기생 이소홍도 증인으로 소환돼 법정에 서는 곤욕을 치러야 했다.

이소홍은 20살이라는 젊은 나이에도 도량이 넓고 대담한 여자였다. 판사가 그를 회유하느라고 "시내도 구경하고 어머니에게 선물이라도 사가는 것이 어떤가."라고 묻자 이소홍은 "무산 계급인 나에게는 유행이란 있을 수 없습니다."라고 당차게 쏘아붙여 판사를 민망하게 만들었다.

김한도 서울에서 수감 중 도쿄에 불려가서 증인심문을 받았다. 이때 38살의 장년이었던 김한은 상해 임시정부의 비서국장을 지낸 바 있는 독립운동가였다. 귀국해서는 무산자동맹회의 위원으로 있었다. 그는 상해에 있는 의열단으로부터 위임받아 상해에서 보내는 폭탄을 인수하여 그것을 배분하는 역할을 맡게 되어 있었다. 거기에 박열이 그 폭탄의 일부를 나누어 받도록 김한과의 사이에 일을 진행되다가 사건이 노출되어버린 것이다.

이들이 구하고자 했던 폭탄의 일부가 만주의 안동현(安東縣)까지는 도착했으나, 거기서부터는 엄중한 감시로 서울에 들어올 수가 없었기 때문에 이 약속은 이행되지 못하고 자연 소멸 상태가 되고 있었다. 김한은 증인조사 때 자기는 폭탄의 중개 역할을 약속한 것뿐이며, 사용 목적에 대해서는 박열에게 듣지도 못했고 전혀 알 바가 아니라고 버텼다.

그리고 공판 중 10회의 최후에 가까운 신문에서는 "기탄없이 말하자면, 적어도 조선 사람이라고 불리는 자는 죽음을 각오하고 일본인 앞에 설 것입니다. 그 조선 사람의 반항적 심리는 각자의 성격과 생활환경의 사회적 관계에 따라, 혹은 허무주의·무정부주의·공산주의·민권주의에 의하여 형식을 가지고 나타나게 될 것입니다. 나는 조선인이 일본 국민에 반항하는 것은 항구적인 운명이라고 확신하고 있습니다."라고 당당하게 답변하여 독립운동가로서의 신념을 굽히지 않았다.

여러 가지 기록과 정황으로 미뤄볼 때 박열의 일왕 부자 폭살 계획은 폭탄을 준비하는 과정에서 차질을 빚었으며, 정보의 누설로 일제 검거되는 좌절을 겪었다. 또한 이것이 간토대지진 와중에 정치적으로 악용되어 '대역 사건'으로 포장되고, 조선인 대량 학살을 호도하는 '희생양'의 처지가 되기에 이른 것이다.

법정을 뒤흔든 사상범

박열은 대심원 특별형사부에서 공판이 열리기 전 1923년 10월 24일부터 1925년 6월 6일까지 도쿄지방재판소의 예심재판소에서 다테마쓰 판사의 끈질긴 심문을 받았다. 그러나 2년여 동안 무려 21회에 걸친 심문 과정에서도 박열은 시종일관 자신의 신념을 굽히지 않았으며 침착하고 대범하게 천황·황태자의 폭살 의도를 밝혔다. 심문조서의 내용 일부를 읽어보자. 박열의 내면과 그의 사상이 잘 드러나 있다.(심문조서 주요 내용은 「부록 3」 참조)

(전략)

3문 : 피고가 김(김중한을 가리킴 - 지은이)에게 가을까지 폭탄을 입수해달라고 부탁한 경위는 무엇인가?

답 : 나는 작년 가을경 황태자가 결혼한다는 이야기를 듣고 있

박열과 가네코의 조서 표지(왼쪽)와 속지.

었다. 그 때문에 나는 가능한 한 그때까지 폭탄을 입수해서 그 기회에 그것을 사용하려고 생각하고 있었으므로 김군에게 가능한 한 가을까지 손에 넣도록 해줄 수 없겠는가 하고 의뢰했던 것이다. 일본 황태자의 결혼식은 일본 제국으로서 가장 축하할 만한 일 중의 하나이므로 일본의 천황도, 외국의 사신도, 신문기자도 모여들 것이고, 일본의 중신도 그 행렬에 참가할 것이므로 그 행렬 때 일본 황태자에게 폭탄을 내던져서 잘 명중된다면 좋고 만일 명중되지 않는다고 해도 그 주위의 중신을 죽일 수가 있다.

만일 운 나쁘게 황태자에게도, 중신에게도 명중되지 않고 실패한다 해도 조선 민족은 결코 일본에게 일본화되어 있지 않다. 또 일본 정부가 선전하는 만큼 일본인과 조선인은 결코 융화되어 있지 않다. 또 조선인을 일본제국의 소위 선량한 새로운 백성 즉 노예임을 조금도 원하지 있지 않다는 것을 세계에 알리는 데에는 가장 좋은 기회가 된다. 그것은 조선에 있어서의 사회적 제운동이 침체한 일본의 사회운동에 커다란 자극을 주는 가장 좋은 기회이며, 일본 천황이나 황태자를 죽여서 일본 민중이 신성시하고 침범할 수 없는 것으로 생각하고 있는 종교적 중심인물을 땅에 떨어뜨려, 그것이 우상이며 두부찌꺼기의 덩어리 같은 자라는 진가를 알리는 데에는 가장 좋은 기회일 거라고 생각했으므로 나는 어떻게든 일본 황태자의 결혼 때까지 폭탄을 손에 넣고 싶다고 생각한 것이다.

4문 : 피고는 일본 황실에 대해 어떤 관념을 가지고 있는가?

답 나는 일본으로부터 학살당하고 있는 조선 민족의 한 사람으로 일본 천황과 황태자 즉 황실에 대해 떨쳐버릴 수 없는 증오의 감정과 반역심을 처음부터 가지고 있었고 하등의 존경심을 가지고 있지 않았지만, 그러나 일본 천황, 황태자는 하나의 우상에 지나지 않는 불쌍한 제분기(製糞器)이며 가련한 희생자이다. 행렬 때에 민중이 멀리한다는 의미에서 격리된 전염병 환자 또는 페스트 보균자이며, 인중이 긴 놈들을 속여서 모은 사창가의 얼굴마담과 같이 민중을 기만하고 착취하여 억압을 가하는 권력자 계급의 간판인 것이다. 정체를 알고 보면 별것 아닌 유령이지만, 일본 사회에 있어서 정치적 실권자는 황실이 아니며 일본의 정치·경제·사회를 지지하고 있는 것은 정치가, 군벌 자본가이므로 그들을 보는 일이 현재 사회제도를 전복시키기에 가장 의미가 있다.

계몽적 선전시대에 있어서 오늘날 일본에서는 일본 민중에 대하여 황실이 하나의 미신으로 구축된 우상에 지나지 않음을 드러내기 위해서, 또 황실과 황태자인 유령을 위해서 일반 민중이 얼마나 속박되어 있는가 하는 것을 자각시키기 위해서는 제분기를 노리는 일도 포기하기 어려웠다.

특히 조선의 일반 민중은 일본 천황, 황태자를 명실공히 존재하는 실권자이며 하늘을 함께 받들 수 없는 수적(讐敵)이라고 생각하고 있으므로, 이 자의 존재를 이 지구상에서 말살시켜버리는 일은 조선 민족에게 감격과 함께 자주 전투적 기분을 갖게 한다는 점에서 도저히 포기할 수 없는 유효한 방법의 하나였다. (후략)

― 제6회 심문조서(다이쇼 13년 2월 4일, 이치가야 형무소)에서

9문 : 피고는 왜 일본의 천황, 황태자 전하에 대해 소위 폭살 대상으로 삼았는가?

답 : 나는 일본의 천황, 황태자 개인에 대해서는 어떤 원한도 가지고 있지 않다. 그러나 내가 일본의 황실, 특히 천황, 황태자를 대상으로 삼은 가장 중요한 첫 번째 이유는, 일본 국민에게 있어서 일본의 황실이 얼마나 일본 국민에게서 고혈을 갈취하는 권력자의 간판격이고, 또 일본 국민들이 미신처럼 믿고 있고 신성시하는 것, 신격화하는 것의 정체가 사악한 귀신과 같은 존재임을 알리고, 일본 황실의

진상을 밝혀서 그 신성함을 땅에 떨어뜨리기 위함이었다.
두 번째 이유는 조선 민족에게 있어서 일반적으로 일본
황실은 모든 것의 실권자이며 민족의 증오의 대상이기 때
문에 이 황실을 무너뜨려서 조선 민족에게 혁명적이고 독
립적인 열정을 자극하기 위해서였다. 세 번째는 침체되어
있는 일본의 사회운동가들에게 혁명적인 기운을 불어넣
기 위해서였다. 일본 천황은 병이 들었지만 황태자와 함
께 황실의 표면적이고 대표적인 존재이다. 특히 내가 작
년 가을 황태자의 결혼식에 폭탄을 사용할 계획을 가지고
있었던 것은 조선 민족의 일본에 대한 의지를 세계에 표
명하기에 최적의 시기라고 생각했기 때문이다. (중략)

12문 : 피고는 천황 폐하와 황태자 전하를 소위 유일한 목표
　　　물로 생각하고 있지는 않았는가?

답 : 그렇지 않다. 아까도 말했듯이 나는 일본 천황과 황태자
　　를 대표적인 대상으로서 생각했을 뿐이다. 일본의 사회조
　　직을 정리하기 위해서는 원로 대신, 관료, 군벌 또 자본가
　　등 정치·경제상의 실권자를 말살하는 방법이 천황과 황
　　태자를 없애는 것보다 효과적일지도 모르지만, 일본의 천
　　황과 황태자를 대상으로 하는 것이 보다 의미있다는 것은
　　아까 말한 바와 같다. 그렇기 때문에 나는 파괴적인 행위
　　의 대상 중에서도 이 두 사람을 중요한 목표물이라고 생
　　각하고 있었던 것이다. (후략)

— 제10회 심문조서에서

3문 : 피고는 어떻게든 그 마음을 반성할 수 없겠는가?

답 : 반성이라고 하는 것은 어떤 의미인지 모르겠지만 반성이
소위 개과천선을 의미하는 것이라면 그것은 나에 대한 커
다란 모욕이다. 나는 적에게 이와 같이 잡히기 전까지는
이 지역에서 나 자신에 속한 모든 것을 걸고 일본의 제국
적 자본주의 국가를 도괴시키기 위해서 충분히 자유롭게
행동해왔기 때문에 적도 나에 대해서 충분히 자유롭게 행
동하는 것이 좋을 것이다. 그것이 정녕 당연할 것이므로
나는 어떤 일에 대해서도 적인 일본 관헌의 방식에 대해
서 불법이라든가 불공평이라든가 잔인이라든가 악랄이라
든가 하는 그러한 말이나 항의 같은 것을 할 생각은 없다.
나는 적에게 잡힌 그날부터 적의 손에 의해 좌우될 수 있
는 모든 것은 다 포기하고 있는 것이다. 또 말해두겠지만
일본 관헌은 나와의 싸움에서 이겼다.

당신들도 이기겠지만 그러나 잘 생각할 것까지도 없이 그
대들은 승리하고 패해 있는 것이다. 나는 실제 실패해서
승리한 것이다. 이것은 단순한 기분만이 아니라 현실의
가까운 장래를 바라보아 나는 모든 위기를 부정하므로 나
는 그대들이 마음대로 만든 법률이나 재판의 가치는 전혀
인정하고 있지 않다. 따라서 내가 한 일이 폭발물 단속규
칙의 제 몇 조에 해당하는지, 형법 제73조에 해당하는지
그것이 어떤 형태인지 모르겠지만 그런 것은 아무래도 좋
은 것이다.

그런 것은 그대들이 마음대로 결정했으므로 마음대로 하는 것이 좋다. 그런 것으로 그대들과 싸우지 않겠다. 원래 나는 죽음이라는 것을 무서워하지 않는다. 새삼 말할 것까지도 없이 나는 그대들이 가장 신성시하는 것으로 있는 또 유난스럽게 여기고 있는 우상을 죽이려고 했다. 불령선인이므로 그대들도 당 불령선인을 죽여도 좋을 것이다. 그것은 극히 당연한 일이기도 할 것이다. 나에게 반성한다든지 개과천선한다든지 할 여지는 없다.

— 제17회 심문조서에서

3문 : 그 폭탄 입수의 목적은 그 폭탄을 사용하여 주로 천황 전하와 황태자 전하를 죽이려고 한 것이었는가?

답 : 그것에 상이(相異) 없다. (중략)

5문 : 피고가 천황·황태자 전하를 죽이려고 했다고 하는 것이 피고의 이상이며, 아직 그 이상을 실현하려고 계획한 것은 아니었는가?

답 : 그것은 단순한, 소위 이상은 아니었다. 그것을 직접의 목적으로 하여 계획을 추진시킨 것이었다.

6문 : 그 일을 직접적인 목적으로 해서 계획을 추진했다는 것은 가네코와 공모한 후의 일인가?

답 : 그렇다. 가네코는 처음부터 그대들이 말하는 소위 공모자였던 것이다.

— 제19회 심문조서에서

2문 : 반복해서 심문하겠지만 피고가 황태자 전하의 결혼식을
　　　기다려서 천황·황태자 전하에게 위해를 가할 것을 계획
　　　하고 있었던 것은 틀림없는가?

답 : 그렇다. 틀림없다.

3문 : 민족인류의 공동평화를 위해서도 피고의 생각을 반성하
　　　지는 않겠는가?

답 : 서로 사랑한다든지 평화라든지 하는 미명하에, 기실은 약
　　　육강식의 보기 흉한 투쟁을 행하고 있다는 것은 이미 내
　　　가 진술해둔 바이다. 삶이 있기 때문에 모든 해악이 행하
　　　여지므로 만일 사랑이라는 관념을 허가한다면 인류를 이
　　　지상으로부터 대청소하는 것이 참된 사랑이 아니겠는가.
　　　또 삶을 긍정하고 삶이 해악의 원천이 아니라고 가정했다
　　　고 해도 천황·황태자와 같은 기생충을 살려두는 것은 인
　　　류사회 민족의 참된 평화를 해치는 것이 아니겠는가. 따
　　　라서 반성하라는 그 말은 당신들에게 돌려주겠다. 당신들
　　　이야말로 반성하는 것이 어떤가.

— 제21회 심문조서에서

위풍당당한 수감생활과 판사의 회유

박열과 가네코는 검사의 심문 과정에서부터 당당한 모습을 보여주었다. 20대 초반의 젊은 사람들이 어디서 그런 용기와 배짱이 나왔는지 놀라운 일이었다.

검사의 오만불손한 심문 태도에 박열은 정면으로 대응하여 검사가 작성한 조서를 읽어보고 자서(自書)하라는 것을 몇 번이고 찢어버렸으며, 옥내의 대우가 나쁘니 정 이럴진대 절식자진(絶食自盡)하고 말겠다고 며칠씩이나 밥 먹기를 거부하여 단식으로 항쟁하면서 검사와 대결했다.

예심 과정 역시 마찬가지였다. 박열이 자인하지 않는 이상 조서를 제대로 꾸밀 수가 없었다. 그래서 고안해낸 것이 설득공작이었다. 박열에 대한 여러 가지 설득공작이 상부의 지시였는지 예심판사 다테마쓰 개인의 일방적인 계교였는지는 분명치 않다.

박열.

　하지만 이에 따라 박열과 가네코는 일반 범죄자들과는 다른 상당한 대우를 받으며 심문을 받고 재판을 기다리게 되었다. 다테마쓰 판사는 형무소 당국과 논의하여 옥중에서의 기거, 음식 절차, 보건의료 등 박열에 대해 특별대우를 하고, 또 박열과 가네코를 예심정으로 불러내어 조사를 하는 척하다가는 특별실에 두 사람만 남아 있게 하고 재판소 직원은 물론 호송에 따라온 형무소 간수들까지도 일절 접근을 금지하면서 몇 시간씩이나 방치하기를 여러 번 하였다.

　그리고 차분하게 달래며 간토대지진 때의 조선인 학살 사건을 들어서 설명하고, 일본은 지금 조선 통치상 또는 국제관계상 이 불상사에 대한 변명거리가 될 수 있는 희생제물을 찾고 있던 차에 그대의 대역 음모가 적발되었으니, 그대가 아무리 사건을 부인하려 해도 면할 길이 없게 된 국면이라면서 박열을 동정하는 듯이 설득에 전력을 기울였다.

　그러나 '대역 사건'이라는 엄청난 사건인데도 아무 물증이 없었다. 오직 이들의 자백에 의해서만 공소 유지와 재판의 진행이 가능한 사건이었다.

한 번은 박열이 고향에 있는 어머니가 아들이 이 지경에 이른 것을 심히 걱정하여 친히 면회 오겠다는 것을 말리고 있는데, 우선 사진이라도 찍어 보내고 싶다고 하니 다테마쓰가 이를 쾌히 승낙하여 어느 날(날짜는 1924년 5월 2일, 7월 9일, 10월 7일로 엇갈린다) 재판소 본관 예심실에서 박열과 가네코가 함께 사진을 촬영하게 했다.

그중 한 장이 외부에 유출되어 이른바 '괴사진' 사건이 되고 판사 자신이 물러남은 물론 내각이 붕괴되는 엄청난 정치파동을 일으키게 된다. 그러나 아무리 대접이 융숭하고 설득이 은근하다고 하더라도 박열과 가네코의 뜻을 꺾을 수는 없었다.

당시 25살의 박열은 작지도 크지도 아니한 키에 명주 두루마기와 흰 바지저고리에 조끼를 받쳐 입고, 단정하게 깎은 머리에 한쪽 가르마로 곱게 빗질하고, 언제나 온유한 미소를 지으며 찾아오는 면회객들을 맞이했다. 형무소측의 대우도 극진하여 면회 장소로는 전옥(典獄)의 응접실을 개방했고, 면회실로 박열을 안내하고 입회하는 일은 반드시 간수장이 하도록 했다.

가네코에게는 그렇게까지는 하지 않았으나, 면회객과 재감인 사이에 응접 테이블을 놓고 서로 대담할 수 있게 했다. 그것도 보통 옥중 규칙에는 없는 대우였다. 가네코는 어엿한 일본 부인복에 두루마기(하오리)를 곁들여 입고 있었다. 그녀가 근시인 탓에 옥중에서도 안경을 쓰는 것이 허용되었다. 그녀는 옥중에서 매일 독서에 열중하였으며 기분이 지극히 명랑하여 아무런 근심걱정이 없는 듯한 표정이었다.

일본인 변호사 후세 다쓰지(布施辰治)의 노력은 지극했다. 그는 박열 사건이 공표되자 자진하여 변호계를 제출하고 방대한 사건 신문기록을 등본하며 여러 차례 박열을 면회하여 사건의 진상을 규명하면서 공판 준비를 했을 뿐만 아니라, 변호사 수임료는 물론 기록등본 등에 필요한 적지 않은 비용 일체를 자비로 부담했다.

제3장

제국의 법정에서 벌어진
사상전쟁

가네코 후미코, 강한 아름다움

일본 여성이면서 조선 청년의 부인으로 옥사한 가네코 후미코는 누구인가? 그녀는 법정에서 다테마쓰 예심판사에게 박열과의 관계를 다음과 같이 진술했다.

> "내가 박열과 동거생활을 하게 된 것은 그가 조선인이라는 사실을 존경했기 때문은 아니었다. 또 동정해서도 아니었다. 박열은 조선인이라는 것과 내가 일본인이라는 국적을 완전히 초월한 동지애와 성애(性愛)가 일치했기 때문이었다."

감옥에서 박열의 무릎에 앉아 책을 읽고 있는 이른바 '괴사진' 사건으로 당시 와카쓰키 레이지로(若槻禮次郎) 내각을 붕괴시키고, 법정에서 사형이 선고되자 큰 소리로 "만세!"를 외친 당찬 여성,

가네코 후미코.

그리고 감옥에서 의문의 죽음을 맞이한 가네코의 23년이라는 짧고도 극적인 생애를 살펴보자.

가네코 후미코는 1903년 1월 25일 미천한 집안에서 태어났다. 출생지는 일본 가나가와(神奈川) 현 요코하마(橫濱) 시이다. 아버지는 순사를 지냈던 사에키 분이치(佐伯文一)이고, 어머니 가네코 기쿠는 술집 영업을 하면서 가네코를 가졌다.

가네코는 이들 사이의 장녀로 태어났지만 부모는 정상적인 혼인관계가 아니었다. 때문에 가네코는 9살이 될 때까지 호적이 없는 사람, 말하자면 호적상 '투명인간'으로 살아야 했다(아버지는 끝내 그녀를 입적시켜주지 않아 결국 외가에 입적되었다)

아버지는 빈틈없고 꼼꼼한 성격이었으나, 어머니는 반대로 단정하지 못하고 야무진 데가 없는 여성이었다. 이런 성격 차이가 원인이 되어 아버지는 젊은 첩을 집으로 데리고 오는 등 부부싸움이 그칠 날이 없었다. 가네코는 어린 나이에 어머니의 등에 업힌

채 몇 번이나 운 일도 있었다. 아버지의 유곽 출입은 더욱 잦아졌고 어머니는 품팔이를 위해 집을 비우는 때가 많았다.

가네코는 6살 때 동거하고 있던 어머니의 여동생, 즉 이모가 아버지와 불륜관계를 맺는 것을 목격하는 등 집안은 엉망이었다. 그후 아버지와 이모는 함께 집을 나가버렸다.

가네코의 어머니는 집을 정리하고 셋방을 얻어 방직공장에 나가게 되었고, 몇 달이 지나지 않아 나카무라라는 남자와 동거생활을 하게 되었다. 그때부터 어머니는 가네코를 학대하기 시작했고 밖으로 내쫓는 일이 잦아졌다. 어머니는 곧 나카무라와 헤어지고 이번에는 연하의 고바야시란 남자를 집으로 끌어들였다.

그녀는 아버지가 입적을 시키지 않아서 적령기가 되어도 학교에 입학할 수가 없었다.

10살 때 할머니가 찾아와서 조선에 사는 딸(가네코에게는 고모)이 자식이 없다면서 양녀로 삼겠다고 해서 가네코는 할머니를 따라 조선으로 건너왔다. 그러나 그녀가 무적자라는 것이 문제가 되었고, 그래서 어쩔 수 없이 외할아버지의 다섯 번째 딸 '가네코 후미코'로 호적에 이름을 올렸다. 호적상으로는 어머니와 자매지간이 된 것이다.

조선에 와서는 처음에는 경북 김천(金泉)에서 살다가 나중에 충북 청원군 부용면 부강(芙江)이란 곳에서 살았다. 일본에서 데리고 갈 때는 양녀로 삼는다고 했지만 와서 보니 식모살이나 다름 없었다. 고모부는 이와시타(岩下啓三郎)란 사람이었는데 고리대금업을 하며 인근의 조선 농민들을 착취하는 악질 일본인이었고, 고모는 대단히 난폭한 여자여서 가네코에게 매질하기가 일쑤였다.

가네코는 여기서 7년을 살았다. 훗날 그는 이 시절을 이렇게 회상했다.

> "숙모는 나를 번번이 학교조차 보내지 않았고 영하의 추운 날씨에 밤중에 밥도 주지 않은 채 문밖에서 떨게 했다."

가네코는 고모네 식구들의 온갖 학대를 견디면서도 부강심상고등소학교 심상과 4학년에 편입하여 1917년 3월 24일 고등과 2년 과정을 졸업했다. 그의 학적부에 따르면 학업 성적도 우수하고 행실도 발라서 우수상을 받았다. 3·1혁명이 일어난 해에 그녀는, 조선이 일제의 폭정에 항거하여 거족적으로 일으킨 독립운동의 그 열렬한 모습을 현지에서 두 눈으로 똑똑히 지켜보는 귀중한 체험을 할 수 있었다.

1920년 4월에 가네코는 조선 생활을 정리하고 어머니의 고향인 일본 야마나시 현으로 돌아갔다. 자신의 의지는 아니었다. 할머니와 고모가 그를 일본으로 돌려보내버리기로 결정했던 것이다. 그때 어머니는 두 번째 개가를 해 있었고, 그녀가 집에 들어감으로써 안정되어가던 가정이 다시 흔들리기 시작했다.

결국 집을 뛰쳐나간 가네코가 친척집을 배회하고 있을 때, 가네코가 돌아왔다는 소식을 들은 아버지가 나타났다. 아버지는 어머니의 남동생, 즉 외숙부인 가네코 모토에이(金子元榮)란 22살난 남자와 결혼시키려고 약혼을 서둘렀다.

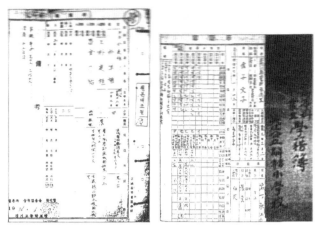

박열의 경성고보 학적부(왼쪽)와 가네코 후미코의 부강공립심상고등소학교 학적부 사본(오른쪽).

가네코는 모토에이에게 처녀성을 빼앗기고 결국 파혼을 당하기에 이른다. 파혼당했다는 소식을 들은 아버지는 심한 욕설을 퍼부으며 발로 걷어차고, 마구 때렸다. 후미코는 가만히 있지 않고 대들었지만 돌아온 것은 더욱 심한 욕설과 구타였다. 후미코는 훗날 자서전에서 이렇게 술회한다.

> "무책임하게도 외삼촌은 나를 노리개로 삼았고, 아버지는 나를 도구로 이용했다. 그리고 난 뒤에 그들은 나를 헌신짝처럼 내동댕이치고 짓밟았으며 걷어찼다."

이 사건으로 후미코가 입은 마음의 상처는 컸다. 그러나 영민한 그녀에게 이 시련은 이런 일들이 단지 개인의 문제가 아니라, 가

부장적인 사회에서 여성이 남성에게 얼마나 종속적인가, 하는 사회와 제도에 대한 고민으로 사고의 폭을 확장시키는 커다란 계기로 작용한다.

아버지는 호적에는 올려주지 않으면서 제사 때면 후미코에게 절을 하라고 강요했고, 후미코는 그 부당함을 견딜 수 없었다. 무적자라는 이유로 어린 그녀가 겪어야 했던 설움과 노골적인 차별은 시간이 지나도 생생하게 기억 속에 남아 있었다. 후미코는 7살 때 학교에 다닌 적이 있었다. 그러나 선생님들은 출석을 부를 때 후미코만 일부러 이름을 부르지 않았다. 무적자였던 후미코에게 학교에서 배운 것은 '차별'이었던 것이다. 그녀는 자신을 차별대우하는 학교와 무책임한 아버지에게 불만을 품었다. 이것은 후미코가 처음으로 사회와 국가 질서에 비판의식을 가지게 되는 계기가 되었다. 결국 그녀는 아버지와의 격렬한 갈등 끝에 헌 가방 하나 달랑 들고 집을 나와 도쿄로 올라왔다.

길거리에서 아홉 종류의 신문을 어깨에 메고 팔면서 입학금을 준비했다. 이렇게 입학금을 마련한 가네코는, 오전에는 세이소쿠 영어학교에 들어가 영어를 배우고 오후에는 겐슈학관에 다녔다. 이때 가네코의 꿈은 검정시험을 쳐서 의사가 되는 것이었다.

그녀는 신문팔이, 식모, 인쇄소 여직공 등의 직업을 전전하다가 마지막으로 아나키스트들의 단골집인 문제의 〈이와사키 오뎅집〉에서 식모 일을 하게 되었고, 이 집에 드나들던 박열을 만나게 되었다.

가네코는 세이소쿠 영어학교에 다니면서 니야마 하쓰요를 만났다. 후일 불령사 회원이 된 이 여성은 가네코보다 약간 나이가 많았다. 두 여성은 의기투합하여 서로 토론하고 연구하던 끝에 당시 일본 사상계에 세력을 펴고 있던 사회주의에 관심을 갖게 되었고, 박열과도 만나게 되었다.

가네코가 박열의 영향을 받아 무정부주의에 눈을 뜬 것은 1921년 초였다. 가네코는 이때 박열뿐만 아니라 한명상, 서상경, 하세명, 정태성, 김중한, 장상중 등 조선 청년들과도 만나게 되었다. 가네코가 박열에게 관심을 갖게 된 계기는 「조선청년」이란 잡지에 그가 쓴 '개새끼'란 짧지만 강렬한 한 편의 시였다.

나는 개새끼로소이다
하늘을 보고 짖는
달을 보고 짖는
보잘것없는 나는 개새끼로소이다
높은 양반의 가랑이에서
뜨거운 것이 쏟아져 내가 목욕을 할 때
나도 그의 다리에다 뜨거운 줄기를 뿜어대는
나는 개새끼로소이다

시를 읽은 가네코는 박열의 사상에 심취해버렸다. 가네코는 오뎅집에서 박열을 처음 보았는데, 시를 읽고는 다시 그를 만나고 싶어 애타게 기다렸다. 그러나 두 달 동안 박열이 나타나지 않자 수소문해서 그를 찾아다녔다. 그리고 만나자마자 애정을 고백하여 두 사람은 연인 사이가 되었고 얼마 후 함께 살기 시작했다.

가네코의 박열에 대한 기대와 존경이 어느 정도였는지는 "만일 조선에 박열과 같은 열렬한 투사가 30명만 있다면 조선독립의 당장 전취는 물론, 조선 민족은 정말로 전 세계를 제패할 수 있을 것이다."라고 단언했다는 것만으로도 알 수 있다.

박열을 사랑하게 된 가네코는 그와 함께 살면서 이 사실을 부모에게 알렸다. 자신을 버린 그들의 동의를 얻으려 했다기보다 어쨌든 낳아준 부모에게 알리는 것이 도리라고 믿었기 때문이었다.

그러나 아버지는 "조선인과 동거한다는 것은 영광스런 가계를 더럽히는 것이니 오늘 너와의 인연을 끊겠다."는 편지를 보내왔다. 이로써 가네코는 실질적으로 이들과 부모자식의 연을 끊게 되었다.

이 무렵 가네코는 신문이나 잡지는 물론, 많은 책을 읽고 있었다. 베르그송, 헤겔, 스펜서, 니체 등을 닥치는 대로 읽으면서 점차 니힐리즘에 빠져들었다. 그녀는 고된 노동을 하면서도 새벽 1, 2시까지 책을 읽으며 교양을 쌓았다.

가네코를 식모로 고용했던 집 주인은 후일 법정에서 이렇게 증언했다.

"참으로 명랑하고 빈틈이 없었으며 밤 1시까지 공부하는 보기 드문 여성이었다."

판매원으로 고용했던 한 가게 주인은 이렇게 증언하기도 했다.

"말도 또렷또렷했고 부지런해서 집안사람들로부터 귀여움을 받았다. 또 월급이 아주 적은 편이었지만 거기에 대해서 조금도 불평하지 않았다. 그러나 불의부정을 참지 못하는 성미여서 주인에게도 서슴지 않고 충고를 한 일도 있다."

인쇄소 주인도 법정에 증인으로 불려와서 이렇게 증언했다.

"참으로 일을 잘하는 여성이었다. 일의 능률을 올려주어 큰 힘이 되었다."

오뎅집 주인도 가네코에게 높은 점수를 준다.

"좋은 여성이었다. 애교가 넘쳐 가게 운영에 큰 도움이 되었다. 명랑했기 때문에 가네코가 있으면 가게가 밝아졌다."

가네코는 박열을 만나기 전에 한때 구세군(救世軍)의 사이토(齋藤音松)란 남자와 연애를 하기도 했다. 그는 가네코의 생활을 동정하여 가루비누를 파는 노점을 차려주었던 사람이다. 그러나 그에게 별로 끌리지 않았던 가네코는 이내 헤어지고 말았다.

"그 후 나는 사랑을 기치로 내세워 거리에서 선(善)을 저해당하고 있다는 모순을 발견했습니다. 그들은 자신이 만들어낸 신이란 명칭 앞에 스스로를 속박시키는 겁쟁이입니다. 신앙의 노예입니다. 인간에게는 외부의 힘에 좌우되지 않는, 알몸으로 사는 인생의 아름다움과 선이 있음이 분명합니다. 그 선과 미(美)에 역행하는 사랑을 설교한 그리스도에 친근감을 가질 필요가 없다고 생각하여 이른바 기독교를 버리고 말았습니다."

가네코는 사이토와 헤어지게 된 배경을 이렇게 말하고 있다.

훗날 가네코는 옥중에서 조선에서 살았을 때 다녔던 청주의 심상소학교 선생에게 '나는 어디까지나 불행했나이다'라는 제목의 서신을 보냈다.

…… 그러나 오직 선생님께만은 말씀드리오니 양해하여주실 줄 아오며, 또한 지구 위에서 내 과거의 생활을 얼마라도 정당하게 이해하고 비판하여 주는 이가 있사오면 고맙겠나이다. 나는 지금 이 같은 생각으로 이 글을 쓰고 있나이다.

나는 어떤 때에 학대받는 인간이 어떻게 변화하는가 하는 자서전을 쓰려고 생각한 일도 한두 번이 아니었나이다. 내가 조선으로부터 도쿄로 간 때는 다이쇼 9년 4월 12일이었나이다. 운명의 손에 희롱되고 있었던 나는 어디까지나 불행했나이다. 그렇게 능욕되다가 겨우 정신이 든 때에는 남의 처이었나이다. 더욱이 고향에 돌아간 지 엿새 만으로, 그 남편이라는 상대자가 사람은 사람이나 나의 실모의 남동생인 삼촌 아저씨였나이다.

그러하온데 이 혼인을 결정한 것은 나를 대여섯 살 때에 내버리고 숙모와 같이 도망한 아비였나이다. 선생이여, 내가 어떻게 여기에 복종하고 있었겠습니까. 아비의 의무를 다하지 못한 아비, 나를 학대하는 아비, 나는 그 같은 아비에 반항했나이다. 그리하여 도쿄에 갔나이다. 내가 가는 곳은 또 다시 비참한 행로에 빠져 모든 고심참담한 것을 맛보고 고학을 하여 중학 정도의 실력을 얻었나이다.

그동안 사상 방면에 있어서는 1년쯤은 진실한 크리스천으로서 지나간 날의 참담한 체험으로부터 신앙 같은 것으로 참아갈 수는 도저히 없었습니다.

나는 여기서 조선사람 주의자와 마침내 친구가 되었나이다. 선생이여, 나의 지금의 경우는 꾸짖지 마시옵소서. 나를 학대하여 주사이다. (하략)

가네코는 대단히 두뇌가 명석한 여성이었다. 예심판사 앞에서 말한 진술은 사상과 논리가 정연하여 재판 관계자들을 놀라게 한 적이 한두 번이 아니었다. 더욱이 이타쿠라(板倉受命) 판사로부터 아나키즘에 관한 질문을 받자 "당신에게 말로 해서는 못 알아들을 터이니 글을 써서 보이겠다."고 한 뒤 30분 동안에 200자 원고지 50장 정도를 써내려갔다. 이타쿠라는 가네코가 달필로 짧은 시간에 자신의 신념과 사상, 특히 천황무용론을 체계화한 데 놀라지 않을 수 없었다. 판사가 가네코의 두뇌 회전이 빠르고 명석한 데 감탄, 병적 흥분이 아닌가 하여 "피고는 몸이 성한가?"라고 묻자, "생리는 며칠 전에 끝났다."고 받아넘기는 재치까지 보여주었다.

다테마쓰 판사도 가네코에 대한 예심의 결심이 가까워졌을 무렵의 심문에서 "피고는 현재의 생활방법을 전환하고 자연과학 방면의 연구에 몰두할 수 없겠는가?"라고 묻자 가네코는 "만약 내가 삶을 긍정할 수 있게 되는 경우라면 혹시 자연과학 연구에 몰두할 수 있을는지도 모르겠다."라고 답변했다. 자연과학 연구를 권유할 정도로 다테마쓰 판사는 가네코의 명석한 두뇌와 의지를 인정하고 있었던 것이다.

죽기 전까지 가네코를 변호했던 우에무라(上村) 변호사는 그를 이렇게 평했다.

"가네코는 비상하게 월등한 두뇌를 가진 여자로, 학교교육은 별로 많이 받지 못한 듯하나 상당한 지식이 있으며, 주의(主義)를 위하여 무엇이든지 두려운 것이 없다는 열성적인 사람으로, 박열과 부부가 된 이유도 오직 사랑에만 있지 않고 주의의 공명일치라고 누누이 말한 바 있다. 최후의 사형판결이 내렸을 때 두 손을 들고 만세를 외친 것도 박열보다 가네코가 먼저 한 것으로 과연 여장부였다."

"황태자 한 마리를
해치워버리고 싶었다"

1924년 5월 14일부터 예심법정에서 행한 가네코의 진술은 그
녀의 사상과 신념을 잘 보여준다. 그녀는 대담하고 정연한 진술로
자신의 천황관, 황태자 폭살 계획 동기 등을 밝히고 있다. 다음은
이타쿠라 판사의 심문에 대한 진술 내용이다.

문 : 그 폭탄을 누구에게 던지려고 했는가?
답 : 바로 황태자 한 마리를 해치워버리는 것이다. 천황을 해
　　치워도 좋지만, 외출하는 기회가 적고 환자이기 때문에
　　황태자를 해치우는 것보다는 선전효과가 작기 때문이다.
문 : 피고는 왜 황태자에게 그러한 위해를 가하려고 했는가?
답 : 나는 일찍부터 인간의 평등에 대해 깊이 생각해왔다. (중
　　략) 모든 인간은, 인간이라는 단 하나의 자격에 의해서 인

간으로서의 생활의 권리를 완전히 또는 평등하게 누리는 것이라고 믿고 있다.

구체적으로 말하면, 인간에 의해 과거에도 행해졌고 또 현재에도 행해지고 있으며 또한 앞으로도 행해질 모든 행위는 인간이란 기초 위에 있을 또 하나의 자격에 의해 다 같이 평등하게 인정되어야 할 것이다. 그러나 이 자연적인 인간의 행위나 존재 그 자체가 어째서 인위적으로 만들어진 법률에 의해 거부되고 좌우당하는 것인가?

본래 평등해야 할 인간이 현실의 사회에서는 얼마나 그 위치가 불평등한가. 나는 그 불평등을 저주한다. 나는 바로 2, 3년 전까지만 하더라도, 소위 제1계급의 고귀한 인간들은 우리들 평민과는 어딘가 다른 형상과 질을 갖추고 있는 특수한 인종으로 생각하고 있었지만, 신문에서 사진을 보아도, 소위 고귀한 사람들이 우리들 평민과 다른 점은 조금도 없었다.

눈이 2개, 입이 하나, 다리와 손……, 하나도 부족한 것이 없는 것 같았다. 아니 그러한 계급에는 기형아란 절대로 없을 것이라 생각했다. 이러한 심리, 즉 황실 계급이라 하면 다가갈 수 없는 고귀한 존재일 것이라 직감적으로 연상하게 되는 심리가, 아마도 일반 민중의 마음속에 뿌리 깊게 심어져 있을 것이다. 바꾸어 말하면 일본의 국가나 군주란 겨우 이 민중의 명맥 위에 부존하고 있는 것이다.

원래 국가라든지 사회라든지 민족이라든지 또는 군주라

는 것은 하나의 개념에 지나지 않는다. 그러나 이러한 군주라는 개념에 존엄과 권력과 신성을 부여하기 위해 조작한 것이 현재 일본에서 행해지고 있는 신수군권설(神授君權說)에 의한 천황제인 것이다.

천황제란, 천황을 신의 자손이라든지, 군권은 신의 명령에 의해 수여받은 것이라든지, 천황은 신의 의지를 실현키 위하여 국권을 장악한 자라든지, 따라서 국법은 바로 신의 의지란 관념을 어리석은 민중에게 심어놓기 위해 가공적으로 날조한 전설로써 일반 민중을 기만하는 것이다. 예를 들면 거울이라든가 구슬이라든가 하는 물건들을 신이 천황에게 내려준 물건이라고 하여 그럴싸하게 신격화한다. 이와 같이 황당무계한 전설에 현혹된 불쌍한 민중들은 천황을 다시없는 존귀한 신인 줄 알고 섬기는 것이다.

그러나 천황이 만약 신이거나 신의 자손이며, 일본의 민중이 역대의 신인 천황의 보호 아래에 존재한다면 전쟁을 할 때에도 일본의 병사는 한 사람도 죽지 않았을 것이며, 일본 비행기는 한 대도 떨어지지 않을 일이고, 또 신의 슬하에서 작년과 같은 천재(간토대지진)로 인해 수만의 선량한 사람이 죽는 일도 없었을 것이다.

그러나 이 있을 수 없는 일이 있게 되었다고 기정사실화한 것이 신수군권설이다. 이것이 허무맹랑한 조작이라는 것을 여러 가지 사실들이 명백하게 증명하고 있지 않은가.

전지전능한 신의 현현(顯現)이며, 신의 의지를 행한다는 천황이 현재 지상에 실재하고 있음에도 불구하고, 그 아래에 있는 현 사회의 백성의 일부는 기아에 울고, 탄광에서 질식하고, 기계에 끼여 무참히 죽어가고 있지 않은가. 이 사실이야말로 두말할 것도 없이 천황이란 육괴(肉塊)에 불과하며, 소위 신민들과 동일하고 평등한 것이라는 것은 증명하고도 남음이 있지 않은가.

관리(판사) 양반, 그렇지 않은가? 일본은 끊임없이 천황을 받드는, 세계에서 유일한 국체(國體)이다. 이 나라에서 태어났다는 것은 인간으로서 더없는 자랑이기에 그것을 발양하기 위해 노력하지 않으면 안 된다고 나는 초등학교 시절에 가르침을 받았던 것이다. 그러나 하나의 혈통이라는 것도 진짜인지 가짜인지 모르는 것이다.

그리고 한 계통의 통치자를 모신다는 것이 그렇게도 큰 영예인가?

옛날에 바다에 빠져서 고기밥이 되었다는 안토쿠(安德) 천황이란 자는 겨우 2살에 일본의 통치자 자리에 올랐다고 들었다. 이러한 무능한 인간을 통치자로 앉혀놓은 것이 과연 통치자의 자랑이라고 할 수 있겠는가. 오히려 만세일계(萬世一系)의 천황인가 하는 자에게 형식상으로라도 통치권을 주어왔다는 것은 일본 땅에서 태어난 인간의 최대 치욕이며 일본 민중의 무지를 증명하고 있는 것이다.

천황이 호흡하고 있는 옆에서 많은 인간들이 타죽었다는 작년의 참사는, 즉 천황이 우매한 육괴에 불과하다는 것을 증명함과 동시에 지난날까지의 민중의 어리석은 행위를 조소하고 있는 것이다.

학교교육은 지상의 자연적 존재인 인간을 가르칠 때, 먼저 기(旗)를 설명하고, 국가적 관념을 힘써 주입시키고 있다. 동등한 인간이라는 기초 위에서 모든 행동을 단지 그것이 권력을 옹호한 것인가 아닌가 하는 것만을 기준으로 모든 시비를 가리고 있다. 그리고 그 표준을 결정하는 것은 인위적인 법률이며 도덕이다. 법률도, 도덕도 사회의 지배자에게만 더욱 더 넉넉하게 살 수 있는 길을 가르치고, 권력에 복종할 것을 설득하고 있다.

법률을 장악하고 있는 경찰관은 사벨(일본 순사가 차고 있는 칼)을 차고, 인간의 행동을 위협하고, 권력의 질서를 파괴할 우려가 있는 자를 모조리 묶어들이고 있다.

또 재판관이라는 훌륭한 관리 양반은 법률서를 넘기면서 인간으로서의 행동을 제멋대로 단정하며, 인간을 생활로부터 격리시켜 인간으로서의 존재까지도 부인하고, 권력옹호의 임무에 복종하고 있지 않은가.

일찍이 기독교가 전성하던 시대에는 그 존엄을 보존하기 위해, 미신적인 신의 기적이나 인습적인 전설의 흔들림을 두려워하여 과학적인 연구를 금지한 것과 같이, 국가의 존엄이라든지 천황의 신성이라든지 하는 것은 단지 꿈이며 착각에 불과하다는 사실을 밝히려고 하는 사상이나 언론에 대해서는 힘으로써 압박하고 있다.

이렇게 해서 자연의 존재인 모든 인간이 향유할 수 있는 지상의 본래 생활은, 능히 권력에 봉사할 사명을 다하는 자에게만 허용되고 있는 것이다. 그러므로 지상은 지금 권력이라는 악마에 의해 독점당하고 있는 것이다. 그리고 지상의 평등한 인간생활을 유린하고 있는 권력의 대표자는 천황이고 황태자이다. 내가 이제까지 황태자를 노린 이유는 이러한 생각에서 비롯된 것이다. (중략)

그래서 나는 일반 민중에 대해 신성불가침의 권위로 그들에게 인식되어 있는 천황, 황태자인 그들은 실은 공허한 육괴이며 나무인형에 불과하다는 것을 명백히 설명하고, 또 천황·황태자는 소수의 특권 계급자가 사복을 채우기 위한 목적을 달성하는 데 필요한 재산인 일반 민중을 기만하기 위해서 조종되는 인형이며 어리석은 꼭두각시에 불과하다는 것을 현실에서 착취당하고 있는 일반 민중에게 알림과 동시에, 천황에게 사격(社格, 신사의 등급)을 부여하고 있는 많은 인습적인 전설이 순전히 가공적인 미신에 지나지 않는다는 것을 알리고 싶었다.

따라서 신국(神國)이라고까지 지칭되고 있는 일본 국가가 실은 소수 특권 계급의 사욕을 채우기 위해 만들어진 공허한 기관에 지나지 않으며, 그러므로 자기를 희생하고 국가를 위하여 진력한다는, 일본의 국시로까지 간주되며 찬미되고 있는 그들의 충군애국사상도 실은 그들이 권력을 탐욕하여 내 이익을 위해 타인의 생명을 희생시키는 하나의 잔인한 명분에 불과한 것이니, 그것을 무비판으로 승인한다는 것은 바로 소수 특권 계급의 노예임을 승인하는 것이라는 것 등을 경고하고, 종래 일본의 인간들이 살아가는 신조로 삼았던, 유교에 기초를 두고 있는 분별없는 도덕이나 현재 민중의 마음을 사로잡기 위한 권력에 대한 예속 도덕의 관념은 실로 순전한 가정 위의 공허한 환영에 지나지 않는다는 것을 모든 인간에게 알리고, 그러므로 인간은 완전히 자기 자신을 위해서 행동해야 된다는 것을 깨닫게 할 뿐만 아니라, 우주의 창조자는 즉 자기 자신이라는 것, 따라서 모든 사물은 자기를 위해서 존재하고 모든 행동은 자기를 위해 행동하지 않으면 안 된다는 것 등을 민중에게 자각시키기 위하여 나는 황태자를 노렸던 것이다.

우리들은 가까운 시간에 폭탄을 투척함으로써 지상에서 생을 끝마치려고 했다. 내가 황태자를 노렸던 이유로서 지금까지 말한 외계(外界)에 대한 선전 방향 – 민중에 대한 설명 – 즉, 나의 이 계획은 나의 내성에 약간 덧칠하여 조명한 것에 지나지 않으며, 말할 것도 없이 나에 대한 생각을 다른 데에 연장하는 것이며, 나의 허무적 사상에 대해서는 이미 말했다.

나의 계획을 골똘히 생각해보면, 소극적으로는 나 하나의 생명을 부인하는 것이고, 적극적으로는 지상에 있는 모든 권력의 타도가 궁극의 목적이며, 또 이 계획 자체의 참뜻이다. 내가 황태자를 노렸던 것은 바로 이러한 이유에서이다.

가네코는 아무런 원고의 준비도 없이 단숨에 긴 답변을 토해냈다. 고등교육도 제대로 받지 못한 사람으로서, 실로 대단한 학식과 논리적인 답변이었다. 그러나 다테마쓰 판사는 가네코의 진술을 지켜보면서 그의 흥분상태를 '이상' 또는 '광적'이라고 느꼈다. 그리고 다시 따지듯이 물었다.

　문 : 피고의 건강상태는 어떤가?
　답 : 건강상태 말인가……. 그것은 며칠 전에 마쳤다.

가네코는 태연스럽게 다테마쓰 판사의 의도성 질문을 '생리현상'으로 받아넘겼다.

　문 : 피고는 개심하면 어떤가?
　답 : 나는 개전하지 않으면 안 될 일은 단연코 하지 않았다. 나
　　　는 금후도 하고 싶은 일을 하고 갈 것이다. 그 하고 싶은
　　　일이 무엇인가를 지금부터 예정할 수는 없지만, 어쨌든
　　　내 생명이 지상에서 붙어 있는 한 '지금'이란 때에 있어서
　　　가장 '하고 싶은 일'을 좇아서 할 것은 확실하다.

가네코는 1924년 1월 25일에 열린 제6회 공판 심문에서도 거

침없이 '대역 사건'의 계획과 자신의 입장을 명료하게 진술했다.

　문 : 피고 등은 그 폭탄을 어디에 사용한다고 말했는가?

　답 : 두말할 것도 없이 소위 제1계급, 제2계급을 모두 폭사시
　　　키기 위해 박열과 나와 김은 그 폭탄의 입수를 부탁한 것
　　　이다.

　문 : 도대체 피고 등은 일본의 황족에 대해서 평소 존칭을 쓰
　　　고 있었는가?

　답 : 아니다. 천황 폐하를 병자라고 불렀다.

　문 : 섭정궁 폐하는?

　답 : 황태자 또는 도련님이라고 불렀다.

　문 : 그 외의 황족은?

　답 : 기타의 황족은 안중에도 없었으니까 별다른 명칭을 쓰지
　　　않았다.

　가네코는 예심이 열린 단계에서 이미 죽을 각오를 하고 있었던
것 같다. 기왕 죽을 바에는 법정에서 할 말은 다 하고 말겠다는
태도를 보였다.

　(전략)

　7문 : 그 폭탄을 누구에게 던지려고 한 것인가?

　답 : 즉 황태자 한 사람만 해치우면 된다고 생각했다. 천황을
　　　없애도 된다고 생각했지만 그 행렬 중에서는 좀처럼 기회

를 잡기 힘들고, 또 천황은 병이 들었기 때문에 황태자를 없애는 것보다는 선전 가치가 떨어지고 보람도 적기 때문에 황태자를 겨냥한 것이다.

8문 : 폭탄을 일단 입수해서 누가 그것을 던질 생각이었나?

답 : 물론 나와 박준식(박열)이 그것을 던질 계획이었지만, 그 외에도 동지인 니야마와 최규종, 야마모토 씨에게도 부탁할 생각이었다. 게다가 니야마와 야마모토는 이미 폐병을 앓고 있었기 때문에 죽을 각오를 하고 있었고, 최 군은 부추기기만 하면 직접 행동으로 옮길 사람이었으므로 나와 박준식은 이 세 사람과 합의해서 우리가 폭탄을 던지면 동시에 의회와 미에 경시청, 궁성 등으로 나누어서 폭탄을 던질 계획이었다. 그러나 니야마가 김중한과 연대적인 관계가 되면서부터는 니야마의 성격상 그와 같은 직접적인 행동을 실행하기에는 적합하지 않다고 판단해서 그 이후에는 니야마를 이용할 생각을 버렸다. (하략)

— 제12회 심문조서에서

「동아일보」의 박열 옥중면담기

일본의 예심 재판부는 1925년 12월 박열을 정신이상자로 몰기 위해 수감중에 감정의 스기다(杉田直樹) 박사로 하여금 정신과 신체의 감정을 실시토록 했다.

재판부로부터 정신감정 통보를 받은 박열은 재판부의 음모를 간파하고 "우리 두 사람에 대한 정신감정의 결정은 우리들에 대한 모욕으로 인정하므로 이를 거부한다."라는 항의서를 법원에 제출했다.

그런데도 재판부는 의사를 보내 박열의 정신상태를 검진하고자 했으나 박열은 다음과 같은 이유를 들며 완강히 거부했다.

"나는 일본 재판소로부터 은혜받기를 생각하지는 않는다. 나는 죽음을 당해도 좋다. 나는 일본 황실에 가해할 것을 꾀한 자이다.

그에 대한 복수로 일인이 나를 죽이고자 한다면, 나에게 책형을 가하건 그 외에 어떤 형을 가하건 간에 그건 일인의 자유다. 나도 우리 민족의 복수를 위해 천황 살해를 도모한 이상, 그 점은 양편이 다 같은 것이다. 그러나 나에 관한 일을 법률로 재판해서 처형한다는 것은 옳지 않다. 남을 재판한다는 것, 더구나 제멋대로 정한 법률로써 남을 재판한다는 것은 내 마음에 들지 않는 일이다. 조선인인 나는 일본 법률의 재판을 받고 싶지 않다. 나는 일본 법률을 무시하고 있다. 이러한 내 입장을 밝히기 위해서 군의 감정을 거부하는 바이다."

당시 「동아일보」는 총독부 당국의 치밀한 보도통제에도 불구하고 여러 차례에 걸쳐 박열 사건에 대해 보도했다. 1925년 12월 6일자는 박열이 변호사의 정신감정 신청에 대해 "사람을 모욕하는 일 중에서 가장 심한 것이니 죽음으로써 거절할 뿐"이라는 강경한 의사를 재판장에게 통고했다고 보도하고, 이튿날에는 두 사람의 옥중결혼에 관한 기사를 실었다. 또한 박열 부부가 수감 중인 이치가야 형무소를 찾아 옥중 면담한 내용을 12월 24일자에 다음과 같이 보도했다.

이치가야 형무소 박열 부부 근황
기자는 그들의 안부를 알기 위해 이치가야 형무소를 방문했다. 흑색에 흰 동정을 단 두루마기를 입은 박열은 뜨거운 악수로 기자를 맞으며 "이렇게 자주 찾아주시니 감사합니다. 그런데 그까짓 건 별로 생각은 아니합니다만은 일본 신문에 나에 관한 기사로 우스운 말이 나돌고 있는 모양인데, 그것은 정(鄭)이란 사람의 소위란 것이 확실하며 몇 사람에게 기사 취소를 시키라고 부탁도 했습니다. 그리고 내 형이 매우 걱정하는 모양이니 되도록 위로를 해달라."고 했다. 이치가야 형무소 안에서 미인이란 평판이 자자한 그의 아내 가네코 후미코는 날씨가 추워가는데 병중에 고생이 어떠냐고 묻는 기자의 말에 생글생글 웃어가며 토실토실하고 뽀얀 손을 내밀며 "이렇게 건강합니다. 그리고 병은 매월 정해놓고 2일간씩 앓는 병이라 별로 염려 없습니다." 하며 "이제부터는 조선옷을 입겠습니다." 하고 말하며 다시 생글생글 웃으며 의미 깊은 부탁을 많이 했는데, 그들 양인은 옥중에서도 호방한 생활을 하고 있다.

박열의 친형 함루(含淚) 귀국

감옥에 있는 박열을 만나보고자 일본으로 건너간 그의 친형 박정식 씨는 그동안 도쿄에 체류하며 매일 감옥에 가서 동생을 만나보는 바 본국에서 노모가 기다리고 있으므로 10일에는 도쿄를 떠나 돌아갈 터라는데, 박 씨는 자기가 집에 돌아간들 늙으신 어머니께 고할 말이 없어 마음이 아픕니다라고 말을 맺지 못하고 눈물을 흘리더라……

박열 · 가네코 결혼문제 미구에 혼인 수속, 특별 대우할 듯

도쿄 이치가야 형무소 내에서 명년 2월에 열릴 공판기일을 기다리고 있는 일본에서 네 번째 열리는 특별재판[제1은 고토쿠 슈스이, 제2는 노국황제(황태자의 오기인 듯하다 - 지은이) 저격사건, 제3은 난바 다이스케의 황태자 저격사건, 제4는 박열 부처 사건]의 주인공 박열과 그의 처 가네코 후미코 양인이 옥중결혼식을 할 터이라 함은 본보에 누보한 바이어니와, 이에 대해 전하는 바에 의하면 혹은 양인에게 악수까지는 허락할 터라는 말도 있고 혹은 서면상으로만 수속할 따름이라고도 하는데 형무소 당국자는 "결혼식을 한다면 서면상 결혼뿐이겠지요. 그러나 두 사람은 특별한 대우가 있을는지 모르겠습니다. 현 사회제도를 전부 부인하는 그네들의 주의상으로 봐서도 결혼식을 거행한다는 것이 우습게 들리게 될 것이므로 처음은 박열 부부가 식의 거행에 응락을 안 했습니다. 그래서 우리도 그네의 주의상으로 봐서 권하기도 딱했습니다. 허나 우리는 그네들이 최후의 판결을 받은 후 만일을 생각해서 그들에게 강청을 한 것입니다. 정말 이 결혼이야말로 비참한 결혼식이지요. 그러나 가네코의 노모 도장을 찍어오지 않았으므로 곧 도장을 찍어 오는 대로 혼인에 대한 계출을 하겠습니다……."

기사에 나타난 바와 같이 일본 당국자들이 그처럼 전례 없이 특별한 대우를 해가면서까지 두 사람의 옥중결혼을 주선하게 된 데는 그럴 만한 이유가 있었다.

그것은 천황제를 부정하는 이들을 '개전'시켜서 '충량한 신민'으로 만들겠다는 '사상전향'의 의미와, '대역 사건'치고는 물증이 거의 없는 실정에서 이들로부터 '자백'을 받아 재판 과정에서 공소 유지를 하겠다는 계략 때문이었다.

첫 번째 공판, 법정의 '신랑 신부'

1926년 2월 26일 박열과 가네코 후미코의 이른바 '대역 사건' 제1회 공판이 대심원 특별형사부에서 개정되었다.

이날 대심원은 정사복 경찰관 300여 명이 동원되어 경비하고, 헌병 수십 명도 합세하여 만일의 사태에 대비하여 엄중한 경계를 펼쳤다. 방청권을 얻기 위해 사람들이 새벽 2시부터 몰려들어 대심원 주변은 인산인해를 이루었다. 방청객의 대부분이 조선 사람과 아나키스트들이었다. 500여 명이나 되는 방청 희망자 중에서 입정을 허락받은 사람은 150여 명에 불과했다. 이들은 입정 시에 현관에서 법정까지 이르는 복도의 3개소 관문에서 엄중한 복장검사를 받고 겨우 방청이 허락된 사람들이었다.

8시 40분쯤 먼저 가네코가 법정에 들어섰다. 수갑도 차지 않고 용수도 쓰지 않은 그녀는 간수장의 호송을 받으면서 조용히 입정했다. 작은 몸집에 붉고 푸른 화사한 한복을 입고, 가슴에는 리본과 같은 옷고름을 매어 내리고 머리도 단정하게 손질한 그녀의 얼굴은 마치 화려한 무대 위에 올라선 여배우 같았으며, 긴장과 흥분으로 타오르고 있었다. 그녀의 생생한 표정에는 긴 옥중생활의 괴로움도 보이지 않았다. 침착하게 의자에 앉아 짧은 저고리 아래로 도화색 내의를 보이면서 천천히 손수건을 끄집어내어 두서너 번 기침을 했으며, 무릎 위에 올린 왼손은 조그마한 번역소설을 만지고 있었다.

법정 안의 시선이 자기에게 쏠려 있음을 느꼈던지, 그녀는 상기된 얼굴로 눈을 반짝반짝 빛내면서 간수에게 청하여 따뜻한 차를 가져오게 하고, 유유히 그것을 마시고 있었다.

가네코가 입정한 지 10분쯤 지나서 박열이 입정하였다. 수염을 말끔하게 깎고, 긴 머리를 올백으로 빗어올려 그 위에 사모(紗帽)를 쓰고 있었다. 자사(紫紗)의 예복에 임금을 본뜬 예대(禮帶)를 매고 손에는 사선(紗扇)을 들고 체통을 꾸민 모습으로 부채질을 하면서 유유히 들어왔다(이것은 소설의 한 장면이 아니다). 방청석의 사람들은 물론 취재기자들도 어리둥절한 표정으로 입정하는 박열의 모습을 지켜보았다.

박열은 유연한 발걸음으로 나아가, 방청석의 사람들에게 여유 있는 웃음을 보이고 가네코의 오른편에 앉았다. 가네코는 박열을 쳐다보고 웃기만 했다. 이런 자리에서 이런 복장으로 만난 것이 신기한 듯이, 또한 만족한 듯이 서로 웃고는, 일찍 의논이나 한 것처럼 함께 일어서서 나란히 뒤로 향하여 방청석에 앉아 있는 동

법정에서 사모를 쓰고 예대를 맨 박열과 한복을 입은 가네코.

지들에게 목례를 보냈다.

오전 9시 전에 재판장을 비롯, 관계자들과 변호사가 입정하고 9시가 조금 지나서 드디어 역사적인 첫 공판이 개정되었다.

박열은 공판에 앞서 1925년 9월, 다음 4가지 조건을 법원에 제시했다. 박열이 제시한 4가지 조건은 그야말로 한국인의 자존심을 일본인에게 알리는 일본 재판사상 전무후무한 내용이었다.

첫째, 나 박열은 피고로서 법정에 서는 것이 아니다. 너 재판관이 일본의 천황을 대표해서 법정에 서는 것인 이상, 나는 조선 민족을 대표해서 법정에 서는 것이다. 천황을 대표하는 일본의 재판관이 법관을 쓰고 법의를 입는다면, 나도 조선 민족을 대표하는 입장에서 조선의 왕관을 쓰고 조선의 왕의를 입는 것을 허락할 것.

재판 다음 날인 1926년 2월 27일자 「도쿄니치니치신문」은 사건을 1면에 대대적으로 보도했다.

둘째, 나 박열은 피고로서 법정에 서는 것이 아니라 조선 민족을 대표하여 일본이 조국 조선을 강탈한 강도 행위를 탄핵하고자 법정에 서는 것이기 때문에 재판관이 일본의 천황을 대표해서 나의 질문에 답변하라. 즉 내가 법정에 서는 취지를 내가 선언하도록 해달라는 것이다.

셋째, 나 박열은 일어를 사용하고 싶지 않다. 그러므로 조선어를 사용하고 조선어로 말하도록 해달라. 조선어로 말할 터이니 통역을 준비할 것.

넷째, 일본의 법정이 일본의 천황을 대표한다고 해서 재판관은 높은 곳에 앉고, 일본의 천황에게 재판받는 나 박열은 낮은 곳에 앉는 터이다. 그러나 나는 소위 피고와는 다른 사람이다.

때문에 내 좌석을 너희 일인 판사의 좌석과 동등하게 만들어
달라.

박열이 요구한 4가지 조건에 대하여 대심원 심판부에서는 여러
날 동안 숙의한 결과 첫째와 둘째 조건을 들어주기로 했다. 셋째
조건은 통역을 두는 것이 도리어 의사소통이 어려워진다고 거부
됐다. 넷째 조건은 들어주어도 좋으나 세평이 있기 때문에 참아달
라고 재판장이 부탁하여 박열이 철회하였다.

이리하여 박열은 조선의 국왕을 상징하는 의복을 갖추고 일본
법정에 서게 된 것이다. 박열은 후세 변호사가 조지훈의 아버지
조헌영의 집에서 구해온 조선시대의 구 관복(舊官服)과, 당시까지만
해도 신랑이 혼례 시에 예복으로 입던 사모관대(紗帽冠帶)를 입고
법정에 출정했다.

또 피고라는 용어 대신 재판장은 박열을 '그대' 또는 '그편'(일본
말로 '소치라')이라고 부르고 박열은 재판장을 '군' 또는 '그대'라고
불렀다. 이 역시 일본의 식민지 재판사상 전무후무한 일이었다.

박열은 공판에 앞서 제시한 전제조건뿐만 아니라 경찰에 이른
바 '보호검속'되고서부터 아주 당당하게 대응했다. '보호검속'이란
행정집행법의 적용으로 검속된 박열에 대해 경찰서 경부보 한 사
람이 사건의 실마리를 풀기 위해 심문했지만 그 기록은 완전히
백지 상태였다. 그 이유는 이렇다.

"나는 보호를 받기 위해 검속되었지 범죄를 추궁당하기 위해

검속된 것이 아니다. 보호받기 위해 검속된 나에게 경찰관이 범죄를 취조할 권한은 발생하지 않는다. 법에 의해 보호될 권한을 가지고만이 범죄를 취조할 수 있는 것이 경찰관의 입장일 것이다. 또 법에 의해 보호되는 경찰관한테만이 범죄를 취조당하는 것이 국민의 의무이다. 법에 의해 보호받지 못하는 경찰관으로부터 취조받을 의무는 없다."

그 이상 한마디도 응하지 않은 것이 제1회 경찰취조에 대한 박열의 답변 태도였다.

박열은 행정집행법 적용의 보호검속이 끝나고 경찰법 처벌령에 의해 구류 29일을 언도한 후 재차 사법경찰관이 취조하려 할 때 그는 이렇게 말했다.

"이미 나는 경찰법 처벌령에 의해 구류를 받고 있는 기결수이다. 기결수에 대해 다시 취조를 하려는가. 취조를 다시 하지 않으며 안 될 실태가 있다면 즉시 구류 언도를 취소하는 것이 마땅하다."고 역습하였다. 이에 사법경찰관이 "구류를 언도한 경찰법 처벌령 이외의 사건으로 취조하고자 한다."라고 말하자 "그렇다면 그 조사에 응하지 않음은 나의 자유다. 나는 응하지 않겠다. 자유를 주장한다."라고 외치고 취조를 거절했다. 그리하여 경찰관계에 있어서는 한 장의 조서도 못 받게 했다.

박열 사건은 두 사람 외에는 모두 경찰서와 검사국의 조사 기록이 근거가 되고 이를 조서로 채택했다. 그러나 두 사람만은 전혀 달랐다. 피고 사건 취조 권한을 보호하고 있는 것은 현행범에

한하고, 현행범 이외의 사건에 대해서는 단순수사 처분으로 관계자의 모든 것이 임의진술하는 경우가 아니면 검사라 해도 청취서를 작성할 권한이 허가되지 않기 때문이다. 그래서 청취서라 이름한 조서 중 검사가 질문한 것뿐이어서 조서가 무효가 된 판례도 있는 것이다.

박열은 처음부터 검사의 강제심문권을 부정하고 스스로 임의진술을 하지 않는 한 취조서를 작성할 권리가 없다고 주장하면서 검사의 심문에 응하지 않고 거절하여 한 장의 검사청취서도 남기지 않았다.

'그대'라고 불린 피고인, 조선어로 말하다

일본 사회의 지대한 관심과 조선인들의 이목이 쏠린 가운데 '대역 사건'의 역사적인 첫 공판이 시작되었다. 공판에 앞서 검찰은 박열을 기소하면서 다음과 같이 예심청구서를 냈다.

피고 박준식은 허무사상을 안고, 권력의 파괴를 일념으로 유력한 동지의 집단을 조직할 것을 기획하여, 금년 4월 중순 도요타마 군 요요하타초 요요기토미야(豊多摩郡 代代幡町 代代木富谷) 147번지의 자택에서 같은 피고 가네코 후미코·홍진우·최규종·육홍균·서동성·정태성 및 오가와 등과 회합하고 무정부주의 경향의 동지들을 규합·단결하여 그 주의상 필요한 사회운동 및 폭력단에 의한 직접행동을 목적으로 비밀단체를 조직할 것을 협의하고, 그 실은 전기의 목적을 달성코자 비밀결사를 조직하여 이에 가입하고, 피고 서상경·김중한·니야마·노구치·하세명은 5월중, 피고 장상중·구리하라는 6월중 모두 우 불령사에 가입한 자임.

1926년 2월 26일 열린 제1회 공판에서 먼저 박열에 대해 인정심문이 시작되었다. 그러나 박열은 처음부터 재판을 완전히 무시하는 태도로 나왔다.

문 : 성명은?

답 : 바쿠야루['바카야로(바보)'라는 일본말의 욕설을 비꼬아 답변한 것].

문 : 그건 조선 호명 아닌가? 일본말로 읽으면?

답 : 박열이라고 쓴다.

문 : 본명은 준식(準植) 아닌가?

답 : 어느 쪽이든 좋다.

문 : 연령은?

답 : 잘 기억나지 않는다.

문 : 나이를 모르다니 말이 되는가?

답 : 누구라도 자기가 태어난 날을 아는 사람은 없겠지.

문 : 직업은?

답 : 조서에 쓴 그대로다.

문 : 그래서는 모르겠다. 답변하지 않으면 안 돼.

답 : 그렇다면 불령업(不逞業)이라고 하지.

문 : 잡지도 하고 있지 않은가?

답 : 그것도 직업의 하나다.

문 : 주거는?

답 : 이치가야 형무소.

문 : 본적은?

답 : 본적이란 무엇인가?

문 : 호적이 있는 곳이다.

답 : 조선 경상북도 문경군 마성면 오천리.

문 : 평민인가?

답 : 새 평민이겠지.

약속대로 재판장은 박열을 '피고'라고 부르지 않고 '그대' 또는 '그편'이라고 불렀고, 박열 역시 재판장을 '군' 또는 '그편'이라고 호칭했다.

박열에 이어 가네코에 대한 인정심문이 있었다. 가네코도 박열 못지않은 당당한 태도로 진술했다.

문 : 성명은?

답 : 가네코 후미코.

문 : 연령은?

답 : 관청에서는 24세이지만 나는 22세로 기억한다. 그러나 정말로 어느 쪽도 믿을 수가 없다. 나이가 몇 살이든 지금 내 자신의 생활을 하는 데는 아무런 관계가 없으니까.

문 : 족칭은?

답 : 신성한 평민이다.

문 : 주거는?

답 : 도쿄 감옥이다.

문 : 직업은?

답 : 현재에 있는 것들을 때려부숴버리는 것이 나의 직업이다.

문 : 본적은?

답 : 야마나시 현 히가시야마나시 군 스와무라 소마구치(山梨
縣 東山梨郡 諏訪村 杣口) 2036번지라 하더라.

문 : 출생지는?

답 : 요코하마 시라 한다.

가네코의 인정심문이 끝나면서 재판부는 돌연 안녕질서를 해친
다는 이유로 방청 금지를 명령했다.

방청석에선 일대 혼란이 벌어졌다. "횡포다!" "방청객을 바보
취급하지 말라!" "불법무도다!" "나가지 말자! 나가지 마!"라고 고
함을 지르고 집단항거에 나섰지만 경찰과 헌병에 이끌려 모두 퇴
정당하고 말았다.

후세 변호사가 재판의 공개 금지에 대해 이의를 신립했으나, 인
정되지 않았다. 그래도 박열이 구리하라를 '입회인'으로 요구했기
때문에 일단 법정 밖으로 나갔던 구리하라만이 불려들어와 특별
방청이 허락되었다.

이날 박열은 첫 공판정에서 1시간여에 걸쳐 자기 행동의 정당
성을 피력했다. 물론 비공개 법정에서 밝힌 것이다.

몇 대목을 발췌하면 다음과 같다.

"천황이란 국가라는 강도단의 두목이다. 약탈회사의 우상이며 신단(神壇)이다. …… 나는 법률이나 재판의 가치를 전혀 인정하지 않으므로 형법 73조에 해당하는지 그건 알 바가 아니다. 그것은 너희들 마음대로 하라."

박열은 폭탄을 사용할 목적이 천황과 황태자 살해에 있었다고 분명히 말하고 있다.

"일본의 정치적·경제적 실권을 가진 모든 계급 및 그 간판(그 간판이라 함은 일본 천황과 황태자를 가리킴)과 더불어 이에 종속하는 자에 대해서 폭탄을 사용할 것을 목적으로 하고 있었다. 가능하다면 폭탄으로 그들을 전멸시키려고 했지만, 그것이 되지 않았기 때문에 선정한 것이, 내가 조선인이라는 입장에서 첫째로 일본 천황과 황태자를 그 대상으로 했다. 지금도 그러한 생각에는 변함이 없다."

박열은 일본 천황과 황태자를 투탄의 대상으로 삼은 이유로 다음 3가지를 들었다.

"첫째는 일본 민중에 대하여 일본 황실의 진가를 알리고, 그 신성을 땅에 떨어뜨리기 위함이고, 둘째는 조선 민중에 대하여 일본 황실을 무너뜨려서, 조선 민중의 독립 투쟁에 대한 열정을 고취하기 위해서이며, 셋째는 침체하고 있는 것같이 보이는 일본의 사회운동가에 대해 혁명적 기운을 추구하기 위해서였다."

박열은 이어서 "내가 황태자 결혼 때 폭탄을 사용할 것을 계획한 것은, 조선 민중의 일본에 대한 의지를 세계만방에 표명하기에 가장 적절한 기회라고 생각했기 때문이었다."고 답변하여 조선 독립을 위한 의지였음을 분명히 했다.

다음 날인 1926년 2월 27일자 「동아일보」는 박열 사건의 역사적 대공판을 이렇게 보도했다.

도쿄 대심원 대법정에서 중대범 박열 부부 공판 개정, 경관·헌병 수백 명 엄중경계, 재판장 이하 판사 6명 검사 입회, 개정되자 공판의 일반 공개 금지

연기에 연기를 거듭해오던 중 대범인 박열과 가네코 후미코에 대한 공판은 작 26일 오전 9시부터 도쿄 대심원 대법정에서 재판장 마키노(牧野菊之助), 배심판사 야나가와(柳川勝一), 이타쿠라(板倉松太郎), 시마다(島田鐵吉), 엔도(遠藤武治) 등 제씨와 보충판사 나카오(中尾芳助), 주임판사 오하라(小原直) 제씨와, 오하라 검사 입회하에 변호인 히로사와, 후세, 우에무라(上村進) 제씨가 열석하고 개정되었는데, 법정에는 200명의 경관과 30명의 헌병이 재판소 구내를 엄중경계, 아침부터 방청객이 물

밀듯 쇄도하여 재판소에서는 미리 이를 예상하고 보통 방청권 150장을 발행하여 이른 아침부터 일찍 오는 사람에게 나누어주었다.

그리하여 8시까지 법정 내에는 방청인들이 들어찼는데, 즉시 공판의 공개를 금지하고 종교가·사회교육가·관계 관정(官定) 대표자와 신문·통신사장 등에 대해 150명에게 방청을 허락했다. 이들의 특별 방청인은 보통 방청인에 대한 공개 금지로 일단 법정에서 나가게 한 후에 다시 들어오게 했다.

사건 내용 개요, 대역죄와 폭발물 취체 규칙 위반

3년 전 가을에 일본 도쿄대진재의 틈을 타서 박열, 가네코 후미코 등 일당 10여 명이 모여 불경불온한 계획을 세우고 유언비어가 많은 가운데 특히 불온한 행동을 하고자 하다가 경시청에 잡혀 세상의 이목을 놀라게 하던 박열 사건은 작년 11월에 예심 종결과 동시, 그와 함께 잡혔던 9명은 모두 면소 방면되고 박열과 그의 처 가네코만 대역죄, 폭발물 취체 규칙 위반의 죄명을 부치게 됨.

이러한 중대사건 공판 개정일인 작 26일은 조조(早朝)부터 이 사건의 범인 두 사람의 얼굴이라도 한번 보려고 각 방면의 방청인이 앞을 다투어 대심원으로 몰려들어 보통 방청권 150장은 오전 7시에 벌써 한 장도 남지 않고 모두 나갔다 하며, 사건이 사건인 만큼 어떠한 일이 생길지 모른다 하여 경시청과 소관 히비야 서(日比谷署)의 정사복 순사, 헌병 등 수백 명은 물샐 틈도 없이 엄중한 경계를 하고 있었다.

재판소 안은 이들의 보통 방청객과 특별 방청객 150명과 각 신문·통신사 사진반 등으로 이루 형언키 어려운 혼잡을 이루었다.

오전 8시 40분이 됨에 박열과 가네코 후미코는 이치가야 형무소로부터 수인 자동차를 타고 대심원 구내에 있는 지하실 가감(假監)에서 잠깐 쉰 뒤에 조선 예복을 입고 경관에게 이끌려 빈틈없이 서 있는 방청인 사이를 지나면서 깊은 용수를 쓴 고개를 이리저리 돌리며 사방을 살폈다. 분주하던 대심원 뜰 앞이 일시에 고요하게 되며 형형색색의 감상으로 최후의 공판정에 서는 박열 부부의 모양을 주목하는 가운데로 피고 두 사람은 태연자약, 방약무인의 태도로 대법정으로 들어갔다.

9시 10분에 마키노 재판장과 오하라 검사 기타 재판관이 착석한 후, 후세, 우에무라 제씨가 열석함에 방청석은 물을 끼얹은 것처럼 고요해졌다. 먼저 재판장은 공판 개시를 선언하고 피고 두 사람에게 주소, 성명을 심문하기 시작했다.

문 : 그대의 이름은 무엇인가?

답 : 나는 박열이다.

문 : 그것은 조선말인가?

답 : 그렇다.

문 : 박준식과 박열 중 어느 것이 본명인가?

답 : 둘 다 나의 본명이다.

이렇게 조선말로 분명하게 말했다.

가네코에게도 똑같이 주소, 씨명을 물은 후 재판장은 본 건의 심문은 안녕질서를 해칠 것으로 인정하므로 공개를 금지한다고 선언, 개정 10분 만에 방청객을 몰아내어 모처럼 애써서 겨우 들어갔던 방청객들은 모두 섭섭한 기색을 나타내면서 퇴정했는데, 그중에는 조선인도 많았다.

2월 28일에는 다음과 같은 속보를 냈다.

박열 부부 사건 공판 제2일

작 27일에도 여전히 공개 금지하고 도쿄 대심원에서 공판이 개정되었는데…… 박열의 태도는 이날도 역시 어디까지나 조롱조롱 반항적 태도를 보이고 있었다. 다음은 마키노 재판장의 박열에 대한 심문 내용이다.

문 : 나이는 몇 살인가?

답 : 모른다.

문 : 자기 생일을 모르다니. 기록에는 메이지 35년 2월 3일이 그대의 생일이라고 씌어 있는데, 그런가?

답 : 혹은 그런지도 모르지.

문 : 직업은?

답 : 청서(廳書)에는 무엇이라 되어 있는가?

문 : 청서에는 잡지업이라고 되어 있는데, 그런가?

답 : 그렇다.

문 : 주소는?

답 : 이치가야 부구정(布谷 富久町) 12번지.

문 : 그것은 이치가야 형무소지만 그 전 주소는 어딘가?

답 : 요요하타초 요요기토미야 147번지.

총독부 기관지 「매일신보」는 3월 3일 다음과 같이 보도했다.

일본 대심원 설치 이래 세 번밖에 없었던 특수재판

박열과 가네코 후미코의 대역 사건 공판은 재작 3월 1일에 결심되었는데, 이에 대해 마키노(牧野) 씨는 말하되, 박열은 소시부터 특질이 강직한 사람으로서 8세 때 일한합병이 되었는데 그때부터 민족차별대우에 원한을 품고 동시에 과격사상을 가지게 된 것으로, 별로 그 사상이 근거는 없는 듯하며 또 박열의 죄를 순전한 일본인으로서 말한다면 실로 더할 수 없는 대죄지만, 그 처지를 한번 바꿔서 말한다면 그다지 큰 죄악이라고 할 수 없고, 그 위인으로 보면 머리가 대단히 예할 뿐더러 훌륭한 재사이며 또한 사회적으로 유망한 인물이며, 가네코도 성질이 견고하고 머리가 명민한 여자인데, 이 두 사람이 이처럼 부부가 된 것은 그 환경의 공통점으로 인하는 바 금번 사건에 비추어보아 일반 위정자와 교도자들은 극히 주의하지 않으면 안 된다고 말했다 한다.

제4장

8,091일의 감옥생활

사형선고에 "만세!"로 답하다

1926년 2월 27일 오하라 검사는 형법 제73조 후단 및 폭발물 취체 규칙 위반으로 박열과 가네코에게 사형을 구형했다. 박열의 최후진술이 있었고 변호사의 변론이 있었다. 다음 날인 28일은 일요일임에도 불구하고 개정되었으며 3월 1일 결심이 있었다. 가네코의 최후진술도 있었다.

그리고 3월 25일, 마침내 선고 공판이 열렸다. 이날 비교적 담담한 표정으로 공판정에 나온 박열은 흰 한복을 단정하게 입었고, 가네코는 메이센(평직으로 거칠게 짠 비단)에다 메린스의 하오리(짧은 겉옷)를 걸치고 조선식으로 가다듬은 머리가 볼을 가리면서 상기된 얼굴에 홍조가 감돌고 있었다.

"피고 박준식(박열)은 유년 시절부터 받은 환경의 영향, 궁핍의 체험과 아울러 개선의 희망이 없는 자기의 역경 및 조선 민족의 현상에 관한 불만의 염으로서 편협한 정치관 및 사회관에 빠져, 드디어는 지상의 만물을 절멸하고 자신 또한 죽음을 궁극적 목표로 하는, 그 소위 허무주의 사상을 가지게 되었으며, 이 사상을 실현하기 위해 황실에 대해 위해를 가하려고 하는 망상을 가지고 있었으며, 피고 가네코는 유년 시대에 부모의 사랑을 받지 못하고 황폐한 가정에서 자라 일찍부터 참경(慘境)에 빠져 유리신고(流離辛苦)한 나머지 골육의 사랑을 불신하고 효도를 부정하며, 권력을 저주하여 황실을 멸시하고, 현 사회는 자신을 절망의 영역에 빠뜨리게 했다고 분개하여 모든 생물의 절멸을 시도하는 허무주의 사상을 갖게 되어, 1922년 2월경 피고 양인이 서로 알게 된 후, 사상이 상통하여 동년 5월경 도쿄 부 도요타마 군 요요하타초 요요기토미야에 거처를 마련하여 동서하게 되었으며, 양인의 일치된 극단의 사상은 더욱 더 고조되고 그 이상을 실현시키기 위해 구체적인 계획을 세우게 되었다.

즉 1923년 가을에 거행할 예정인 황태자 전하의 어혼례를 기회로 하여 그 행렬에 폭탄을 투척하여 위해를 가할 것을 모의하고, 그 계획 수행에 사용할 폭탄을 입수하기 위해 피고 박열은 피고 가네코와 협의하여 1922년 11월경 조선 경성부에 건너가서 그 당시 의열단이라 칭하는 중국 상해의 폭력단과 연락하여 폭탄 수입을 획책한 조선인 김한과 경성부 관수동 47번지의 그의 집에서 만나 폭탄의 공급을 청탁하여 승낙을 받

앞으며, 다음 해인 1923년 5월 재차 피고 가네코와 협의한 피고 박열은 도쿄 부 혼고 구 유시마텐진초(東京府 本鄕區 湯島天神町) 1정목에 있는 긴조칸(金城館) 등에서 수차 무정부주의자인 김중한과 회합하고, 전기 의열단 등과 연락하여 상해로부터 폭탄 수입을 의뢰하여 승낙을 받았으나, 폭탄을 입수하기에는 이르지 못했던 것이다.”

재판장의 사형 언도가 끝난 순간 가네코가 소리 높여 외쳤다.

“만세!”

박열은 “재판장, 수고했네.”라고 인사를 할 만큼 여유를 보이면서 “내 육체야 자네들 맘대로 죽이려거든 죽이라. 그러나 나의 정신이야 어찌할 수 있겠는가.”라고 신랄한 한마디를 덧붙였다. 가네코도 “모든 것이 죄악이요 허위요 가식이다.”고 내뱉으며 “박열과 함께라면 죽음도 오히려 만족히 여긴다.”라고 말했다.

그러나 일본은 두 사람이 장렬한 최후를 맞이하도록 내버려두지 않았다. 일본 법정은 두 사람에게 사형을 선고하고는, ‘섭정궁 전하(왕세자)’가 선심이나 쓰듯이 무기징역으로 감형을 지시했다. 당시 조선총독부 기관지 「매일신보」는 이 소식을 다음과 같이 보도했다.

대역범 박열과 그의 처 가네코는 25일 사형선고를 받았는데 이 보고가 에노키(江木) 법상에 이르자, 당일 임시각의를 열고 에노키 법상으로부터 박열 부처의 죄상과 판결을 보고하고,

한복을 입고 법정에서 대화를 나누는 박열과 가네코 부부.

이에 대한 협의 결과 당일 오후 5시 반 에노키 법상은 아카사카(赤坂) 어소(御所)에 이르러 섭정궁 전하께 배알하고 박열 부처 판결에 대하여 전말을 주상함에, 전하께옵서 법상의 주달(奏達)을 일일이 들으신 후 특히 일등을 감형하여 무기징역에 처하랍신 은전이 내리셨으므로, 법상은 성은의 홍대함에 감읍하여 퇴하하고 불일내(不日內) 정식으로 대권이 발동될 것이라 한다.

일본 정부가 감형을 하게 된 과정을 살펴보면 일본의 집권세력과 정파들의 이해가 크게 작용했음을 알게 된다. 집권당을 궁지로 몰아가려고 기회를 엿보고 있던 야당 정우회는 우익단체와 손을 잡고 박열 사건에 불을 붙였다. 국회 질의를 통해 대역 죄인인 박

사형이 선고된 다음 날인 1926년 3월 26일자 「도쿄아사히신문」. 역시 제1면을 털어 상세히 보도했다.

열과 가네코에게 사형이 선고된 것은 당연한데 정부는 어떤 이유로 감형을 품신했느냐고 힐문했다.

이에 대해 와카쓰키 수상의 답변은 듣기에 따라서는 질문하는 측보다 다소 휴머니즘이 섞여 있는 것 같으나 자세히 검토하면 정부 재판의 이면을 폭로한 내용이었다.

"박열·가네코의 대역죄는 악역무도하며 하늘도 용서할 수 없고 신하의 도리로서는 그 살을 먹어도 모자랄 지경이나, 천황의 정치를 보필하는 입장에서 단지 엄격히 재판하는 것뿐만 아니라 황실의 광대무변의 인자함을 받들어서 인정(仁政)을 베푼다는 점에서 신중히 생각할 때, 두 사람은 범죄 당시 겨우 21, 22세로서 사려가 아직 성숙지 못한 자로서, 그 성장과 경력, 환경 등에 의해서 여러 가지 사상상 혼란에 빠지고, 드디어 허무사상을 가지게 되었지마는 이것도 빠한 시종 동요하고 있고 확고한 신념을 가진 것도 아니었다.

만일 시간을 준다면 사상에 변화가 생기고 충성스러운 신민으로 될 것을 예기하지 않을 수 없다. 또 범죄의 목적을 위하여 상해, 기타 지역으로부터 폭탄을 입수함에 확실한 방법을 강구할 사이도 없이 일이 발각되었고, 과연 최후에는 입수할 수 있었을지조차 의심스러운 일이다. 그리고 아마도 그것이 불가능했을 것이라고도 생각되는 상황이었다.

이러한 여러 상황을 십분 고려하여 두 사람에 대해서는 판결과 같이 즉시 사형을 집행하는 것보다 천황의 어명에 의한 대권의 발동으로 감형의 은전을 받게 하고 우리 황실의 성은을 입게 하는 것이 좋다고 생각하여 감형을 주청한 것이다."

이 같은 수상의 답변 내용만 보더라도 그들의 대역 계획의 불완전, 불확실한 것이 확인되고 계획 중인 사건을 '대역 사건'으로 꾸며 사형을 선고한 무모함이 드러난 것이다. 「매일신보」는 4월 7일자에서 '감형' 사실과 관련하여 이렇게 보도했다.

대역범 박열과 그의 처 가네코 후미코의 감형에 대하여 섭정궁 전하께서는 5일 오전 11시 30분 와카쓰키 수상을 도쿄 어소로 초치, 감형의 은명(恩命)이 있었으므로 수상은 즉일 오후 4시 40분 하기 사장(赦状)을 에노키 법상에게 교부했고, 이와 동시에 에노키 법상은 고야마(小山) 검사총장과 이치가야 형무소장에게 통달, 형무소장은 5시 반 독방 내에 있는 양인에게 전달했다.

일본 정부는 사형을 선고해놓고 마치 무슨 자비나 베풀 듯이 무기징역으로 감형했지만, 정작 당사자들은 이를 전혀 반가워하지 않았다. 자신들의 육신을 신념과 사상의 제단에 바치고자 이미 결심하고 있었던 박열과 가네코는 감형 조처를 전혀 모르고 있었다. 사형 선고 열흘 뒤인 4월 5일, 지바 형무소와 도치기 형무소에 각각 수감되어 있던 두 사람은 이치가야 형무소장실로 나란히 호출되었다.

아나키스트 고토쿠 슈스이는 판결 엿새 만에 처형되었고 난바 다이스케는 판결 다음 날 곧바로 처형되었기 때문에 두 사람은 드디어 최후의 순간이 온 줄 알았다. 가네코가 담담한 표정으로 소장실에 들어가보니 이미 박열도 와 있었으며 가네코를 보고는 반가운 미소를 지었다. 여기에서 사형집행 명령이 있을 것으로 생각하던 두 사람 앞에 형무소장 아키야마(秋山)가 긴장된 표정으로 "오늘 폐하의 황공한 어인자(御人慈)로 은사(특사)가 내렸다."고 말하고 두 사람을 나란히 세워두고 그 앞에서 정중하게 특사장을 낭독했다.

"특전으로 사형수를 무기징역으로 감형한다."

특사명령을 낭독하고 아키야마 소장이 먼저 박열에게 특사장을 수여했다. 박열은 '흥' 하고 코끝으로 냉소하며 그것을 무심코 받아들었다. 아키야마 소장은 남은 한 장을 가네코에게 내밀었다. 그때까지 묵묵히 노려보듯 아키야마 소장의 행동을 지켜보던 가네코는 특사장을 손에 넣는 순간 그것을 쭉 찢고, 다시 갈기갈기 찢어버렸다.

그리곤 "사람의 생명을 멋대로 죽였다 살렸다 장난감으로 생각하다니, 무엇이 특사인가! 내가 당신들 멋대로 되게 할 줄 아는가!" 하고 소리쳤다.

아키야마 소장은 깜짝 놀라 순간적으로 박열의 손에서 특사장을 빼앗았다. 박열도 찢어버린다면 더욱 큰일이라고 생각했기 때문이다. 아키야마 소장은 아연실색했다. 명색이 천황의 특사장인데 그것을 찢어버린다는 것은 상상도 할 수 없는 일이었던 것이었다. 소장은 박열과 가네코를 각각 감옥으로 돌려보내고 이 사실을 퍼뜨리지 말 것을 현장에 있던 사람들에게 단단히 일렀다. 그리고 상사인 모토지(泉二) 행형국장(行刑局長)에게만 사건을 보고하고, 다른 데는 일체 비밀로 하기로 결정했다. 신문기자들에게도 두 사람이 깊이 뉘우치고 감격하여 눈물까지 흘리며 감사히 받았다고 발표했다.

이로써 박열과 가네코 두 사람이 함께 사형대에 올라가는 꿈은 산산조각이 났고 박열은 지바 형무소로, 가네코는 우쓰노미야(宇郡宮) 여자 형무소로 옮겨져 복역하게 되었다. 이 뜻밖에 주어진 무기형의 세월은 두 사람에게 오히려 지독한 굴욕이자 고문이었다.

살아 있다 해도 서로 간에 편지 한 장 내왕할 수 없으니 안부조차
알 수 없었다.

가네코의 죽음, 자살이냐 타살이냐

가네코는 우쓰노미야 형무소의 지소인 도치기(櫪木) 여자 감방에 수감되었다. 그런데 가네코는 특사를 받은 날로부터 넉 달이 채 못 된 7월 23일, 이 형무소에서 의문의 변사체로 발견되었다. 형무소 당국은 가네코가 작업 중에 삼줄로 목을 매어 자살했다고 발표하여 다시 한 번 세상을 놀라게 했다. 그녀는 법정에서 박열에게, 설사 형의 차이가 있을 경우라도 함께 죽자고 할 만큼 혼자서 자살할 이유가 없었기 때문이다. 지바 형무소에 있는 박열에게 가네코의 죽음을 알리면 어떤 일이 벌어질지 모른다 하여 절대 비밀로 하라는 엄명이 떨어졌다.

한편, 가네코의 변사 소식을 들은 변호사 후세 다쓰지와 도쿄에 있던 불령사 동지인 육홍균, 장삼중 등은 곧바로 형무소로 달려갔다. 현장에서 감옥의 관계 직원들과 만나 사인을 밝히라고 엄중

담판하니, 저들은 당황스러워 쩔쩔매면서도 교살했다는 풍문을 부인하고 가매장한 묘지로 일행을 안내했다.

이들은 매장된 사체를 파내어보았으나 이미 때는 늦은 상태였다. 사체의 부패가 심해 악취가 코를 찌르고 손을 댈 수 없을 정도였기 때문에 하는 수 없이 화장하여 박열의 형 박정식을 불러서 유골을 조선으로 봉안할 계획을 세웠다.

이리하여 그날 저녁에 유골을 상자에 담아서 당시 도쿄에 있던 변호사 후세의 집으로 일단 옮기기로 했다. 그러나 이 과정에서 또 한 번 풍파가 일어났다. 오스기 사카에 부부의 유골을 인수했을 때 우익 반동들이 그 유골마저 탈취하고자 하여 그의 동지들과 총격전이 벌어졌던 전례가 있었으므로 이쪽에서도 미리 경계했지만, 관할 경찰서가 정복 경찰대를 파견하여 후세 변호사의 집을 포위하고 불령사 간부들을 속속 검거해 갔다.

불령사 간부들은 자칫 유골마저 탈취당할 것을 우려하면서 계책을 세워 유골을 밖으로 비밀리에 반출하기로 했다. 밤이 어두워진 시각을 이용, 날씨가 하도 더우니 얼음을 사러 간다는 핑계를 대고 양동이 밑에 유골상자를 두고 그 위에 보자기를 덮어 밖으로 반출하는 데 성공했다. 처음에는 유골을 이케부쿠로(池袋)에 있던 불령사 동지 구리하라의 집에 두었다가, 그 뒤 몇 군데를 전전하며 경찰을 따돌리고 당시 경북 상주에 있던 박열의 형 박정식을 불러들였다.

며칠 후 그가 일본에 도착해 유골을 넘겨주어 조선 땅에 묻어줄 것을 부탁했는데, 경찰은 후세의 집에서 유골이 반출된 지 며

후세 변호사 맨 오른쪽(흰 옷 입은 남자)와 이야기를 나누는 박열의 형 박정식과 그의 아들.

칠이 지나서야 눈치를 챘고, 각 신문은 '가네코 유골 분실' 기사를 대서특필했다. 신문에 보도가 되자, 전국 경찰이 긴장하여 유골을 찾다가 산요센(山陽線) 히로시마(廣島) 근처 차 안에서 이동경찰이 박정식을 찾아냈다.

이로부터 경찰의 호위를 받아가며 가네코의 유골은 무사히 경북 문경으로 옮겨져 매장됐는데, 당시 형사자(刑死者)는 장례를 지내지 못하며 뚜렷한 모표(비석)도 세우지 못한다는 일본 법규에 따라 초라한 봉분만 만들 수 있었다.

불령회 회원으로 이 사건에 연좌됐다가 예심에서 면죄된 육홍균이 가네코의 의문의 자살과 유골 분실 사건에 관해 남긴 자료를 통해 보다 생생한 사건의 진상을 살펴본다.

가네코 의문의 자살과 소위 '유골분실사건'의 경위

도쿄 대심원으로부터 사형판결을 받고(1926. 3. 25.) 나서 1주일 만에 천황 특사에 의해 무기징역으로 감형되어 우쓰노미야 형무소 도치기 지소(여성 전용 교도소)에서 복역 중이던 가네코는 1926년 7월 23일 그의 짧은 생애를 옥중에서 끝마치게 되었다.

가네코는 동년 5월 도치기 지소 안 깊숙한 곳에 특설되어 있는 중형감(重刑監)에 홀로 수용된 이래 마에다(前田) 소장의 특별명령에 따라 여자간수 한 사람의 전속 감시를 받고 있었다. 7월 23일 오전 6시 30분경, 분명히 아침볕이 내리쬐는 철창 아래 고요히 앉아 삼노끈 잇는 일을 하고 있던 가네코는 불과 10분 후인 6시 40분경 담당 여간수가 다시 왔을 때에는 철창에 삼노끈을 걸고 거기에 목을 맨 채 죽어 있었다. 기겁을 한 여간수는 목맨 줄을 풀어놓고 곧 인공호흡을 해보았으나 효과를 얻지 못하고 죽은 지 20분이 지나서야 근처에 있는 사이토(齋藤) 의사와 구리구치(栗口) 촉탁의사가 현장으로 달려왔으나 그때는 이미 눈이 우묵하게 들어가고 풀어져 손을 댈 수도 없었다.

시체를 조사한 의사들은 "신체는 매우 건장하여 하등의 이상이 없고 삼노끈이 급소를 꼭 조여 매어져 숨이 막혀 죽은 것으로, 그 교묘한 자살에는 놀랄 수밖에 없다."고 말했다.

삼노끈을 잇는 작업은 원래 가네코가 해온 일이 아니었다. 죽기 하루 전인 22일 그 일을 하겠다고 일거리를 들여보내주었었다(이상 자살 경위는 당시 형무소측 발표임).

- 종신철창에 신음중/박열 애처 자살/교수대에도 동행하자고
  단단 맹세한/남편 얼골도 못 보고 목숨 끊는(끊은) 그 원
  한……
- 조양(朝陽) 비친 철창하(鐵窓下)/마승(麻繩)으로 종객취사(從客
  就死)/점점히 떠러지는 피의 력사를 남기고/제 손으로 꼰 노
  에 제 목을 고이 매 자살/가네코 자살 광경
- 대역 박열의 애인/복역중 옥중에서 자살/간수의 못 보는 틈
  을 타서 돌연히…… 무기형 집어던진 불귀(不歸)의 후미코(文
  子)

이런 자극적인 제목으로 당시 신문들은 '천하의 이목을 놀래여
아즉도 그 기억이 일반 사람의 머리에 새로운 불경 사건'의 여죄
수 가네코의 자살 소식을 연달아 게재했다. 그러나 '가네코 옥중
자살'이라는 형무소측의 공식발표와 연이은 신문 보도도 사건이
내포하고 있는 의문점을 일소해줄 수는 없었다. 오히려 계속되는
여러 가지 사태가 일반 민중에게 '가네코 타살'을 한층 굳게 믿도
록 만들었을 뿐이었다.

일본 경찰이 투옥한 독립운동자에게 자살 또는 병사라는 명목
으로 곧잘 살해해왔던 예를 기억해볼 때, 가네코의 경우 그들의
입장을 난처하게 할 요건을 충분히 갖추고 있었기 때문에(옥중 임신)
교묘하게 살해해놓고는 자살했다고 위장발표했다고 볼 수 있다.
무엇보다도 가네코가 옥중에서 혼자서만 스스로의 목숨을 끊을

만큼 나약한 인물이 아니었다는 데서 의혹이 깊어졌고, 또 박열과 더불어 억압된 민족의 울분을 거침없이 토로하던 그녀에게 크게 호감을 가지고 있던 대다수 한국인들의 놀라움은 곧 분노로 바뀌었다.

가네코의 옥사는 극비에 부쳐져 사후 1주일이 지나서야 신문에 보도되기 시작했고 일반에게 알려지게 되었는데, 도쿄에 있던 흑우회에 이 사실이 알려지게 된 것은 그보다 조금 빠른 26일 오후 일본인 신문기자를 통해서였다.

1923년 9월 간토대지진 때에 일제에 검거당했던 불령사 회원들은 박열·가네코 부부와 김중한을 제외하고 모두 석방되어 대부분 흑우회에 흡수되었는데, 당시 이 단체는 자유사회주의자(anarchist)들의 집결체로서 주목되고 있었다.

형 확정판결 후 박열은 지바로, 가네코는 도치기로 각각 이송되어 조용히 감방생활을 보내고 있다고 알려져 있었기에 갑작스러운 '가네코 자살 소식'은 더욱 충격이 컸다. 그리하여 흑우회에서는 원심창, 최규종, 육홍균 등 7, 8명이 진상조사차 도치기로 향했다.

가네코가 옥중에서 자살했다고 발표된 후에도 대부분의 사람들은 그 사실을 믿지 않았으며, 사실상 자살인지 자살을 가장한 것인지는 누구도 알 수가 없었다. 가네코는 1926년 2월 27일 법정에서 자신의 선언문을 20분간 낭독했으며 사형 구형을 받은 직후 "박열과 나를 같은 교수대에서 같이 죽도록 판결을 내리고 우리들의 죽은 백골이라도 같이 묻어주기를 바란다."고 재판장에게 말했던 당찬 여성이었다. 또 박열을 향해 "혹시 판결이 어긋나서 당신만 사형선고를 받는 일이 있더라도 나는 반드시 같이 죽는 것이요, 당신 홀로 죽게 만들지는 않겠다."고 했다. 이처럼 두 사람은 백골이라도 함께하겠다는 결의로 맺어진 부부로서 박열이 지바 형무소에 건재해 있는 한 가네코가 자살 따위를 할 리가 없다는 것이 당시의 지배적인 견해였다.

더구나 여기에는 가네코의 옥중 임신설이 강력하게 바탕이 되어 있었다. 공교롭게도 가네코의 옥사 직후로부터 말썽이 일기 시작했던 괴문서·괴사진 사건은 그녀의 옥중 임신이 논쟁의 중심을 이루었다. 이른바 '대역범'인 박열 부부에 대해 사상 유례없는 특별대우를 해왔으며 예심실에서 동실(同室)케 했다든가 감시인이 자리를 비운 일조차 있었다는 것은 국가의 기본질서를 파괴하는 것이라는 일본 극우 국수회(國粹會)의 주장에서도 물론 임신 가능성을 배제할 수가 없다. 중죄인이 옥중에서 임신, 만일 해산이라도 하게 된다면 사법당국으로서는 그야말로 돌이킬 수 없는 실책, 그렇지 않아도 판사 이하 사건 관계자들이 지나치게 저자세라고 의론이 분분한데 의외의 불씨를 미리 막자는 의도로 형무소측이 살해했을 수도 있다는 것이다.

특히 흑우회 동지들은 가네코의 옥중 임신이 가져온 교살 사건임이 틀림없다고 확신, 몹시 흥분하여 몽둥이를 하나씩 들고 7월 27일 새벽 3시경 이케부쿠로 정거장을 출발했다. 이들은 모두 경시청 요시찰인물 대장에 올라 항시 형사들의 미행이 계속되고 있었기 때문에 새벽에 행동하기로 결정, 안개 사이로 동녘 하늘이

붉게 물들어가는 도치기 역에 도착하고 보니 이미 안면 있는 형사 두서너 명이 지키고 있었다. 그러나 이들이 몽둥이까지 들고 지소장 집에 이르기까지 아무런 방해도 없었다. "왜 죽였느냐?", "묘는 어디냐?" 등 일행의 험악한 분위기에 새파랗게 질린 마에다 지소장은 해명하기에 급급했다.

한편 박열은 지바 형무소 안에 있는 감방에 역시 홀로 있으며 노끈 잇는 일과 일본 나막신 코 꿰는 작업 등을 하고 있었는데, 가네코가 죽을 무렵 약 2주일 동안에는 가네코와의 사이에 서신 왕래 같은 것도 절대로 금하고 있었다. 또한 상주(相主) 형무소장은 소원들에게 박열이 가네코의 죽음을 들으면 어떠한 행동을 할는지 알 수 없으므로 박열에 대한 경계를 한층 강화하고 가네코의 옥사 소식은 절대 비밀에 부치라고 엄명했다. 물론 면회도 일체 금지되었다.

이러한 가운데 가네코의 사체는 7월 24일 도치기 지소에서 사법성 당국자와 우쓰노미야 형무소장의 도착을 기다려 밤중에 끌어내어 동 형무소 지소 공동묘지에 매장했다. 가네코의 묘지가 경북 문경군 팔령리 현 위치에 놓이게 되기까지, 즉 유골 입수 경로에 대해서는 여러 가지 설이 있으나, 당시 도치기 지소 공동묘지에서 유해를 파내오는 데 참여했던 육홍균 씨의 회고에 따르면 유골은 흑우회원들에 의해 박정식 씨 부자에게 직접 전해진 것 같다.

시가에서 5리 떨어진 공동묘지에 가매장된 좌관(座棺, 사체를 꿇어앉혀 넣은 관)을 파내어 도치기의 화장장에서 뚜껑을 여니 새까만 머리가 드러나기에 머리를 치켜들자 살과 머리털이 떨어질 것 같았다고 한다. 그래서 다시 관의 앞쪽을 따니 혈색은 전혀 없고 얼굴과 손은 흰 장갑을 낀 것처럼 새하얀 가네코의 모습임이 틀림없었으나 이미 교살 여부를 확인할 도리는 없었다. 이것이 그 발랄하던 박문자(한국명)였나 싶어 모두들 아연했다. 2시간 만에 화장이 끝났다. 치아만은 원형대로였으나 두개골까지도 손만 대면 으스러질 것 같았다. 형태 있는 것만 간추려 항아리에 넣고 오후 4시경 기차 편으로 도쿄에 돌아왔다.

석양 무렵 유골은 후세 변호사 집에 안치하고 추도회를 열기로 했다. 흑우회 사무실과 가까운 곳에 있던 후세 집에는 삽시간에 80여 명의 동지들이 모여들었고, 가네코의 유골에 신경을 곤두세우고 있던 일본 경찰측은 정·사복 형사 70, 80명을 풀어 포위하고 외인 출입을 엄중히 경계했다.

다행히 날씨가 무더운 탓에 양동이를 가지고 얼음을 사기 위해 드나드는 흑우회 동지들의 출입은 비교적 자유로웠다. 일본 경찰 감시하에 추도식을 거행할 필요가 없으니 장소를 옮기자는 의견이 채택되어, 얼음 사는 양동이를 이용, 유골 항아리를 빼돌려 이케부쿠로에 있는 구리하라 동지 집에 숨겨 몇 명이 지키도록 하고, 밤이 깊어가면서 후세 집에 모였던 사람들은 하나 둘 흩어져 갔다.

그날 밤 일경과의 충돌로 이케부쿠로 경찰서에 14명을 비롯하여 거의 30여 명이 각 경찰서에 격리 수감되었다. 가네코의 유골을 가지고 시위 또는 폭동이라도 일으키지 않을까 하는 우려 때문에 분산 구류당했다. 구리하라가 대구 진우연맹사건에 연루되어 대구로 호송되고 유골은 다시 나카노(中野)의 이노우에(井上) 동지 집으로 옮겨졌다가 그곳에서 당시 상주군 화북면 장암리에 살고 있던 박열의 친형 박정식 씨와 그의 아들 박형래(朴炯來, 보통학교 재학, 12세) 군에게 전달했던 것이다.

못 다 핀 혁명의 꽃

가네코의 유해는 화장되어 변호사 후세와 생전의 동지들에 의해 수습되어 시숙 되는 박정식과 그의 어린 조카에 의해 남편의 고향마을 뒷산에 매장되었다. 일경의 감시로 '형사자'의 규정에 따라 장례도 지내지 못하고 묘비도 세우지 못한 채 초라한 봉분만을 만들었다.

그렇게 해서 50여 년의 긴 세월을 외롭게 이역 땅에서 묻혀 있다가 1972년 일본의 여성운동가 세토우치 하루미(瀨戶內寂聽)가 가네코의 생애를 그린 『여백의 봄(余白の春)』이라는 논픽션을 펴낸 것이 계기가 되어 이듬해 그녀의 유골을 일본으로 이장하려는 문제가 크게 논의되었다.

세토우치와 일본에 생존한 흑도회와 불령사 회원들이 중심이 되어 이 문제가 본격적으로 제기되고 일본 언론에 크게 보도되었

朴烈の妻金子文子
突如刑務所內で自殺す
聖恩に浴して死刑を免れ
栃木の女囚收容所に服役中
當惑する土川刑務所長
確實なる變事の知らせ

家庭愛を知らない
不幸なる彼女の一生

自殺した金子文子

行方不明者
三百數十名

가네코의 의문의 죽음으로부터 일주일 뒤인 7월 30일자 「도쿄아사히신문」은 '박열의 처 가네코 후미코 돌연 형무소 내에서 자살하다'라는 제목으로 그녀의 죽음을 크게 보도했다.

다. 이에 충격을 받은 국내의 옛 동지 육홍균, 최갑룡 등과 아나키즘운동의 지도급 인물 양일동, 정화암 등이 중심이 되어 1973년 7월 23일 가네코의 묘소 성분(成墳)과 묘지건립준비위원회가 결성되었다. 이날 이들은 현장에서 묘소를 새로 봉분, 단장하고 그녀의 생애를 새긴 비석을 세웠다.

가네코가 생을 마감하기 두어 달 전인 1926년 5월에 「부민평론」이라는 잡지에 그가 옥중에서 쓴 시가 실렸다.

　창 유리에 비춰보는 띠 모양

　젊은 여수(女囚)의

　출정의 아침.

　한밤만 아니고 언제까지나 깨지 말라고

　희망으로 사는

요사이의 나.
전등불 가물거리며 꺼져감을
바라보는 내 가슴
이상하게 떨린다.

목욕하는 여수의 통통한 몸
눈동자 돌려
번뇌 느끼고.
한 번은 저버린 세상이지만
글 읽으니
가슴에 슷는 가엾은 슬픔.

휘트먼의 시집 열고 보니
클로버의 납작잎이 나왔다
잎사귀 몇 장인가 헤어나 볼까.

네잎 클로버 부드러운 그 마음
누구의 마음이냐.

우에노 산(上野山)
삼매(三昧) 다리에 의지하여
석간 팔 때도 있었지만.

바구니 어깨 메고
밤의 행렬 옆에 멈춰섰던
젊은 여자는 지금 옥에 있고.

졸고 또 졸며 방울 흔들던
여섯 해 전의 마음이 슬프다.

폭포는 희고 소나무 푸른 기소 산(木會山)
모습 깜박이는
묏부리의 환상.

영과 육의
두 마음의 싸움에
슬프다 이제 나의 몸.

저녁 금일 나를 위문한 친구 둘
옥에서 먼 세상에 가고
지금은 없다.

힘차게 자라는 내 친구와
결별의 날도 멀지 않았다
나의 슬픔.

친구의 옷은 찢어지고
내게 흰 동정 번호
슬픈 모임이여, 예심정의 낮.

빤히 사람을 쳐다보는 미움
가슴 태우며
흐느끼는 나.

흥얼거리는 음률 그립다 ○○가
그날이 희망
담담히 감돈다.

여름밤 무심코 보이는 젊은이의
무리를 생각하면
나도 가고파.

보라고 할 만큼 이름난
여자가 되겠다고
생각한 일도 있어.

연분홍의 흡취지(吸取紙)에 배인
친구의 주소를
찾으면서 읽는다.

구부려 뜰 나무 그늘에 작은 풀 뽑아
감옥의 대낮은
정말 고요도 하다.

손톱에 걸리는 이름 없는 작은 풀 쑥 뽑으면
가냘프게 우름지다
'나도 살고 싶다'고.
뽑히지 않겠다고 발버둥치고 몸부림치는
그 모습이야말로 미웁고 슬프고.

석방일까
젊은 여수가 묶어올린
머리도 오늘도 흩어지지 않아.

머리 숙여 옷 밑에서 사람을 보다
세상 모양을
거꾸로 보고파.

살고 싶어 단지 살고파 웅성대는
사바의 잡소리
딴 세상 일같이 들려온다.

꽃은 진다

꽃은 지더라도 기요틴(단두대)에서
지더라도 꽃피어라 혁명의 친구.

기요틴에서 사라진 사람의 넋인가
뜰에 핀 진달래의
붉은 시선.

조선의 고모 곁의 사랑
문득 들뜨게 하는
이름에의 도쿄.

고추잠자리
슬쩍 스쳤다 감옥의 창
자유를 상기하는 여름 한나절.

휘트먼의 시를 읽고 네잎 클로버 잎을 세는 가네코의 모습은 여느 여성들과 다를 바 없는 여린 감수성의 소유자임을 느끼게 한다. 또한 '뽑히지 않겠다고 발버둥치고 몸부림치는 / 그 모습이 야말로 미웁고 슬프고.'라는 대목에서 가네코의 삶에 대한 강한 의지도 읽을 수 있다. 그럼에도 '자살'이라는 극단적인 방법으로 생을 마감한 데에는 우리가 알 수 없는 도저한 이유가 있을 것이다. 어쩌면 그녀는 기약없는 감옥생활보다는 단호한 죽음을 선택함으로써 마지막 투쟁의 불꽃을 불태운 것일지도 모른다. 실제로 그녀의 의문의 죽음과 이른바 '괴사진' 사건으로 일본의 정국은 다시 한 번 요동을 쳤기 때문이다.

한 장의 사진,
일본 열도를 뒤집다

우여곡절 끝에 가네코는 그가 가장 사랑하던 박열의 원고향이며 선산인 경북 문경군 문경읍(현재는 시) 팔령 2리에 묻히게 되었지만, 문제는 거기서 끝나지 않고 연이어 한 장의 사진과 괴문서가 일본의 내각을 붕괴시킬 만큼 큰 소동을 빚어냈다.

가네코의 죽음과 관련하여 옥중 임신설과 교살의 의문이 제기되었다. 옥중 임신설은 당시 집권당인 민정당(民政黨)을 무너뜨리려는 반대당의 맹렬한 공격 재료가 되고 있었으니 민정당으로서는 아예 이 재료를 없애버릴 필요가 있었기 때문이다.

애초에 우익 반동단체는 박열 부부에 대한 감형이라는 일본 정부의 '우대'와 특사에 격렬하게 반발했다. 당시 신성불가침시 되던 천황을 타도하겠다는 박열과 가네코의 주의와 행동은 극형을 예고하고 있었다. 더욱이 이들은 공판 과정에서도 당당하게 자신들

예심재판정에서 찍은 박열과 가네코의 기념
사진.

의 소견을 주장하면서 천황제 타도의 필연성을 내세워 전혀 '개
전'의 모습을 보이지 않았다. 이 때문에 일본의 대체적인 여론은
이들의 극형을 당연시하고 있었다. 그런데 천황의 은사라고 하여
무기징역으로 감형되어 교수대가 아니라 박열은 지바 형무소에,
가네코는 우쓰노미야 형무소 도치기 지소에 각각 수용되자 일본
의 우익 세력과 군부는 극렬히 반대하면서 내각에 대한 탄핵 움
직임을 보였다.

　이때 화약고에 불을 붙인 격으로 '괴사진' 사건이 터진 것이었
다. 문제의 사진은 박열이 책을 들고 있는 가네코를 포옹하고 있
는 듯한 장면을 찍은 것으로, 긴 머리의 박열이 의자에 앉아 있고
가네코가 약간 수줍어하며 박열의 무릎 위에 뒤로 기댄 채 안겨
있었다. 박열의 한쪽 팔은 책상을 이용해 턱을 괴고 있었지만 다

른 한쪽 팔은 가네코의 어깨를 안고 있어 마치 그녀의 가슴에 가볍게 얹혀 있는 것처럼 보였다.

앞에서도 언급했듯이, 이 사진은 다테마쓰 예심판사가 서기를 시켜 찍은 것으로 알려졌다. 다테마쓰는 박열과 가네코를 설득하기 위해 여러 가지 방법을 동원했는데, 이 사진도 '설득'을 위한 방법의 하나로, 찍어서 서기의 책상 서랍에 보관하던 것을 당시 재판소를 출입하던 신문기자가 한 장을 훔쳐내서(또는 서기와 짜고) 외부에 반출, 처음에는 이 사건과 관련이 없는 다카이(高井)에게로 가고, 다시 우익계 인물 다쓰가와(辰川)를 거쳐 우익계 단체에 넘겨져서 '괴사진' '괴문서'로 제작, 출판되었던 것이다.

일본의 우익들은 '춘화(春畵)' 사건 운운하며, 사진을 다량 복사 제작하고 여기에 역시 비밀출판으로 제작된 괴문서 내용을 붙여서 정계 요로와 언론기관 등에 뿌렸다. 괴문서는 박열·가네코는 황실에 대해 위해를 가하고자 한 극악무도한 국적(國賊)임에도 불구하고 이들을 국사(國士) 이상으로 대우해서 옥중 특별실에 기거하게 하며 결혼식에 이어 동서(同棲)생활까지 시키고 또 감형의 은전까지 베풀었다고 비난했다. 이 문서들은 이런 조처를 취한 정부 자체가 '국적'이 된 것이 아니냐고 정부의 처사를 맹렬히 비난·공격했다. 당시 문제의 사진을 빌미로 재판부와 내각을 공격했던 우익의 괴문서 내용 일부를 정리해서 읽어보자.

△ 다테마쓰 예심판사는 박열과 가네코의 오만한 태도 때문에 취조의 진도가 늦어지자 상사와 협의한 끝에 그들에 대한

파격적인 대우와 융화정책으로 자백시키려 획책했다는 것은 공지의 사실이며, 문제의 사진도 그 하나의 예로 들 수 있다.

더욱 괴상한 것은 하루의 취조가 끝나면 다테마쓰는 왜 예심 법정에 박열과 가네코만 남겨두고 변소에 가는 척하며 퇴정 하고 또 이 중대한 피고들을 아무런 감시원도 두지 않은 채 약 30분간이나 문만 잠가놓고 있었느냐는 사실이다.

오랫동안 떨어져 있었던 두 사람이 감시의 눈에서 벗어나게 되고 또 아무도 없는 취조실에서 어떠한 행동을 했겠는가 하 는 것은 쉽게 추측할 수가 있다. 그 후부터 두 사람은 생리적 인 어떤 기능이 조절되어 점차 유순하게 되었고 또 그들은 다 테마쓰 판사를 이해자, 동정자라고 부르게 되었다.

△ 박열과 가네코의 판결이 확정되고 사형의 날이 임박하자 당국은 옥중에 있는 수형자에게 전례 없는 옥중결혼을 허가 했다는 사실이다. 더욱 그날 밤 가네코는 남몰래 박열의 독방 으로 안내되어 수시간 동안 함께 있도록 허락받음으로써 실 질적인 결혼을 했다는 것이다.

△ 대역불경(大逆不敬)의 흉한에게는 고토쿠 슈스이나 난바 다 이스케처럼 감형이 없음에도 불구하고 개전의 뜻이 없는 박 열에 대해서만 정부는 파격적인 감형을 시켰다. 더욱이 그들 은 옥중에서도 뻔뻔스런 태도를 취했다. 그들은 간수를 부하 처럼 취급했고 간수도 그들에게 봉사하기에 급급했으며, 간수

중에는 그와 옥외자(獄外者)와의 사이를 내통한 자도 있다. 다테마쓰 판사가 촬영한 괴사진도 내통한 간수에 의해 옥외로 반출된 것이다.

△ 감형의 특사를 얻은 박열과 가네코는 지바와 도치기 형무소에 각각 분리 수용되었으나 전후 2회에 걸친 두 사람의 괴상한 접근에 의해 가네코는 점차 식성의 이상과 생리적인 변화를 가져왔고 드디어 임신이라는 놀라운 사실이 나타났다. 이것을 알게 된 당국은 당황한 나머지 비밀리에 대책을 강구하고 있었으나 돌연 가네코가 목을 매 자살했다고 발표했다. 더욱이 시체를 검시할 당시 태아는 전혀 볼 수 없었다는 것이다.

△ 자살한 가네코의 시체는 일단 형무소 묘지에 가매장되었다가 1주일 후에 야마나시 현에서 온 가네코의 어머니에게 인도하려고 했으나 발굴 시체가 너무나 부패하여 남녀의 성별조차 식별할 수 없었다. 이 때문에 가네코의 어머니는 사인에 의문을 가지고 인수를 거부하는 한편, 형무소장에게 시체 해부를 요구했으나 적당히 무마되어 어쩔 수 없이 화장을 했다는 것이다.
조그마한 일에도 사상적인 발표를 하는 버릇을 가지고 있던 가네코가 자살함에 있어 아무런 유서도 없었고, 또 죽음 직전까지 태도가 변하지 않았던 그녀가 돌연 자살할 이유가 없다. 이것이 형무소 측에서 가네코의 임신 발각을 두려워한 나머

지 비밀리에 행했던 낙태수술이 잘못되어 죽게 했다는 억측이 사실로 생각되는 이유이다. 이것은 분명히 특사에 의해 재생한 중대 피고에 대한 감시를 소홀히 한 것이며, 또 이와 같이 불건실한 피고에게 감형을 상소한 에노키 사법대신과 와카쓰키 수상은 다 같이 그 책임을 명백히 함과 동시에 사퇴해야 할 것이다.

일본의 내각을 붕괴시킨 이른바 '괴사진' 사건 당시에 사진과 함께 흘러나온 박열의 「옥중가」란 것이 있다. 다음은 「옥중가」의 일부이다.

1.
10월달 달 밝은 날 새벽에 가시니라
○○○ 계신 대로 나의 님은 가시니라
먼저 가서 기다리리다 그대 오길 기다리리라
가는 이는 벽을 넘어 그런 말씀 하시니라

2.
언제던가 복도에서 손 잡은 일도 있었건만
그 언젠가 우연히 만나 손 잡은 일도 있었건만
곁에 있던 간수께선 얼굴을 찡그리더라
안 된다, 안 된다고, 얼굴을 찡그리더라

3. 가을날 바람 차고 구름은 더했는데
아침부터 공중에서 비행기가 오고 간다
오고 가는 비행기에 타고 앉은 비행기야
네 중에는 한 사람의 테로도 없는고야.

우익 측은 괴사진과 괴문서 사건을 '사법권의 문란'이라 해서
당시 사법대신 에노키를 공격함과 동시에 야당에서도 합세하여
당시 자유주의적 노선을 보인 민정당(民政黨)의 와카쓰키 내각은 책
임지고 사퇴하라고 몰아붙였다. 결국 이 사건으로 다테마쓰 판사
는 파면당하고 와카쓰키 내각은 퇴진하게 되었다.

8,091일의 감옥생활, 그리고 납북

박열은 가네코가 죽은 지 며칠 뒤, 면회 온 후세 변호사를 통해 그녀의 죽음을 전해 들었다. 그러나 그는 연인의 시신을 수습할 수도, 달려가 마지막 인사를 나눌 수도 없었다. 그녀의 죽음을 가슴속 깊숙이 묻은 채 몇 차례 감옥을 옮겨 다니면서 묵묵히 수감생활을 견디는 것 말고는 할 수 있는 일이 없었다. 일수로 따지면 8,091일. 무려 22년 2개월하고도 하루라는 세월이었다. 한때는 장기 흉악범들만 수용한다는 홋카이도 아미하시 형무소에서 수형생활을 하는 등 그야말로 '운명의 승리자'가 아니면 견딜 수 없는 길고 긴 옥고를 치른 것이었다.

당시까지 세계감옥사에 전과범의 옥중 생환자 중 일수를 따져 22년의 생환 기록은 있으나, 대역 사건이라는 일죄일범(一罪一犯)으로 햇수로 23년이란 옥중생활을 일관한 혁명가가 살아서 나온 기록은 유례가 없었다(해방 후 한국에서는 남북대립과 관련하여 이른바 '비전향' 장기수가 많이 나타났다. 예컨대 수감된 지 43년 10개월 만인 1995년 8월 15일 석방된 김선명씨 등의 경우가 이에 속한다).

박열이 22년여의 기나긴 옥중생활을 하고 있을 때 그를 감시하던 후지시타 이이치로(藤下伊三郎)는 박열이 사형 언도를 받고 도쿄 이치가야 형무소에서 지바 형무소로 이감되었을 때 그 형무소의 책임간수장이어서 가장 가까이, 그리고 오랫동안 박열의 일상 옥중생활을 관찰할 수 있었던 사람이다. 그는 나중에 『혁명가 박열 선생 편영(片影)』이라는 책에서 이렇게 썼다.

이 세상에서 여러 가지 인연관계가 허다하나 박 선생과 나와의 인연은 너무나 신기하다. 20여 년 전 선생이 사형에서 무기수로 종심판결이 언도될 때에 나는 형무관이었고, 일본의 패전으로 선생이 자유의 몸으로 옥문을 나설 때에 나는 아키타(秋田) 감옥의 전옥(田獄)이었다. 이렇듯이 20여 년 동안 선생을 관찰해온 나는 선생의 인격에 반하고 굴복하여 희세의 위인으로 숭모의 신념을 금할 수가 없어 나의 자식까지 바치려 했다. 한마디로 결론지으면 선생은 법정투쟁이나 옥중생활에서 무저항으로 자기 자신에게 명령한 함구령으로, 아무리 협박을 하고 질문을 하여도 요지부동이었고, 관헌과 이론을 전개하면 청산유수적 달변에 당해낼 방법이 없어 관헌은 마침내 전적으로 굴복하고 '조선의 애국자는 강하구나'라는 결론으로 그를 외경의 대상으로 삼았다.

출옥 후의 박열. 맨 앞줄 맨 오른쪽이 박열이다.

1945년 8월 15일 마침내 일제가 패망하자 박열은 그해 10월 27일에 복역 중이던 아키타 형무소에서 석방되었다. 일본의 항복과 함께 진주한 미군사령관 맥아더의 '정치범 즉시 석방'에 관한 포고령에 의해 이루어진 석방이었다.

22년 2개월 1일이란 기나긴 세월을 혹독하기로 유명했던 일본의 뇌옥(牢獄)에서 건강한 상태로 살아남은 것이었다. 석방될 때 그의 나이는 '불과' 47세의 장년이었다.

23년의 감옥생활에서 박열이 건강을 지킨 비결은 새벽마다 거르지 않은 냉수마찰과 올곧은 신념이었다. 훗날 저서 『신조선혁명론』에 다음과 같이 쓸 만큼 생사를 초월한 자세로 옥고를 견뎠던 것이다.

"인간은 살려는 것에 대한 집착이 강하면 강할수록 뜻밖의 병마에 시달려 그 목적을 달성할 수 없다. 반대로 죽고 싶다고 언제나 입버릇처럼 말하는 자는 죽지 않는다. 죽게 되지 않는 것이다. 오히려 죽음의 고통에 직면하면 죽을 각오를 한다. 각오가 서면 죽거나 살거나 상관이 없게 된다. 그러므로 우리의 삶 그 자체에 너무 연연하지 말고 열심히 살아가면 되는 것이다. 문제의 핵심은 사느냐 죽느냐 하는 문제를 투철하며 그것을 초월하는 일이다."

그가 석방되는 날 감방 앞에 우뚝 서 있는 나무 곁으로 가서 기념촬영을 했다. 그 나무는 그가 입감하는 날 동지들이 심어놓은 묘목으로, 석방되어 나올 때에는 아름드리나무로 성장했고 그가 올려다보아야 할 정도로 높이 자랐던 것이다(박성환, 『파도는 내일도 친다』).

그는 옥중에서 중국과 일본 고대사에 관심을 갖고 그 방면에 많은 독서를 했다. 또 틈틈이 많은 글을 썼으며 이것을 출감할 때 가지고 나왔지만 그 저작물들의 행방은 알려지지 않고 있다(저자가 한 권을 갖고 있다).

박열이 도쿄에 다시 나타난 것은 출감한 그해 11월 26일이었다. 재일교포들의 열렬한 환영을 받으며 도쿄에 등장한 박열의 신분은 '재일동포' 자격이었다. 국내의 정세와 마찬가지로 당시 도쿄에서도 사상과 노선을 달리하는 사회단체들이 우후죽순격처럼 생겨나던 무렵이었다.

박열이 도쿄에 돌아오자 그를 자기네 세력의 지도자로 옹립하려는 움직임이 여러 군데서 경쟁적으로 벌어졌다. 1946년 1월 20일 열린 '신조선건설동맹'은 창립대회에서 박열을 위원장으로 선출하고 '민주주의적 건국의식', '사해동포·세계협동', '민족자주', '근로대중의 동지' 등의 강령을 채택했다.

'신조선건설동맹'은 그해 가을 재일조선건국촉진청년동맹 등 범우파단체들을 흡수통합하여 '재일조선거류민단(민단)'이라는 거대한 조직을 발족시켰다. 여기서 단장에 박열, 부단장에 이강훈(전 광복회장)이 선출되었다.

재일조선거류민단은 태평양 연합군사령부 및 남한 쪽 단독정부 수립 세력과 연계하며 재일동포 문제의 해결에 나섰고, 박열은 민단 활동을 기점으로 명백히 우파 대열에 앞장서게 되었다. 박열은 백범 김구와 뜻밖의 인연이 있다. 김구가 일본 땅에 묻혀 있던 윤봉길·이봉창·백정기 의사의 유해의 본국 송환을 도와달라고 박열에게 부탁했던 것이다. 박열은 세 의사의 유골을 국내로 송환하여 효창공원에 안장할 수 있게 도왔다.

이승만은 1946년 12월과 1947년 4월 국제연맹회의 참가를 위한 미국 방문길과 귀로에 도쿄에 들러 박열과 두 차례 만났고, 이 회담 이후 민단은 정치적 입장을 더욱 분명히 하게 되었다.

박열이 조국에 다시 돌아온 것은 1948년 8월 15일 대한민국 정부수립 축전에 참석하기 위해서였다. "자그마한 키에 뚱뚱한 몸집, 혈색 좋은 불그스레한 얼굴은 과연 전형적인 투사의 모습이었다."고 당시 언론은 쓰고 있다. "버티고 앉으면 바윗돌이 자리 잡

3의사 유해 송환에 협력해준 박열에
대한 고마움의 표시로 김구가 보낸
사진. '박열 동지 혜존-백범 증'이라
고 김구의 자필로 쓰여 있다(지은이
소장).

은 것 같은 무게를 풍겼고, 말없이 꾹 다문 그의 입과 이글이글
광채가 나는 그의 두 눈은 두려운 것을 모른다는 강력한 의지를
말해주었다."라고 한 신문은 그를 스케치하고 있다.

박열이 국무총리가 될 것이라는 소문도 돌았다. 그러나 기자의
질문을 받은 박열은 "국무총리가 되는 것도 좋으나 조국을 통일
시킬 수 있어야 그 자리를 하지, 그럴 가망이 보이지 않는 국무총
리는 해서 뭐하나."라고 개인의 영달을 도외시했다. 또한 "조국 독
립이 나의 염원이요, 조국 통일이 나의 전부이다."라고 통일정부
수립의 정치적 주장을 내세웠다.

출감 후 박열은 박열장학회를 설립해 교육 사업에 공을 들인다. 신생 대한민국에서 가장 필요한 것이 교육이라는 신념 때문이었다. 사진은 박열장학회 취지서.

한국으로 돌아왔을 때 그는 한규설의 아들 한학수 집에 머물고 있다가 대원호텔로 거처를 옮겨서 그곳에서 상당기간 동안 머물렀다. 1949년 5월에 이어 1950년 4월 초 영구 귀국할 생각으로 다시 귀국하여 이승만 대통령을 경무대에서 만났다. 이때 이승만은 박열의 등을 두드리며 "내 아들 노릇을 하라."고 얘기하며 신정부에 큰 역할을 맡아달라고 했지만 그 뒤 모든 연락이 두절되었다.

박열은 이승만의 연락을 기다리며 한국 아나키즘 단체인 자유사회건설자연맹(대표 양희석) 관계자들과 만나 정세를 지켜보던 중 한국전쟁이 터졌고, 사흘 뒤 장충동에서 인민군에게 납북되어 북으로 끌려갔다. 당시 서울에는 해방 후 일본에서 재혼한 부인 장의숙(張義淑)과 아들 영일(榮一), 딸 경희(慶姬) 두 어린 남매가 살고 있었다.

이승만이 박열을 냉대한 이유는 정확히 밝혀지지 않고 있다. 그

남쪽에 알려진 박열의 마지막 모습. 1968년 67살 때로 추정한다.

는 미국 방문길에 일본에서 두 번씩이나 박열과 만나고 정부수립
기념행사에 특별히 초청하는 등 각별한 관심을 보였던 터였다. 더
욱이 당시 박열의 정치적인 입장은 반공주의에 이승만 남조선이
라고 할 수 있는 남한의 단독정부 수립 쪽에 가까운 것이었다.

　그는 귀국 전인 1947년 6월 도쿄의 「민단신문」에 "건국운동에
서 공산주의를 배격한다."라고 반공주의를 분명하게 천명했고,
1948년 2월 민단의 단장직을 사임하면서 "조국 조선의 정국은 극
도의 긴박 상황 하에 있습니다. …… 나는 금일까지 재일동포의
민생안정에 몰두하여 정치적 의견을 존중해왔는데, 이제야 일어나
서 정치적 활동의 복판에 투신하지 않을 수가 없습니다."라고 밝
혀 대한민국 정치에 참여할 뜻을 분명히 선언했다.

　그런데도 이승만이 그에게 정치 참여의 기회를 전혀 제공하지
않았던 것은 노선 차이라고 보기는 어려울 것이다. 추측이 가능하
다면 노회한 이승만은 박열의 반일투쟁의 성망을 집권할 때까지

만 적절히 이용하고, 잠재적 라이벌일 수 있는 그를 등용하지 않음으로써 정치권에서 배제시키고자 했다고 할 수 있겠다.

오랜 세월 일제의 감옥에서 살아온 그에게는 국내에 정치적 기반이 있을 리 없었고, 해방 후 간신히 조직된 아나키즘 단체인 자유사회건설자연맹은 여전히 이승만 권력의 박해를 받고 있었다.

북으로 끌려간 박열은 오랫동안 국민의 뇌리에서 잊혀졌다. 전쟁과 냉전구조에서 다른 납북인사들과 마찬가지로 그의 존재 역시 까맣게 망각되었다. 더욱이 그의 아나키즘은 독재에 대한 반체제 이념처럼 인식, 조작되어 남한의 지식인, 언론사회에서조차 철저히 기피되고 외면당했다.

그의 성명 석 자가 다시 남한의 언론에 보도된 것은 1974년 1월 18일의 일이었다. 국내 신문들 한 귀퉁이에 짤막한 1단짜리 기사로 박열이 73살로 사망했다는 소식이 실렸다. 일본에서 수신된 평양 쪽 발표는 그를 재북평화통일촉진협의회 회장으로 소개하고 있었다.

남쪽에서 태어나 일본으로 건너가서 일왕 부자를 죽이려다가 '대역죄인'으로 몰려 청춘을 온통 감옥에서 보내고, 해방된 조국으로 돌아왔다가 북쪽으로 끌려가서 그곳에서 통일운동을 하다가 생애를 마감한 실천적 사상가이며 혁명가인 박열의 사망 소식을 다시 일본을 통해 들어야 하는 아이러니는 박열 자신을 포함해서 동시대 한국(조선)인들의 비극이고 민족사의 아픔이었다.

박열이 사망하자 김일성 정부는 그의 독립투쟁을 높이 인정하여 평양의 애국열사릉에 안장했다. 그의 사망 소식이 전해지면서

부인 장의숙과 아들 박영일, 그리고 동지들과 함께한 박열(맨 앞줄 가운데).

서울에서도 2월 8일 조야 합동으로 중구 명동 YWCA 강당에서 추도식이 거행되었다. 이날 추도식에는 아들 영일(27, 육군중위)을 비롯한 유족과 정당·사회단체 대표들이 참석했다.

이은상 추도식 집행위원장은 "일본 제국주의의 망령이 되살아나 민족의 통분을 사는 일이 많은 지금 박열 의사의 유해마저 자유 남한의 땅에 모시지 못해 가슴 아프다."고 애도했다.

1989년 3월 1일에 박열에게 대한민국 건국훈장 국민장이 추서되었다.

박열의 사망 소식에 가장 가슴 아파한 것은 그의 가족이었다. 용산구 한강로 1가에서 월세 2만 원짜리 아파트에서 살면서 남편의 사망 소식을 들은 장의숙은 생이별 24년 만의 허망한 부음에 그저 오열할 뿐 말이 없었다.

두 사람이 결합한 것은 일본에서 장의숙이 「국제신문」 기자로서 박열의 출감 1주년 기념특집 인터뷰를 하면서 만난 것이 인연이 되었다. 도쿄여자대학 3학년에 재학 중 아르바이트로 자신을 취재하러 온 장의숙을 처음 만난 박열은 "똑똑한 조선 여성을 일본인에게 맡길 수 없다."고 그녀에게 프로포즈했다.

장의숙 또한 박열의 위대한 생애와 자신에 넘치는 투지에 감복하여 20살 가까운 나이 차이에도 아랑곳하지 않고 그와의 결혼을 약속하기에 이르렀다. 그때 박열은 47세, 장의숙은 29세로 두 사람은 장의숙이 대학을 졸업한 1947년에 결혼했다. 1년 만에 첫아들인 영일을 낳았고 다음 해에 장녀 경희를 낳았다.

장의숙은 남편이 납북되고 1·4후퇴와 함께 두 자녀와 일본으로 건너가 가나가와(神奈川) 현에서 살다가 영일군이 아쓰기(厚木)고등학교를 졸업할 무렵인 1968년 뜻밖에 북한에 있는 박열로부터 편지를 받았다. "아들의 교육을 조국에 들어가 시켜달라."는 서신이었다.

장의숙은 이 서신을 받고 당시 육사교장인 정래혁(丁來赫) 장군에게 청원, 어렵사리 육사에 입교시켰다. 영일군은 이때 한글을 몰라서 정 교장의 배려로 귀국 후 8개월 동안 한글을 익혔으며, 아들이 육사에 들어가자 장의숙도 한국으로 돌아왔다.

장의숙은 남편의 성을 따라 '박의숙'으로 박열의 호적에 입적하고 두 남매의 뒷바라지를 하며 한국에서 어렵게 생활했다. 아들 박영일이 육사를 졸업한 1972년 남북적십자회담 취재차 평양에 갔던 조총련계 기자가 박열을 만나봤다는 말을 재일동포를 통해 전해 들었는데, 이것이 마지막으로 들은 남편의 소식이었다.

그 후 박의숙은 다시 도일하여 「코리아 헤럴드」 도쿄 지국장, 거류민단 공보실장 등을 지내다, 일본 방위청 등에서 한국어 강사로 와달라는 요청을 뿌리치고 1972년 3월 영구 귀국하여 외국어대, 국제대, 홍익공전 등에서 일본어 시간강사를 하는 한편, 외국어대 대학원에서 석사학위 과정을 밟다가 1976년 6월 고혈압으로 사망했다.

남편과는 단 2년밖에 함께 살지 못하고 '청상과부'로 두 자녀를 키우다가 58살로 세상을 뜬 박의숙은 외국어대에서 사후에 석사학위 논문이 통과돼 석사학위를 받았다. 학위는 당시 대위였던 외아들 영일 군이 대신 받았다. 외국어대는 그녀를 강사에서 일어과 조교수로 추모 임명하는 정성을 보여주었다.

부록

부록 1 - 박열의 '대일 격문' 두 편

다음은 박열이 1924년 2월과 12월 두 차례에 걸쳐 도쿄의 감옥에서 쓴 글이다. 투철한 민족의식과 아나키즘, 허무사상이 드러나 있는 박열의 신념체계이며 사상적인 '대일 격문'이라 하겠다. - 지은이

한 불령선인으로부터 일본의 권력자 계급에게 전한다

너희들 잔학한 일본의 권력자 계급이여! 타국, 타인종 또는 타민족 폭도에 관해서는 아름다운 정의, 인도의 이름하에 거의 광적으로까지 흥분해서 소란을 피우며 나대는 주제에 자기들의 그것에 대해서는 바람이 지나가는가 정도로 받아들이고 흘려보내는 가장 파렴치한 너희들 일본 권력자 계급이여!

생각해보라. 과거 십수 년 사이에 너희들이 우리 조선 민족에 대해서 한 잔학의 수없음을. 그것이 얼마나 단호한 것이며 또 그를 위하여 얼마나 많은 피를 흘리게 했는가를…….

잊지 않고 있다. 너희들의 소위 합리적 일한 합병의 시기에 조선 민중은 그에 대하여 얼마나 필사적으로 반항하고 싸웠는가를…….

그럼에도 불구하고 너희들 끈질긴 제국주의적 야심은 그 교활이 극한 책략으로써 세계를 기만하고 난폭한 무력에 따라 결국 강압적으로 일한 합병을 단행하지 않았는가. 그 당시 그것에 반대하기 위하여 조선 각지에서 봉기하는 조선 의병에게 너희들은 그것을 폭도라고 부르고 잔인하게도 그들을 학살하지 않았는가. 너희들의 소위 합리적이란 이런 것을 말하는가.

또 너희들의 소위 정의, 인도란 이런 것을 의미하는 것인가. 그렇다면 세상에서 말하는 원숭이 엉덩이를 비웃는다는 속담은 실로 너희들을 가리킨다고 해야 할 것이다. 이 심술궂은 너구리들이여! 무덤에서 노는 것을 그만둬라.

또 일보 후퇴해 가령 그것이 진실로 합의적인 합병이었다고 해도 그 후에

그것은 완전한 과오였다는 것을 극히 명료하고 강하게 자각해온 경우에 있어서도, 역시 그 분리 독립은 절대적으로 이루어져서는 안 된다고 하는 이유는 추호도 없다. 하물며 그것이 처음부터 일종의 강제적인 것에 있어서는 더욱 그렇다.

너희들은 이렇게 해서 그 소위 합의적이란 합병을 단행함과 동시에 우리들의 세계적 활동을 막기 위해 견고한 포대와 카키색의 말뚝으로써 조선반도의 주변을 막아 조선반도를 문자 그대로 감옥으로 만들어버렸다. 우리들에게 외국으로의 여행권 부여를 거부하는 것은 물론이다. 그렇게 해서 너희들은 일면에서는 소위 음험한 침략과 잔인에 극하는 칼의 협박으로써 우리들 조선인의 손으로부터 그 경제상의 실권을 완전히 탈취하는 데 힘썼다.

그것은 데라우치 빌리켄(데라우치 마사타케를 가리킴 - 지은이) 총독 시대의 일이었다고 기억되는데 소위 토지측량조사를 한다든가 할 때 너희들은 토지의 참된 소유주가 누군가에 관계없이 오로지 측량 당시의 명의인으로 하여금 소유주가 되게 했다. 그리하여 그 새로운 명의인 대부분이 너희들의 심복인 일본 관헌과 결탁한 일본 이주민이며 그리고 그곳에는 얼마나 많은 사기와 협박이 공공연히 행해졌는가는 지금 거듭 말할 것도 없다.

또 삼림이 없는 민둥산은 그것을 강제로 빼앗아 식수장려라는 이름하에 일본인들에게 그것을 분배해버렸다. 보라, 이와 같이 해서 너희들은 우리들 조선인 손에서 전국적으로 토지의 약탈을 행했다. 또 너희들은 그 경제적 우월에 의존해 이주민에게 우리들의 선조 대대의 토지, 가옥을 저당으로 해서 고리대를 주게 하여 음험한 책략과 잔인한 협박으로써 그 탈취를 힘쓰고 있다.

역시 너희들의 신체 일부인 동양척식주식회사가 모든 사기와 황금의 힘으로써 우리들 조선 민족에 대한 경제적 파멸 정책을 돕고 있는 것은 물론이다.

또 그 일면에 있어서는 너희들은 교육적으로 우리들의 파멸을 계획하고 있다. 학교에서의 교육은 순전한 노예교육이어서 모든 학과는 단지 일본어, 즉 너희들의 소위 국어를 가르쳐 넣기 위한 학과뿐이다. 그 이외의 교육은 절대로 허락되지 않는 것이다. 우리들의 시야가 넓어지는 것을 두려워하여 조선에 전문학교나 대학의 설립을 금지하는 것은 물론이요, 우리들이 일본어 이외의 외국어나 상업을 학습하는 것조차도 그것을 억압하며 막는다.

또 운동, 유희의 경우에 있어서도 우리들에게 경쟁심, 적개심을 일으키는 것을 두려워해서 예를 들면 검도, 유도, 야구 기타 대항시합 등과 같은 것은 일절 완고히 금지한다. 또 사회적으로는 민간 지식의 자유로운 발전을 방지하기 위하여 신문·잡지의 발행을 금지하는 것은 물론 집회조차도 허락하지 않는다.

또 일면에 있어서 너희들은 음험이 극한 매춘정책이나 아편정책, 즉 다수의 성병 매춘부나 아편, 모르핀 등을 조선 내에 유입함으로써 우리들의 민족적 파멸을 꾀하고 있다.

보라! 너희들은 이와 같이 정치적으로도 경제적으로도 또 사회적으로도 우리들 조선 민족의 완전한 파멸을 꾀하고 있는 것이다. 일본의 권력자 계급이여! 너희들이 우리들에게 가한, 또 현재에도 가하고 있는 모욕과 박해의 수없음을 잊고는 있지 않겠지.

우리들은 너희들의 끊임없는 제국주의적 야심의 희생이 되기 위해 전 세계로부터의 약속에 의해 태어났는지 어떤지는 모르겠다. 이것이 우리들에게 주어진 유일한 운명인지 뭔지는 모르겠다. 그러나 가령 그것이 우리들에게 있어서 피할 수 없는 운명이라 해도 우리들은 이처럼 잔인한 운명에 대하여 순종할 수는 없다.

우리들은 너희와의 잔학과 동시에 이 악마와 같은 운명까지도 한없이 저주하고 또 붉은 피를 토하며 이에 반항하여 싸우고 있는 것이다. 우리들은 희생은 되어도 그냥은 되지 않을 것이다. 멸망되어도 그냥은 멸하지 않을 것이다. 반드시 복수는 할 것이다.

너희들이 아무리 그 소위 엄중한 단속을 해도 우리들 조선 이천만 민족이 완전히 멸망되어버릴 때까지 우리들의 복수전은 계속될 것이다. 아니 너희들의 압박, 박해가 격렬하게 되면 될수록 우리들 가슴속에 타고 있는 자아의식은 점점 명료하고 강해져갈 것이다. 따라서 또 우리들의 복수전도 점점 맹렬해질 것이다.

보라, 너희들이 아무리 그 견고한 포대와 카키색의 말뚝과 검은 불독의 울타리로써 조선의 주변을 막고 또 아무리 학살을 행하며 신체에 전기를 통하고 콧구멍, 자궁에 증기를 통하게 하고, 부인을 나체로 해서 그 음모를 한 가닥 한 가닥씩 뽑으며 또는 음경에 비튼 종이를 쑤셔 넣는 것처럼 가장 잔인한 고문으로 우리들을 협박하고, 또는 아무리 그 가득한 황국주의적 야심을 소위 문명적으로 간접화하고 음험화시켜 소위 문화정치라든가 인정이라든가 하는 것을 행해도 역시 여전히 폭탄 총기의 유입은 이루어지며, 소위 불령선인의 암살 습격은 점점 빈번해지고 심각화되어가지 않겠는가.

생각하라, 너희들의 소위 엄중한 단속은 우리들에게 있어서는 단순히 일종의 흥분제로밖에 역할을 하고 있지 않다는 것을. 또 너희들의 소위 문화정치 또는 인정(仁政)에 지나지 않음을.

너희들 중 어떤 자는 말한다. "조선 민족은 일본 민족과 같은 뿌리, 같은 민족이기 때문에 그 독립은 불필요 또는 무의미하다."라고. 과연 우리들 조선 민족과 너희들과는 어떤 의미에서는 확실히 같은 뿌리, 같은 민족임이 틀림없다. 아니 생물학적으로 말하면 호랑이도 개도 뱀도 물고기도 기생충도 냉이도 모두 똑같이 우리들과 같은 뿌리, 같은 민족이라고 말할 수 있음이 틀림없다.

또 화학적 성분으로 말하면 진흙, 공기와 같은 것까지도 모두 동족, 같은 뿌리라고 말할 수 있을지도 모른다. 너희들은 동족, 같은 뿌리라고 해서 특히 너희들의 생명을 위협할지도 모르는 페스트균 및 기타 전염병균, 독초, 독뱀, 맹수 등과 곧 악수 제휴할 수 있겠는가.

생명의 위협으로까지는 미치지 않아도 너희들은 불쾌한 감정을 주는 기생충과 같은 것과 서로 악수 제휴할 수 있겠는가. 아니, 동족, 같은 뿌리의 의미를 그렇게까지 넓게 해석하지 않아도 너희들은 너희들과 모든 사회적 사정을 같이하고 있는 극히 좁은 의미에 있어서의 동족, 같은 뿌리 즉, 일본 민중에게 끊임없이 너희들의 생명·재산을 위협하고 있는 살인, 강도, 강간 등의 상습자에게 단순히 그 동족, 같은 뿌리라는 이유로 그들과 악수 제휴할 수 있겠는가.

아마 너희들은 악수 제휴를 거부할 것은 말할 것도 없고 그들과 악수 제휴를 하는 다른 사람들까지도 그자를 그들과 같은 종류로서 극단적으로 싫어하며 배척할 것을 조금도 주저하지 않을 것이다.

서로 역사적 및 사회적 사정을 공통으로 하는 너희들 같은 민족 상호 사이에 있어서조차 역시 이와 같다. 하물며 항상 우리들의 생활, 생명을 위협하고 유린하며 게다가 서로 역사적 및 사회적 사정을 전혀 달리하고 있는 너희들과 우리들과의 관계에 있어서는 어떠하겠느냐. 따라서 단순히 동족, 같은 뿌리라 하는 것은 곧 그것을 정복하고 착취해도 좋다는 이유도 되지 않는가 하면 또 언제까지라도 그 희생자로의 경우에 만족하고 있어야만 한다는 이유도 되지 않는 것이다.

또 너희들 중 어떤 자는 말한다. "인간의 전쟁은 옛날에는 부락과 부락과의 전쟁, 나라와 나라의 전쟁, 민족과 민족 간의 전쟁이었다. 그러나 지금에 와서 그 전쟁의 범위는 확대되어 인종 간의 전쟁, 특히 구라파 인종과 아시아 인종간의 전쟁이 되었다. 그런데 그 백색 인종은 지금에라도 습격하려고 우리들의 틈을 노리고 있다. 이때에 있어서 우리들 유색 인종, 특히 아시아 인종, 특히 황색 인종, 특히 같은 뿌리 동족인 조선 민족과 일본 민족은 종래에 있어서 모든 작은 감정과 작은 알력을 배척하고 일치단결함으로써 백색 인종의 제국주의적 습격에 대하여 대비하지 않으면 안 된다."라고.

그러나 또한 보아라. 현재 우리들 조선 민족은 우리들과는 동족, 같은 뿌리라고 하는 너희들로부터의 위협이 저 먼 백색 인종의 제국주의의 습격에 대한 위협보다도 보다 더 절박해 있다. 게다가 가장 통절한 생명적 박해를 받고 있는 것이다.

따라서 우리들은 우선 무엇보다도 이 문제를 근본적으로 해결하지 않으면 안 된다. 우리들에게 무엇보다도 중대한 이 문제에 해결을 주지 않고 단순히 같은 인종이라는 이유 하에 우리들에게 일치단결을 강제하는 것은, 이렇게 함으로써 그 정복자로서의 지위를 하루라도 보다 오래 보존하고 유지하고자 함이다. 너희들의 끊임없는 제국주의적 야심의 발동에 의한 일종의 못된 장난이라고 말하지 않을 수 없다.

따라서 우리들은 전혀 이 몹쓸 장난의 희생이 되어야 할 필요는 없는 것이다. 그러나 생각하라, 너희들이 침해하고자 하는 또는 그밖에 굴복시키고자 하는 강렬한 욕망, 즉 백주의 정신을 본능적으로 갖고 있듯이 우리들 조선 민족도 또 너희들에 뒤지지 않는 그것을 본능적으로 갖고 있다는 것을.

또 너희들이 전통적으로 너희들의 토지·역사·종교·도덕·풍속·습관 등을 가짐에 있어서 그들에 일종의 신비적인 사상을 연결 지어서 항상 그것을 깊이 사랑하고, 존중하고, 옹호하고 있는 것같이 우리들도 또 너희들에게 뒤지지 않는, 아니 어떤 의미에서는 너희들보다 뛰어난 그것들을 전통적으로 갖고 있고, 게다가 우리들 조선 민족 대부분의 사람들은 그것을 항상 깊이 사랑하고 존중하며 옹호하고 있음을.

역시 우리들 조선 민족이 갖고 있는 전통의 대부분이 너희들이, 제3자로서 논리적 비평적으로 본 경우에 있어서는 황당무계한 일종의 신화·소설·동화, 어쩌면 단순히 웃을 만한 미신으로서의 가치밖에 갖고 있지 않은 것처럼 너희들의 전통도 또 우리들이 제3자로서 논리적 비평적으로 본 경우에 있어서는 극히 황당무계한 일종의 신화·소설·동화, 어쩌면 단순한 미신으로서의 가치밖에 갖고 있지 않음을.

또 너희들의 혹자는 말한다. "일한 합병은 동양의 평화 확보를 위해 부득이하다."라고. 그러나 생각하라! 그 소위 동양의 평화 확보를 위한 일한 합병이 얼마나 동양 평화의 교란의 원인이 되고 있는가를. 게다가 그것은 너희들이 우리 조선반도에 대해서 그 황국주의적 야심을 완전히 포기하지 않는 한, 또 너희들이나 우리들 중 어느 쪽엔가 또는 양쪽 모두 다 완전히 멸망하지 않는 한은 영원히 계속될 것이라는 것을 생각해야 한다.

일본 권력자 계급이여. 너희들은 항상 그 강병을 내걸고 모든 난폭에 극치를 다한다. 그러나 생각하라! 그것도 그다지 길지는 않을 것임. 그것은 너희들이 일본 민중에 대하여 너희들의 종교적 우상의 신성함과 고마움을 강매할 수 있을 동안의 일이다. 그것은 완전히 미신을 바탕으로 만들어진 우상이며, 호색한을 기만하여 모으는 사창가 아가씨와 같이 미자각의 민중을 기만하고 착취하는 너희들 권력자 계급의 도금이 좀 벗겨진 금 간판이며, 높은 성벽의 안에 넣어져 일생 실사회로부터 격리되어 있다는 점에서 종신징역수와 같은 것이며, 그 정체가 확실하지 않은 점에서 유령과 같은 것이며, 그 완전히 무위무능한 점으로 말하면 가장 경제적이지 못한 제분기이며, 몇 시 몇 분 출입이라는 식의 가장 가련한 희생자이며, 또 그들이 지날 때에는 언제나 민중을 절대로 가까이하게 하지 않는다는 점에서 페스트 보균자 같은 것임에 지나지 않는다는 것을, 일본의 민중이 자각하며 그렇게 해서 그것을 숭배할 것을 둘도 없는 강한 치욕이라고 하기에 이르기까지의 이야기이다.

너희들 간판의 정체를 일본 민중이 확실히 깨닫는 그때에 너희들의 생명도 끝나는 것이다. 그때는 이제 너희들이 그 강병을 자랑할 수 없을 때이다. 그 때에는 이제 일본 민중은 너희들에게 있어서 가장 충실하고 선량한 인민은 아니다. 너희들의 생명을 빼앗을지도 모를 가장 두려운 적이다. 너희들과는 천지간의 적이다. 그리고 불령선인의 친구다. 게다가 일본 민중은 빠른 속도로 그 시기에 다가가고 있는 것이다

보라, 일본에서 노동운동·사회운동이 점점 빈번해지고 있는 것이 그 증거가 아니겠는가. 그리고 누군가가 말했듯이 경찰의 숫자는 우체함보다도 많고 순사의 수는 전신주보다 역시 많아져도 소위 범죄 사건이 점점 증가하고 있는 것이 그 증거가 아닌가.

노동이 자유로워질 때 국가는 멸망한다. 인민의 각 개인이 국가를 생활하지 않고 자유를 생활하고 있을 때 국가는 멸망한다. 이것이 즉 여기저기 성하게 일어나고 있는 노동운동·사회운동 및 모든 범죄가 그 자체를 나타내고 있는 의미이다.

그리고 국가는 언제나 그 옹호자이며 또 주인인 그 국가의 권력자 계급이 멸망하므로 멸망하는 것이다. 아, 일본의 권력자 계급이여, 비참하구나. 방약무인한 너희들의 최후도. 게다가 불령선인은 그것을 기원하고 있는 것이다.

1924년 2월 도쿄 감옥 한 독방에서
쓰는 것을 마치고 다테마쓰 예심판사에게 보냄

나의 선언

인류는 태어나면서부터 오직 어떻게든지 죽지 않으려는 생명욕의 소유자임과 동시에 가장 추악하고 우열한 우월욕의 소유자이다. 따라서 또 가장 강렬하고 무반성하는 정복욕, 지배욕의 덩어리이다. 따라서 극히 배타적이며 질투의 덩어리다.

그래서 절조 없고 이기적이며, 항상 그 이익을 위해서는 타인을 속이고 또는 친구를 배신하고, 어제까지는 입에 침이 마르도록 욕을 하고 배척하고 있었던 일도 스스로 이를 아무렇지 않게 행하고, 빈번히 정의와 인도를 말하면서 스스로 반(反)정의, 반(反)인도를 행하며 되돌아보지도 않고, 자유 평등을 말로 외치면서 감히 압제와 차별을 하고, 평화 운운하고 소리치면서 스스로 솔선해서 평화의 교란자가 되며, 말로는 신의 사랑, 부처의 자비를 빈번히 설교하면서 잔인한 학살을 아무렇지 않게 행하고, 공명정대를 외치면서 권모술책을 일삼고 있다.

이 추악하고 열악한 혼전에서 약자, 무권자, 가난한 자는 항상 강자, 무력자, 부자를 위해서 희생되며, 참혹하고 비열한 약육강식의 대죄악은 인류사회가 이르는 곳마다 행해져 현실의 인류사회에는 정의는 절무하다. 소위 정의란 말할 것도 없이 인류 상호의 생존권의 존중, 공존공영이다. "옛날부터 약한 자의 육(肉)이 강한 자의 식(食)이라고 정해져 있는 것이 나쁘다."라고까지 어느 역사가는 방언하고 있을 정도이다.

이렇게 인류는 항상 서로 속이고 헐뜯으며 서로 죽이는 것을 계속하면서 어느 불가피한 운명을 위해서 아침 이슬과 같이 계속해서 멸망해가는 것이다. 게다가 인류의 대다수는 그 강렬한 욕심으로는 도저히 어울리지 않을 정도로 극히 무지하고 오직 공허한 자만 또는 비굴한 체념을 가지고 자기들의 생피를 빨아먹는 흡혈귀인 일부 소수의 강자들을 바라보며 이것을 신성한 주권자로 삼아, 날이 갈수록 비참한 상태로 자기들 자신을 인도하고 있다.

실로 이들 위대한 바보들은 카르타고 마을을 불태워 없애고, 파리에서 대학살을 행하고, 이집트에 대군을 버리고, 모스크바 원정에 50만 대병을 낭비하고, 만주 벌판에 시체의 산더미를 구축한 대악인들을 오히려 위대한 주권자로서 이를 장렬한 기념비나 신사에까지 모시고 숭배하고 기뻐하고 있는 것이다.

가장 추악하고 열악한 모든 인류여, 너희들만큼 뭘 모르는 동물이 또 있을 것인가. 너희들만큼 뭘 모르는 동물이 또 있을 것인가. 너희들은 모든 죄악의 원천이다. 그리고 어떠한 아름다운 이상 또 어떠한 교묘한 정책을 가지고도 도저히 영원히 구제할 수 없다. 가장 불쌍한 존재다.

호메로스의 문구를 생각하라. "실로 인류는 모든 중생 중의 가장 잔인한 것, 지상에서 호흡하고 또 사는 모든 것 중의……."

세상의 낙천주의의 위선자들은 방언한다. "상애호조(相愛互助)와 공존공영, 이것이 인류의 본성이며, 또 만인이 똑같이 따라야 하는 정의이며, 자연의 대법칙이며, 신의 의지이다."라고.

어느 정도 인류의 상애호조 공존공영, 이것은 어쨌든 정의이다. 적어도 그 개념에 있어서는 훌륭하게 정의이다. 그것은 결코 인류의 본성은 아니다. 따라서 자연의 대법칙도 아니며 신의 의지도 아닌 것이다.

보아라, 현실의 인류사회에서 그 어디에 진실로 아름다운 '상애호조 공존공영'의 사실을 발견할 수 있을 것인가. 가장 추악하고 우열한, 서로 속이고 욕하며 죽이는 것만이 진실로 현실의 인류사회에 있어서 속일 수 없는 사실이 아닌가.

그래서 어떠한 경우에서도 폭력은 항상 신성하고, 비참한 약육강식은 인류사회 도처에서 행해지고 있다. 필경 현실의 인류사회는 폭력으로써 그 근본 기초를 이루며 정복과 착취를 그 목적으로 하고 있다. 우선 국가와 민중과의 관계에서 이 국가는 법률이라는 족쇄를 만들어두고 민중에게 적어도 그 지배와 착취를 거절하는 자는 가장 조직적으로, 가차 없이 이를 엄벌에 처하고 있다.

또 강제적 징병제도라는 것을 널리 시행하여 다수의 군대를 수용해 항상 민중을 위협하고 있다. 또 그 일면에서는 도덕 종교를 비롯하여 그 외 모든 사회적 전통 관습으로 민중을 속박함과 동시에 소위 국민 획일교육이라는 조직적 기만법으로 소위 국가 유용의 인물 양성에 고심하고 있다.

그 소위 국가 유용의 인물이란 요컨대 국가, 즉 식인요괴의 행복을 위해 그 개와 말이 되어 충실하게 일하기에 충분한 작은 동물, 또는 그 지배와 착취에 모두 견딜 수 있는 강건하고 선량한 작은 동물을 말하는 것이다. 그리고 소위 국가에 있어서 유용한 것이 아니면 학술이라도 학술이 아니고 기술이라도 기술이 아니라고 해서 이것을 뱀과 전갈과 같이 배척 또는 이를 강건하게 금지한다.

국가는 역시 이것으로서 만족하지 않고 그 외 각종 정책을 세워서 민중에 대한 기만 수단을 강구하고 있다. 이와 같이 국가라는 요물은 민중의 모든 생활 위에 항상 엄하게 군림한다. 민중의 생활은 항상 일일이 이 국가를 그

중심에 두지 않으면 안 된다고 한다.

민중은 하루도 이 국가를 떠나서 자유롭게 생활하는 것은 허용되지 않는다. 니체의 차라투스트라의 말로 하면 "존재하는 것은 민중이 아니다. 형제여, 그것은 국가다." 실로 국가는 하나의 거대한, 니체의 차라투스트라의 소위 '괴물'인 것이다. 그리고 이 '괴물'은 항상 민중을 '잡아먹고 저작하고 되씹는' 것이다. 이렇게 민중은 국가의 강권 때문에 항상 협박당하며 유린당하고 있다.

게다가 민중 자신 또한 – 다소는 여하간 – 혹은 군인도 되며 또는 사법관, 간수, 경찰관 그 밖의 공무원이 되어 이 저주스러운 강권의 작용을 지지하고 있다.

다음으로 생산 소비의 관계에서는 흡혈귀인 일부 소수의 자본가들이 모든 공산기관을 독점하고 있고, 인류 최대 다수인 노동자 계급은 단지 그들의 노예로서 자본가들의 멋대로이며, 사치스러운 욕망을 만족시키기 위해 자기들이 도저히 향락할 수 없는 물건의 제조를 위해서 주야로 혹사당하고 있음에 지나지 않는다.

인류의 최대 다수인 노동자 계급은 그 생활과 운명이 일부 소수의 욕심이 한없는 흡혈귀인 자본가들의 악랄한 손아귀에 잡혀 있다. 그래서 자본가들의 뜻대로 그 생활을, 그 운명을 좌우당하고 있다.

그 결과 자본가들은 항상 무위도식하고 방종으로 모든 쾌락의 극치를 다하고 있음에도 불구하고 크레타섬의 미노타우로스와 같이 점점 살쪄가는 데 반해 노동자들은 그 전 생애를 통해 끊임없이 절망적인 노동과 궁핍에 허덕이고 있다.

게다가 노동자들은 – 다소는 여하튼 – 이를 오히려 당연한 일이라고 하거나 또는 가슴속에 많은 불만을 가지고 있으면서도 자본가들의 위력에 떨며 결코 자기들의 의지에 따르지 않는다. 그래서 자기들의 이익을 위해서가 아니라 반대로 항상 자기들의 생명을 먹고 있다. 자본가들을 살찌우기 위한 노동에 종사하는 것을 단연 거절하여 자기들의 자본가들에 대한 절대적 복종의 생활로부터, 노예생활로부터 자기들 자신을 완전히 해방하려고는 하지 않는다. 그리고 의식적으로 또는 무의식적으로 자기들을 점점 궁지에 빠뜨려 가는 이 저주스러운 산업제도를 지지하고 있는 것이다.

또 노동자들은 일면에 이러한 비굴한 복종자이면서 다른 면으로는 극히 악랄한 압제자임을 간과할 수는 없다. 즉 그들은 그 강자에 대한 굴종으로 잃는 손실을 본능적으로 또 다른 약자의 굴복에 의해 보충하고 있는 것이다. 예를 들면 고참 노동자는 신참 노동자에게, 숙련 노동자는 미숙련 노동자에게, 성년 노동자는 유년 노동자에게 항상 극히 많은 부분에 있어서 악랄한 압제자이다.

누군가가 일찍이 "완전히 지배하는 것도, 완전히 복종하는 것도 될 수 없는 불용의 인물"이라고 말한 것은 실로 이들 위대한 바보들을 가리키고 있는 것이다. 다음으로 서로 혹은 언어를 달리하고, 혹은 풍속 관습을, 혹은 종교 도덕, 혹은 역사를, 혹은 피부색을 달리하고 있는 국가와 국가, 민족과 민족, 인종과 인종과의 사이에서 인류의 우월욕, 정복욕, 지배욕의 발현은 더욱 드러난다.

예를 들면 일본 민족의 권력자 계급은 한편으로 구라파나 아메리카의 모든 강국에 대해서는 빈번하게 인종 차별 철폐, 인종 평등을 주장하고 있으면서 다른 한편으로는 조선, 대만, 오키나와의 모든 민족을 정복하고 또 중국 민족을 모멸하고 있다.

또 일본 민족의 권력자 계급에 의해 정복당해 있는 조선 민족은 한편으로 일본 민족의 권력자 계급의 폭정에 관해 적지 않은 불만을 품고 있으면서 다른 한편으로는 자기 민족 내부에 있는 소위 백정 부락에 대해서는 극히 악랄한 압제자이다.

일찍이 영국의 폭정에 분격하여 자유를 절규하고 마침내 영국으로부터 분리되어 독립한 북아메리카 합중국민은 아무렇지도 않게 흑인의 사형을 행하고 또 무력으로 필리핀군도, 쿠바섬, 하와이제도 등을 병합했다.

일찍이 영국은 방약무인한 스페인의 폭정을 타파시키고 스스로 그 뒤를 본떠 해상권을 장악함과 동시에 인도, 이집트, 뉴질랜드 등을 비롯해 그 외 세계 곳곳에 이르기까지 침략을 거듭하고 있다. 또 자국 내에서도 강하게 금지되어 있는 아편의 무역을 거부한 중국 정부에 대해서 아편전쟁이라는 기괴한 전쟁을 일으켰다.

또 역시 우스운 일로는 이들 일에 관해서는 모두가 뻔뻔스럽게 정의와 인도의 이름하에 극히 정정당당하게 행해지고 있는 것이다. 게다가 그들은 모두 자기의 행동만이 참된 정의요 인도라고 주장한다.

그렇지만 만일 그들이 말하고 있듯이 과연 그렇다면 세상에 정의와 인도라는 것은 전 인류의 머릿수만큼 수없이 많이 있을 수 있게 될 것이다. 그러나 참된 정의 인도란 것은 그리 많이 있을 수는 없다.

그 예는 그들의 언동 그 자체가 극히 명료하게 나타내주고 있는 것이다. 영국의 속담에 소위 "말처럼 행동하라. 형식적으로 행동하지 말라."란 것을 실로 이들 사실을 충분히 반증하고 있다고 말할 수 있다.

그리고 이 저주스러운 인류 상호의 정복·지배는 반드시 강권의 채찍이나 포화하에만 행해지는 것이 아니며 단순한 물질 또는 노골적인 폭력의 행사에 의해 인류사회의 도처에서 행해지고 있다. 항상 개인적으로는 타인을 정복·지배하려고 하고 또 단체적으로는 다른 단체를 정복·지배하려고 하고 있는 것처럼.

또 약자, 가난한 자의 가정에 있어서는 혹은 남편이 부인에게 권력을 휘두르고, 또는 부모가 자식을 억압하고, 또는 형이 아우를, 또는 어른이 어린이를 압박하고 있는 사실을 본다.

예로부터 보다 좋은 것이라는 이름 하에, 사회개조라는 이름 하에 얼마간의 혁명은 반복되어왔다. 게다가 인류는 여전히 가장 추악하고 바보스러운 우월욕·정복욕·지배욕의 노예이다.

저주스러운 약육약식의 죄악으로부터 이탈할 수는 없다. 그것은 단순히 그 지배권을 갑이라는 사람으로부터 을이라는 자의 손으로 전이하는 것에 지나지 않았다. 실로 누군가도 말했듯이 "세우고 무너뜨리고 또 세워서는 무너뜨리는 놀이를 하는 어린이 같다."라고 말해야 한다. 기원전 1세기의 로마의 혁명은 귀족당의 횡포에 반대하여 자유라는 이름으로 50만 명의 선혈을 희생시켜 일으켰다. 그것은 단순히 그 지배권을 귀족당의 손에서 평민당의 통령 카이사르, 폼페이우스, 크라수스 등의 손에 이동시킨 것뿐이었다.

저 무능한 전제군주 찰스 왕을 단두대에 올려놓은 17세기 영국 혁명은 그 전제권을 찰스 왕의 손에서 다른 유능한 전제군주 크롬웰 등의 손으로 전이시킨 것뿐이었다. 당시 영국의 민중은 여전히 압제에 괴로워하지 않으면 안 되었다.

크롬웰은 열성적인 신앙가였다. 그들 일파는 일찍이 엄금되어 있었던 청교를 믿고 있었다. 신앙을 가진 자여서 환락을 싫어하는 그들 일당은 민중의 환락까지도 금지시켰다. 주류를 파는 일도 허용되지 않는가 하면 극장과 같은 것도 모두 문을 닫게 했다. 그리고 적어도 그들 일파의 횡포에 반대하는 자는 어디에서든 혹은 벌금을 물게 하고 혹은 학살당하며 또는 멀리 아메리카의 바베이도스 섬으로 보내지며 노예와 같은 괴로운 일로 혹사당하지 않으면 안 되었다.

수천만의 민중의 피를 희생시키고 자유·평등·우애의 대깃발 아래 일어난 18세기의 프랑스 대혁명도 실은 자코뱅당의 일부 소수의 아부파들에게 이용당해버렸다. 그리고 프랑스 민중은 여전히 압정에 괴로워해야만 했다.

또한 중국의 역사를 보면, 하(夏)의 폭군 걸(桀)왕을 남소(南巢)로 추방한 탕(湯)은 스스로 그 뒤를 이어 왕위에 올랐다. 그리하여 민중은 여전히 강권의 철쇄 하에 허덕이고 있었던 것이다.

은(殷)의 폭군 주(紂)왕은 무(武)에 멸망당했다. 그러나 은의 민중은 인류에 의한 인류의 정복, 지배의 철쇄로부터 벗어나는 일은 결국 불가능했다.

일본에서는 전제 횡포의 도쿠가와(德川) 막부를 쓰러뜨려 메이지 유신이 이루어지고 입헌대의 제도가 열렸다. 그러나 일본의 민중은 지금도 역시 강권의 철쇄에 묶여 있는 노예이다.

또 로마노프 가의 폭정에 격분하여 자유·평등의 이름으로 다수의 노동자·농민의 선혈에 의해 일어난 러시아 사회혁명도 단순히 그 권력을 로마노프 가의 손에서 로마노프 가보다 훨씬 더 단호한 압제자인 일부 소수 공산당의 악랄한 손에 옮긴 것에 지나지 않았다. 따라서 지금의 러시아 민중은 구식의 로마노프 가 대신 공산당의 신식의 흡혈귀에 의해 가장 조직적으로 착취당하고 있다. 그리하여 러시아의 각지에 설치된 체카(Cheka, 소비에트의 비밀경찰) 및 강제적 징병제도에 의해 수용된 현역병으로 이루어진 60만 상비군대라는 것이 항상 민중을 위협하고 있다. 게다가 이들은 인간을 순전히 기계화하려고 한다. 공산당의 일에 대해 반대를 하는 자는 즉각 혹은 가차 없이 감옥에 처넣어진다.

또 수많은 종교가가 나타나서 인류 상호의 약육강식, 인류에 의한 인류의 정복·지배를 향해 강렬히 반대를 외쳤다. 그 가장 현저한 한 사람은 그리스도일 것이다.

그러나 어떠한 종교가도 전 인류를 맹목적으로 우매한 우월욕·정복욕·지배욕으로부터 해방할 수 있는 힘을 가질 수 없었다. 인류 상호의 약육강식을 금지하고 사해동포의 사랑을 외치고 있는 기독교가 인류사회에 허용되고 나서 천 몇 백 년간의 세월을 거쳤다.

게다가 인류사회의 근본적 조직은 천 년 이전과 조금도 다름없이 여전히 폭력을 기초로 하여 정복·지배를 그 목적으로 하고 있다. 또한 역시 슬프게도, 그리고 기괴한 일로는 현재에는 기독교회 및 목사 등은 세계의 도처에서 그들이 당연히 그것에 반대해야 할 것인데 그 저주스러운 사회제도의 옹호에 여념이 없다. 그들은 지금 신문사나 생명보험회사의 영업사원과 다른 점이 조금도 없는 것이다. 혹은 그것은 모두 인류가 타락해 있기 때문이라고 말할

지도 모른다.

그렇다면 우리들은 관찰해보자. 오늘날의 세상 사람들이 과거 황금시대라고 구가하여 마지않는, 저 5천 년 전의 당우(唐虞) 시대는 무엇이었을까. 그것은 과연 이 세상 사람들이 말하듯이 황금의 시대였을까.

순(舜)은 요제(堯帝)를 도와서 경(鯨), 공공(共工), 삼묘(三苗)의 원흉을 없애고 드디어 왕위를 이어받아 제위에 올랐다고 역사에 있는 것을 보면 거기에도 역시 인류에 의한 인류의 정복·지배는 있었던 것 같다.

다음으로 어린이는 어떠한 성인 인류보다 더 원시적이다. 그러나 나는 어린이에게 아름다운 상애호조·공존공영의 정신을 발견할 수 있을 것인가.

시험 삼아 두 어린이를 한 곳에 두고 관찰해보자. 그러면 두 어린이는 곧 서로 할퀴며 말다툼을 하기 시작할 것이다. 또 함께 음식을 주어보자. 그들은 곧 서로 빼앗으려는 싸움을 시작할 것이다. 보라, 단지 어린이의 행동은 어른의 그것에 비해 보다 단순하고 기교가 없을 뿐 아닌가.

다음으로는 현재 있는 인류 중의 어떠한 종족보다 더 원시적이며 소위 '문명병'에는 거의 침투당하지 않은 미개한 야만인이 있다. 그리고 그것은 대만이나 미국의 산지에는 많이 있는 것 같다. 그러나 야만인의 생활 속에서 아름다운 참된 상애호조·공존공영의 사실을 찾아낼 수 있을 것인가. 그곳에는 단지 인간의 목을 될 수 있는 한 많이 가지고 있는 것을 지상의 명예로 하고 있는 전사라든가, 또는 인육을 지상의 맛있는 음식이라고 알고 있는 식인종이 있을 뿐이 아닌가. 단지 그들의 행동방식은 문명인의 그것에 비해서 좀 특이한 것에 지나지 않는다.

또 오늘날 인류학을 믿을 수 있는 것이라고 한다면, 인류의 초기에 혈족관계로부터 생긴 원시인류의 각 집단이 상호 접촉하여 충돌하고 반목하는 것에 의해 결국 서로 그 언어·풍속·습관·종교를 달리하는 수많은 종족적 사회가 생기고 또 그들 종족적 사회가 창립된 것이다. 이렇게 인류사회는 서로 끊임없이 반목하고 투쟁하면서 2천만 년 내지 50만 년의 오랜 세월 동안 존재해 온 것이다.

그러고 보면 2천만 년 내지 50만 년이나 옛날로 거슬러 올라간다. 원시적 인류사회에도 역시 인류끼리의 약육강식이라는 비참한 사실은 있었던 것 같지 않은가.

오스기 사카에의 말을 생각하라. "사회는…… 정복으로 시작되었다." 저 다윈은 말한다. "각각의 유기물이 현저한 고도의 비율로 자연스럽게 증식하고, 따라서 멸망하는 일이 없다면 세계는 곧 한 배우의 자손에 의해 지배당해버릴 것이다. 이 규칙에는 예외가 없다."

그리고 "존재경쟁은 모든 유기물이 고도의 비율로 증식하고자 하므로 필연적으로 일어나는 것이다." 또 "생존경쟁은 동종의 개체간 및 변종간에 가장 격렬하다. 왜냐하면 그들은 같은 지방에 살며 같은 음식을 구하고 또 같은 위험에 처해져 있기 때문이다."라고. 그러나 그와 같이 인류가 서로 잔혹한 적이 되어 항상 참혹하게 또 비열하게 서로 속이며 서로 죽이는 비극을 계속하고 있는 것은 그 생활을 유지하기 위한 필요에 저촉당하고 있는 것은 아니다.

인류는 음식과 장소의 부족에서 어쩔 수 없이 이렇게 추악하고 우매한 인류 상호의 약육강식의 비애를 계속하고 있는 것은 결코 아닌 것이다. 그것은 단지 어디까지나 그 우월을 바라고 정복을 바라고 지배를 바라는 가장 추악하고 우매한 인류 욕심이 필연적으로 가져온 결과인 것이다.

보라, 인류는 그 앞에 끝없는 들판을 대기시키고 있는 것은 아닌가. 오늘날 과학이 가르치는 바를 믿을 수 있다면 지구상의 생존하는 모든 동물들은 오늘날 역시 처분해야 할 생활 자료의 천분의 이십밖에 이용하고 있지 않다.

인류가 이 무한하게 풍부한 생활의 원천을 계발하기 위한 투쟁에 그 마음을 쏟아부었다면, 충분히 안락하게 생활할 수 있을 뿐 아니라 지구상에 역시 수억의 인류를 생존하게 할 여지가 있었을 것이다. 게다가 모든 인류는 지상에 그 생존을 유지해가기 위해서는 어떻게든 싸우지 않으면 안 되는 많은 강적을 그 앞에 대기시키고 있는 것이다.

보아라, 인류는 그 생명을 가차 없이 빼앗는 그리고 거의 예측할 수 없는 그 외적인 경계의 물리적 변동과 부단한 싸움을 계속해가지 않으면 안 된다. 또 무서워하는 질병, 예를 들면 페스트·콜레라·이질·말라리아 등의 병균과도 싸워야 하고 또 그것을 매개하는 쥐 또는 파리·모기와도 싸우지 않으면 안 되며 그 밖의 각종 맹수·해충·기생충과도 싸우지 않으면 안 된다.

그럼에도 불구하고 인류는 항상 서로 잔인한 원수가 되어 극히 추악하고 우매한 투쟁을 계속하고 있는 것이다. 또 가령 맬서스의 인구론이나 다윈의 진화론이 가르치고 있듯이 "인구는 기하급수로 증가하지만 식량은 등차급수로밖에 증가하지 않는다."라는 것이 진실이라고 보아도, 현대의 의학은 인구증식에 대한 가장 유효하고 무해한 수많은 인위적 방해의 방법이 있음을 인류에게 가르치고 있다.

그리고 그것은 현재 세계의 소위 문명제국의 상류라고 불리어지고 있는 계급자 사이에는 혹은 공공연히 혹은 비밀스럽게 널리 행해지고 있고, 특히 프랑스와 같은 곳은 그 때문에 해마다 현저한 인구 감소의 결과로 인하여 오히려 프랑스의 위정자는 이 인구의 감소를 어떻게든 방지하려고 고심하고 있다고 하지 않는가.

따라서 이러한 인구 증가에 대한 위기는 공포망상 정신병자나 단순한 과장이나 그렇지 않으면 로댕의 소위 '파마르시가의 돼지'라는, 민중을 인도하고 가르친다고 하는 저 아부자와 같은 마술사들의 일종의 주문에 지나지 않는다고 말하지 않을 수 없다.

레에레몽토의 아름다운 문구를 생각한다.

"……인류는 얼마나 불행한 것인가. 그는 무엇을 요구하는가. 하늘은 파랗고 그 밑의 모든 곳. 그러나 이유 없이 그의 마음은 증오로 가득 차 있다……."

아, 나는 결국 현실의 인류사회의 모든 부문에 있어서도 아름답고 참된 상애호조·공존공영의 사실을 발견할 수 없다. 가는 곳마다 보이는 것은 단지 비열하고 참혹한 인류 상호의 약육강식, 부반성자의 끝없는 우월욕·정부욕·지배욕의 발현, 이것뿐이다.

진실로 현실의 인류사회는 쇼펜하우어도 말했듯이 "하나의 유령정부이며, 저 단테의 유령정부보다 월등하며, 각각의 사람은 타(他)에 대해서……"이다. 홉스의 말로 하면 "인간은 인간에게 있어서 늑대이다." 또 일본 속담에 소위 "투쟁을 극복하면 7인의 적이 있다."와 같은 말은 이것을 명료하게 설명하고 있다.

게다가 모든 인류는 그 강자와 약자를 불문하고 인류의 상애호조·공존공영에 적어도 그 개념에 있어서 반대하고 있지는 않다. 오히려 크게 그것을 바라고조차 있는 것이다.

그럼에도 불구하고 그 상애호조·공존공영을 감히 스스로 행하고자 하지는 않는다. 상애호조·공존공영은 제쳐두고라도 자기를 지키는 일만으로 만족하려고조차 하지 않는다. 아니, 아마도 그것을 하지 않는 것이 아니라 할 수 없는 것이다.

그리고 끊임없이 틈을 노리고는 타인을 침해하고 유린하고자 하고 있다. 가령 점잖게 대기하고 있는 듯한 경우가 있다고 해도 그것은 단지 자기의 나약함을 충분히 자각하고 있을 때뿐이다.

스치루넬도 갈파하고 있듯이 "여기에 한 마리 개가, 다른 개가 가지고 있는 뼈다귀를 보고 잠자코 기다리고 있다고 한다면 그것은 자기가 너무나 약하다고 느꼈기 때문인 것에 지나지 않는" 것이다.

혹은 부분적으로는 현실의, 인류사회에서 상애호조·공존공영을 갖춘 것을 발견하는 경우가 있을지도 모른다. 그러나 그것은 단순히 자기의 이익을 위해 일시적 방편으로서 결합한 것에 지나지 않는다. 말하자면 일본의 속담에 있는 "천둥이 울릴 때만큼은 천둥님", "아쉬울 때 하느님 찾기"라고 해야 할 것이다. 그리고 이 무반성하고 끝없는 우월욕·정복욕·지배욕의 발동, 따라

서 또 동류의 약육강식, 이것은 한 인류사회에 있어서만 행해지고 있는 것은
아니다.

박물학자 파브르가 말했듯이 "약탈은 생활자의 혼전(混戰)에서는 법이 되는
것이다. …… 자연에서 살육은 도처에 있고 모두 단도에, 투검에, 송곳니에,
가위에, 톱 등의 기계…… 등을 만난다."이다.

상애호조·공존공영, 이것은 결코 인류의 본성은 아니다. 따라서 자연의 대
법칙도 아니다. 또 신의 의지도 아니다. 극히 무의미하고 강렬한 우월욕·정
복욕·지배욕, 따라서 이 가장 추악하고 우매한 약육강식, 이것만이 인류의
빼놓을 수 없는 참된 본성이며, 따라서 또 자연의 대법칙이며 신의 의지인
것이다.

인류의 상애호조·공존공영, 이것은 꿈이다. 이상이다. 이상은 아름답다. 그
러나 이상은 어디까지나 이상이며 결코 현실로서는 있을 수 없는 것이다.

인류의 이 본성을 근절할 수 없는 한 인류사회의 개조는 전혀 일보도 진전
할 수는 없는 것이다. 그렇지만 어떠한 변혁이 또 어떠한 정책이, 어떠한 이
론 또는 설교가 이 저주스러운 인류의 본성을 근절할 수 있을 것인가. 그것
은 모두 효험이 없다.

그것은 모두 진지한, 혹은 야생적인 유희에 지나지 않는다. 인류는 어떤 아
름다운 이상, 어떤 교묘한 정책으로도 도저히 영원히 구제할 수 없는 가장
가련한 존재이다. 그러나 인류의 상애호조·공존공영…… 얼마나 매력적인
말인가.

천진난만한 어린아이의 마음을 현혹하는 너희들의 하기 힘든 플라토닉 사
랑이여! 예전에는 나도 너희들에게 현혹되었다. 그러나 나는 더 이상 이제
는 현혹되지 않는다. 너희에게 현혹되기에 나는 너무나 현실적이다.

가장 추악하고 어리석은 인류의 본성은 너무나 자주 나를 속이고 배반했다.
나는 유희가 싫다. 피곤하다. 그러나 이 저주스러운 폭력에 기초를 두고 동
류의 정복·지배를 목적으로 하고 있는 인류사회를 근본적으로 개조시키지

않으면 안 된다.

또 수많은 열성적인 이상과 현재 사회제도의 근본적 파괴를 요구하고 기획하는 많은 사회운동자·노동운동자·피정복민족의 독립운동자 등에 대해서 나는 아무래도 악의는 가질 수 없다. 오히려 그 진실과 용기를 깊이 사랑하고 존경한다. 그들은 모두 현실의 인류사회의 도처에서 빈번한 개혁을 높이고 있고, 분개스러운 부정·불의의 승리를 증오하고 어디까지나 그에 반대하여 용감히 싸우고 있다. 그들은 모두 세계 도처에서 비참한 파멸을 만나고 있다. 정의를 사랑하고 옹호하고 있는 것이다.

루소는 19세기 사회상의 모든 죄악을 "문명은 허위이다." "자연으로 돌아가라"고 외쳤다. 그러나 이것은 심리적으로 잘못되었다.

문명은 원래 허위이다. 그러나 더 근본적으로 허위인 것은 오히려 인류의 본성 그 자체, 따라서 자연의 법칙 그 자체인 것이다. 이런 본성을 가진 인류에게 비로소 이러한 문명이 있는 것이다.

따라서 자연은 루소가 생각하고 있는 것같이 결코 만인이 똑같이 따라야 하는 선량하고 공평한 것은 아니다. 가장 잔인, 냉혹한 것이다. 과연 루소가 말했듯이 "자연은 결코 인간을 처음부터 왕이나 부호나 귀족으로 만드는 것은 아닐"지도 모른다.

그러나 자연은 또 "토지에 어느 구획을 설정해서 이것은 내 것이다,라고 말했다……." '최초의' '악당'을 조금도 벌하지 않음과 동시에 또 "이 악당의 말을 경계하라. 만일 제군이 '대지는 누구의 소유도 아니다. 그 때문에 대지로부터의 수확은 우리들 모두의 소유물이다'라고 말하는 것을 잊는다면 나중에 돌이킬 수 없는 일이 된다."라고 해서 '어리석은 다수자'를 향해 한마디 경고도 해주지 않았다. 또 손에 흰 칼을 들고 "천황은 신성하고 범할 수 없다.", "천황이 국가를 통치하는 권력은 신이 부여한 것이다.", "신이 이것을 명하셨다. 복종해라! 너희 전율하는 자여! 이렇다 저렇다 구차하게 말하지 마라. 너희들이 알 바 아니다."라고 폭언한 악당들을 조금도 벌하지 않았다. 이와 동시에 또 역시 용기 없게도 그 폭언에 전율하며 굴복했던 '어리석은 다수자'를 향해 "이 악당의 말을 경계하라."고 한마디 경고를 해주지 않았다.

자연은 언제라도 잠자코 바라보고만 있을 뿐이다. 언제나 자연은 세계의 도처에서 끊임없이 일어나고 있는 비열하고 잔혹한 약육강식의 비극을 뭔가 재미있는 연극이라도 구경하고 있듯이 잠자코 보고만 있다. 게다가 그뿐만이 아니다. 자연은 혹은 천재지변 혹은 질병으로 어디까지나 살려고 안달하고 있는 다수의 생물을 가차 없이 또는 한 번에 말살시키고 또는 점차로 멸하거나 또는 끊임없이 위협하고 있는 것이다. 자연은 저 로마의 마을에 불을 붙이고 하프를 켜면서 활활 타오르는 광경을 구경하는 네로처럼 잔인, 냉혹하다고 말해야 할 것이다.

나는 아무래도 자연의 대법칙에 순종할 수는 없다. 나는 반열하지 않고는 있을 수 없는 것이다. 복수하지 않고는 있을 수 없다.

다음으로는 신에 대해서 한마디 할 필요가 있다.

기독교도가 말하듯이 만물의 창조주인 신이 실재한다면, 그것은 결코 그들이 말하는 평등하고 은혜깊은 사랑의 신이 아니라 오히려 그와는 정반대로 가장 잔인하고 냉혹한 악마이다.

신은 가장 추악하고 어리석은 본성을 가진 인류들을 창조했다. 그래서 피조물인 인류사회의 도처에서 끊임없이 일어나고 있는 비열하고 잔혹한 약육강식의 대비극도 즐거운 듯이 잠자코 바라보고 있다. 아니, 그뿐만이 아니다. 신은 인류들이 벌이는 약육강식의 치열한 전투에서는 언제나 강자 측에 서 있다. 그리고 신이 스스로 강자에게 모든 죄악을 범하고 있다. 아, 얼마나 많은 죄악이 신성한 사랑의 신이라는 이름 아래 극히 정당하게 범해지고 있는 것인가!

예루살렘의 7일에 걸친 7만 명의 대학살도, 프랑스 성 바르톨로뮤의 3만 명의 학살도, 구라파 주 전체에 걸친 100년간의 대살인극도, 또 900만의 인명과 5,000억 엔의 비용을 희생시킨 전후 5,000년간에 걸친 세계적 대살인극도 모두 하늘에 계신 신성한 하나님의 이름으로 극히 공명정대하게 이루어진, 과연 성서에는 신의 가르침으로서 인류에 의한 인류의 정복과 지배, 곧 인류에 의한 인류의 약육강식을 금지시키고 인류 상호의 자기양보를 권하고는 있다.

예를 들면, "너의 적을 사랑하라! 악에 대적하는 일은 하지 말라! 남이 오른쪽 뺨을 때리면 왼쪽 뺨을 내밀어라. 남이 1리를 가라고 강제하면 2리를 가 주어라. 남에게 뭔가를 바라는 자에게는 주고, 빌리고자 하는 자를 거부하지 말라."고 하듯이.

그러나 그것은 모두 거짓말이다. 그것은 신의 참된 의지가 아니며, 또 가령 그것이 진실로 신의 의지라고 해도 아마 그것은 인류 전체에 부과된 것이 아니고 약자에게만 부과된 굴복의 형률이다. 적어도 실제로 이런 형률이 강자를 위해, 약자의 심장을 약하게 하는 데 충분히 도움이 되는 것만은 확실하다.

이런 의미로 저 마르크스가 "종교는 하나의 아편이다."라고 한 것은 정말 맞는 말이라고 하지 않을 수 없다. 또 매우 기이한 일로는 성서 그것조차도 소위 신의 가르침과 정반대의 입장에 있어야 할 약육강식의 원리에 의해 완성돼 있지 않은가.

이렇게 신은 피조물인 인류를 끊임없이 우롱하면서 가차 없이 차례로 멸망시켜가는 것이다. 그러나 똑같이 멸망당한다고 해도 강자로서 만들어진 자는 신에 우롱당하고 멸망당해가기까지의 사이에 약자를 그 희생으로 해서 마음껏 좋은 생활도 누려볼 수 있으므로 괜찮지만, 언제나 희생당하고만 있어야 하는 자로서 만들어진 자야말로 실로 꼴 좋다고 말하지 않을 수 없다.

혹은 "이 세상의 고통은 모두 신이 내려준 시련이다. 신의 시련에 잘 견뎌라! 그리고 어떠한 경우에도 신의 섭리를 믿어라! 신은 언제나 선에는 행복을, 악에는 고통을 줄 것을 잊지는 않는다. 설령 그것이 이 세상에서는 충분히 이루어지지 않는다고 해도 다음 세상에서는 완전히 역전이 될 것이다."
라고 말할지도 모른다.

그러나 신이여! 나는 생각한다. 당신은 시련을 내리는 방법을 전혀 모른다. 인류가 이와 같이 황당무계한 섭리를, 저 세상의 배분적 정의를 믿기에는 너무나 현실적으로 만들어져 있는 것이다. 만일 당신이 그것을 해결할 수 없다면 당신은 바보다.

혹은, 또 신은 최초 인류를 창조할 때는 평등하고 은혜 깊은 전지전능한 신이었을지도 모르지만 인류를 창조하고 나서 갑자기 가장 잔인, 냉혹한 악마로 변모되었는지, 또는 자기가 만들어놓은 피조물 간에 비열하고 잔혹하게 서로 속이고 서로 죽이는 비극이 연출되고 있는 것을 보고도 어떻게도 해줄 수 없을 만큼 무지 무능한 목각인형으로 변했는지는 모르겠다. 그러나 여하간 이와 같은 신에 대해서 순종할 수는 없다. 내 심장의 피는 그 한 방울마다 신을 큰 소리로 부르고 저주하지 않을 수 없다. 나는 신에게 등을 돌린다. 그리하여 한없이 반역하는 것이다. 복수하는 것이다.

그리고 나는 너희들의 증오에 사랑을 가지고 보답할 만큼 천진난만하지는 않다. 이는 너희들의 이기심에 대해 자기 양보를 할 정도로 미친 사람은 아니다. 또 나는 너희들의 폭행에 무저항으로 보답할 만큼 선량하지도 않다. 그것은 모두 추악한 위선이다. 이와 같이 비굴한 태도는 용서받지 못할 너희들의 죄악을 묵인하고, 그리고 그에 대해 암흑의 조력을 주는 셈이 된다. 나는 그런 일은 하지 않겠다.

오키나와의 허브(살무사의 일종 - 지은이)에 물리면 그 독은 단지 허브의 혈청, 그것에 의해서만 제거할 수 있다고 한다. 독은 어디까지나 독으로 제거하지 않으면 안 되는 것이다. 그 때문에 나는 너희들의 무기를 그대로 역용하고자 한다.

멸하라! 모든 것을 멸하라!
불을 붙여라! 폭탄을 날려라!

독을 퍼뜨려라! 기요틴을 설치하라! 정부에, 의회에, 감옥에, 공장에, 인간시장에, 사원에, 교회에, 학교에, 마을에, 거리에……

모든 것을 멸할 것이다. 붉은 피로써 가장 추악하고 어리석은 인류에 의해 더럽혀진 세계를 깨끗이 씻을 것이다.

그리고 나 자신도 죽어갈 것이다. 거기에 참된 자유가 있고, 평등이 있고, 평화가 있다. 참으로 선량하고 아름다운 허무의 세계가 있는 것이다.

아! 가장 추악하고 어리석은 모든 인류여!

모든 죄악의 원천이여! 바라건대, 너희들 자신의 멸망을 위해 행복 있으라! 허무를 위해 축복 있으라!

1924년 12월 3일

부록 2 - 『신조선혁명론』 발췌

박열은 석방되어 일본에 체류하고 있던 1948년 『신조선혁명론』이란 책을 썼다. 이 것이 그의 유일한 저서라고 할 수 있다. 오랜 수감생활 중 많은 독서와 사색으로 그 의 사상은 어느 한 방면에 머무르지 않고 사상·정치·경제·문화·교육 등 전반에 걸쳐 탁월한 식견을 가지고 있었다.

이 책은 '사상입국' '건국의 지표' '청년과 민족의 운명' '생활혁명운동의 전개' 등 4 장과 부록으로 엮어져 있다. 제1장을 보면 '세계는 하나'라는 명제 아래 민주주의 와 공산주의의 화합을 주장하며 동시에 우리 민족 고유의 창조사관을 갖자고 주장 한다. 창조사관은 유심사관과 유물사관 그 어느 한편으로도 치우치지 않는, 두 부 분을 상호 보완하여 수용하자는 민족주의사관이다. 제2장에서 박열은 "스스로 싸 워서 얻은 독립이 아니라 주어진 독립이라고 볼 때, 우리는 독립 완성을 위해서 앞 으로 다년간에 걸친 인고를 각오하지 않으면 안 된다."고 역설하면서 '통일전선' 구 축을 역설한다.

제3장에서는 '입국의 지주로서의 청년'의 역할을 강조하면서 "청년의 문화수준을 높이고 국내의 민족적 활동이 활발하게 전개되는 새로운 조선에 알맞은 모태를 이 룩해야만 한다."라고 주장했다. 제4장에서 박열은 "나는 독립의 공식과 그 원천을 무시하는 것을 단호히 부정한다. 어디까지나 공식과 원칙을 고집하고 독립 완성을 위해 계속 싸울 것이다."라고 자신의 결연한 각오를 밝히고 있다.

부록 '3천만 동포 모두에게 죄가 있다'는 글에서 '민족반역자나 반동분자로 낙인찍 혀 있는 사람들'에게 "이제야말로 주저함이 없이 자신의 과거의 죄과를 깨끗이 청 산하고 새로운 생활에 들어서서 우리들의 역사적 대과업인 민족해방전선에 기꺼 이 참여해야 할 것이다. 그렇게 함으로써 조선 민족의 영광은 영원토록 계속되고 민족의 유구한 대의는 찬란하게 빛날 것이다."라고 강조했다. - 지은이

다음은 이 책의 제1장과 제2장이다.

제1장 사상입국(思想立國)

제1절 세계는 하나

'세계는 하나'라는 것은 아주 많은 문제를 내포하고 있다. 세상에서 일반적으로 사용되고 있는 이 말의 뜻과 내용도 여러 가지 입장에서 여러 가지로 구분되어 사용되고 있는 듯하다.

한두 가지 그 예를 들면 다음과 같다.

1. 이른바 현재 세계에는 2가지, 민주주의 국가 즉 미국·영국·프랑스 등의 열국(列國)과 또 하나 공산주의 국가인 소비에트의 권내(圈內) 세력 국가가 있어서 2개의 강대세력을 이루고 있다. 표면상으로는 두 진영이 세계의 주류(主流)를 구성하고 있는 듯이 보이며, 언뜻 보기에 양자는 서로 용납치 않는 대립된 존재인 듯하나, 결국은 그 정책면이나 세력면에서도 하나로 귀일(歸一)하는 것이며, 서로간에 영원한 대립은 존재하지 않는다. 양자는 결국 하나의 교차점을 발견하게 된다. 이와 같이 하나로 귀일됨으로써 비로소 세계평화의 기조(基調)가 탄생한다는 관점에서 세계는 하나라는 경우.

2. 종래의 사관(史觀)에 따르면, 유물사관(唯物史觀) 내지 유심사관(唯心史觀)의 범주 안에 있어서만 사관이 성립되고 그중 어느 한 가지를 선택하는 일이 요구되고 있었다. 근세에 있어서는 그 양자 중의 하나이면서도 그중의 어느 것도 아닌 하나의 입장, 즉 창조사관(創造史觀)이라 할 수 있을지는 모르겠으나, 두 사관을 전적으로 부정하는 것이 아니라, 두 사관의 결합 위에 양자를 초월하여 면면히 흐르는 그 흐름을 파악하여 생명관(生命觀)을 하나로 보는 경우.

또한 기타의 경우도 있겠으나 여러 경우에 '세계는 하나'라고 주장되어 논의의 대상이 되고 있는 듯하다. 그 어느 경우에도 나는 논의를 좋아하지 않으므로, 현실의 문제부터 구명해가고자 한다. 세계에 두 체제가 있다면 그중

하나가 절대적인 승리자가 되지 않는 한, 세계전쟁은 근절되지 않는다. 만약 이 투쟁을 오래 끌면 끌수록 세계는 고뇌로 충만하게 된다.

세계대전은 너무나도 명백하게 이 세계의 고뇌를 가르쳐주고 있지 않은가! 그렇다면 이제 조선 민족의 현실에 입각하여, 세계는 하나라는 세계관을 어떻게 인식해야만 하는가. 바로 여기에 문제가 있다.

현실적으로 보아서 세계는 어쨌든 2개의 세계로 나누어져 있다. 말할 나위도 없이 민주주의 국가와 공산주의 국가가 그것이다. 전자는 미국에 의해서 대표되고 후자는 소련에 의해서 대표되어, 이번 세계대전에 있어서도 양국의 완전한 제휴가 파쇼국가들을 일소하는 데 강력히 작용했다. 이 협력이 양국으로 하여금 한편은 민주주의 국가, 다른 한편은 공산주의 국가로서 명확히 2대 진영을 사상적으로 또한 세력권적으로 대립시키고 있는 느낌을 주고 있는 것이다.

이것에 대해서 입국(立國)의 사상 구명은 다음에 서술하기로 하고, 우선 언급해야 할 점은 미국은 자본주의를 내포하면서 어디까지나 자유와 평등의 원칙을 지키고, 민주주의를 표방하는 국가 중 물질문명이 가장 발달한 세계적 대표라는 것이다. 이것은 근대과학의 전반을 상징하고, 대량으로 부를 운영함으로써 물질만능에 가까운 황금시대를 창출했다. 분명히 전쟁에서 승리한 큰 원인이 물질의 풍부함에 있으며, B-29의 출현과 전파탐지기의 등장, 더 나아가서 원자폭탄의 출현에 의해서 미국은 대일전(對日戰)을 마무리지었다. 근대병기는 과학력에 상당한 자신감을 지녔던 일본 제국주의를 완전히 패배시켰다. 이것은 말할 나위 없이 자본주의의 승리며, 거기서 출발한 근대 물질문명의 승리였다고도 말할 수 있다.

이 점에 있어서는, 소련도 미국으로부터 차관을 얻고 병기도 공급받았다. 중국도 역시 미국과 영국의 차관을 받았으며 병기의 공급, 군비, 훈련에 이르기까지 미국식을 도입하지 않으면 안 되었던 것이다. 이런 뜻에서 미국은 세계 제일의 문명의 수혜자이며, 또한 '세계는 하나'라는 자신에 차 있을 수 있는 까닭이기도 하다.

한편 소련은 유물사관에 입각한 마르크스의 이론에서 출발하여 레닌의 혁명 완성을 거쳐서, 이제 자본주의의 죄악을 일소하고, 계급을 부정하며, 노동자 계급이 지배하는 공산주의를 실현하여 세계에 자랑하는 공산주의 국가로서 자타가 이를 인정하게 되었다. 특히 제2차 세계대전에 있어서는 파쇼 독일을 실력으로 괴멸시키고 서구에서의 패권을 확립하고, 세계를 양분하는 세력권을 확대시킨 것은 누구나 다 아는 사실이다. 소련은 극동의 대국이면서도 예부터 부동항만은 갖지 못했다. 이제는 서구에 발판을 구축하고 극동으로도 출로를 확보하고, 코민테른은 해소됐으나(코민테른은 레닌의 주도하에 1919년에 결성되어 각국의 민족해방운동을 지원, 1943년에 독소전쟁 발발로 해산됨), 세계의 적화혁명을 스스로 포기하지 않고 있다. 서구 각지는 물론 동양에 있어서도, 특히 중국에서 공산주의 세력이 직접적으로 소련의 비호를 받고 있느냐의 여부는 차치하고라도 소련으로부터 사상적인 영향을 많이 받고 있는 점은 인정해야 할 것이다.

이 양대 세력은 모름지기 전 세계를 양분하고 대립해 있다. 지금 세계에 전쟁의 위기가 감돌고 있다면, 그것은 양국의 대립 격화에 기인한 것이라고 말할 수 있다. 또한 오늘날 세계의 어떤 나라일지도 미·소 양국 중 어느 한쪽의 지원 없이는 어떤 일을 도모할 수 없는 것이 엄연한 현실이다. 분명히 이 양대 강국은 사상적으로 세계를 양분하고 있다. 이와 같은 양분과 대립이 세계의 위협인 것이다. 그 어느 한쪽의 지원과 비호 없이는 국가의 독립마저도 불가능하다. 이러한 대립을 어떻게 해서든지 하나로 귀일시켜서, 세계평화를 실현시키기를 바란다. 세계에 공통된 위협을 불식코자 하는 것이 바로 세계의 희망이다.

이것은 생생한 현실의 희망이기도 하다.

여기에 그 하나의 현상을 제시하는 것은 간단하지만, 문제는 헤아릴 수 없이 많다. 예를 들면 작년에 파운드 전(前) 미국 장관이 미·소의 대립을 해소시키고 그렇게 함으로써 세계평화에의 길을 열자고 염원하며 발표한 성명 속'에서, "미국은 소련에게 부당한 양보를 구하지 않는다. 장래에도 모든 세계의 현안에 대해서 소련에게 양해를 얻으려고 노력하고, 앞으로도 이것을 계속할 것이다. 양해란 상호간의 상이점을 조정하는 일이며, 한쪽이 상대방의 자의적인 의지에 굴복하는 것은 아니다. 또한 일부에서는 미·소 전쟁이 불가피하다는 설도 있으나 전혀 사실무근이다. 오히려 이러한 견해야말로 유럽의 경제 부흥을 방해하고 있을 뿐만 아니라, 여러 국가간 및 국내적인 인위적 긴장의 원인이 되고 있다. 소련은 이제 완전한 '부국(富國)'이며 전쟁에 의한 발트 3국은 물론, 폴란드·핀란드 등도 소련에 대해 유리한 조약의 체결이 가능하고 기타 극동에서도 소련 영역은 확대되었다. 일부에서는 미국의 극동정책을 주목하여 소련에 대한 포위로 보는 자가 있는 것은 유감스런 일이나, 스탈린 서기장 자신이 소련은 포위의 위험 하에 있지 않다고 언명하고 있다."라고 서술하면서 반소 블럭은 세계의 어느 곳에도 존재하지 않는다고 역설하고, 마지막으로 어디까지나 대소(對蘇) 현안의 조정에 진력한다는 것을 지적하고 있다.

이러한 말도 명확히 '세계는 하나'라는 세계관을 기초로, 이 현안이 해결되어야만 세계평화가 실현된다고 보는 견해다.

이와 같은 점은 소련에서도 마찬가지다. 제2차 세계대전에 의한 전화(戰禍)는 전승국과 패전국에 공통된 고뇌다. 소련이 재건을 위해서 대미(對美) 차관을 필요로 하는 것도, 중국이 전쟁에 승리하고서도 내란을 완전히 평정하지 못한 것도 또한 세계의 고민의 하나다.

이리하여 먼저 해결해야 할 과제를 제시한다.

1. 미국과 소련이 하나의 세계관에 의해서 세계평화에 공헌하는 일.

1. 각국의 국내에 존재하는 우익 자본주의와 좌익 사회주의·공산주의의 상극이 서로 합일점을 발견하여 하나의 국가로서 통괄되는 일.

1. 이른바 서구문명과 동양문명이 독자적인 존재방식을 올바르게 자존시킴

으로써 양 문명의 장점이 육성되어 서로 진·선·미를 함양하여 하나로 합쳐야만 하는 일.

1. 사관에 있어서는 유심사관이나 유물사관에서 새로운 창조사관적인 것이 지고의 철리(哲理)로서 명백히 확립되어야만 한다는 일.

이와 같은 제반문제가 제기되고 그것은 모두 하나의 치열한 염원, 즉 '세계는 하나'여야 한다는 인류애로까지 고양된 염원이다.

나는 이렇게 주장하는 바다.

세계가 영구히 2개로 분립되어 있으면, 이 분립은 서로 화합하는 일이 없다. 하나로 합치면 구원되나, 그렇지 않으면 영원히 분열된다. 대립의 근본을 살피면 현실적으로 당면한 각종 문제가 있으나, 세계평화의 관점에서 모든 국가가 그 일을 구명하면 양대 문명과 문화를 하나로 고양하는 일뿐이다. 이것은 하나의 문명, 지금 대립되는 미·소 문명을 모두 부정하는 것은 결코 아니다. 당연히 존재해야 하는 2대 문명의 요소의 전적인 긍정 위에 서서, 제3의 세계질서를 창조하는 일이다. 이러한 새로운 제3의 세계질서는 오로지 조화를 뜻하는 것이며, 세계평화의 근본적인 원리·사상임은 재론의 여지가 없다.

나는 이 제3의 질서, 즉 조선 건국의 사상적 기반은 바로 여기에 있다고 확신한다. 우리는 이러한 사상을 근간으로 삼음으로써만이 협소한 국토에 3천만의 인구가 있는, 문화적인 자질이 아직은 조금 낮을지는 몰라도 세계가 모두 승인한 조선이 완전한 독립을 달성할 수 있으리라 믿는 것이다.

이 사상은 지금 당장은 이해되지 않을지도 모른다. 그러나 이 건국의 철리야말로 누구에게도 지배받지 않고 의존하지 않는, 그리고 완전한 조선 독립을 가능케 하는 사상이라고 확신한다.

보다 더 구체적으로 말하면, 2개 중의 어느 것이라도 좋다는 식은 아니다. 그중의 하나여야만 한다는 것도 아니다. 건국의 사상은 이 2가지를 넘어선 제3의 질서, 즉 조선 민족의 역사와 민족 본연의 전통, 습관, 민족성을 배경으로 하여 조선 민족의 새로운 질서를 창출하는 일이다. 물론 건국의 도정은 험준하므로 그 과정에 있어서 미·소 양국에 대해서 여러 가지 희망도, 요구도, 청원도 있을 것이고 어느 때에는 항의도 있을 것이다. 그러나 그러한 사실을 통해서 우리는 조선 민족의 민족적인 본성을 올바르게 살려나가야만 한다. 이렇게 함으로써만 조선 민족은 독립을 완성하고, 그 완성된 독립으로써 세계평화에 공헌할 수 있는 것이다.

만약 그 반대로 우리 민족이 확고한 건국사상을 견지하지 못하고 눈앞의 이익에 끌려서 경솔하게 움직인다면, 조선이야말로 세계전쟁의 발발지가 되지 않는다고 단언할 수 없다. 이리하여 독립은 결코 세계평화에 공헌할 수 없게 된다. 독립의 의의는 독립에 의해서 민족 자체가 자유롭고 행복한 생활을 영위하며, 세계적 지위에 있어서는 평등한 지위 그리고 인류의 평화에 이바지하여 세계문화에 공헌할 수 있어야만 하는 것이다.

세계가 하나가 되어야 한다는 것은 이러한 이유 때문이며, 조선 민족의 건국사상도 이런 뜻에서 '세계는 하나'라는 커다란 사상에 공헌할 수 있게 되는 것이다.

제2절 현실에 투철한 사상

우리는 새삼스럽게 본국의 혼돈스런 정세와 미약한 태도에 낙담하는 것은 아니다. 그것은 본국에 있는 현명한 지도자들과 이것을 지원하는 선량한 연합국에 위임하기로 한다. 아울러 일본에 재류하고 있는 우리들로서는, 이제 우리 스스로의 힘과 손에 의해서 자신을 다루어야 할 단계에 도달했다.

우리 주위에서는 과거 1년간을 통해서 정치적으로나 사상적으로 혹은 문화적으로도 다양한 단체가 난립하여 여러 가지 활동을 전개해왔다. 그리고 그 결과는 우리들 자신의 입장을 불리하게 이끌고 상호간의 결속을 분리시키며, 나아가서는 우리들이 희구하는 조국독립과 민족통일과 문화의 계몽에 전혀 공헌한 바도 없이, 헛되이 우리들의 당면문제인 민생 및 교육문제의 해결과 향상을 저해시켰을 뿐만 아니라, 국제간의 신의마저도 점차 실추시키고 있는 중대한 난관에 봉착했다.

이에 우리는 우리들의 외연(外延)인 주위의 정세를 겸허한 태도로 관찰하고, 우리 자신의 현실을 냉정한 입장에서 비판하고, 그럼으로써 본국의 일반적인 동향, 일본의 전면적인 태도 및 연합국의 공통적인 요구 등을 충분히 고찰하고, 국면의 타개책과 장래의 활동의 초석을 수립·형성시켜야만 할 것이다. 즉, 우리는 주의와 주장만 하는 정치에서 탈피하고 자신과 자당(自黨)만을 고집하는 굴레에서 벗어나서 대동단결에 의해서 넘치는 전력을 다하고, 집중된 모든 지혜로 새로운 전개를 꾀함으로써 민족의 영예와 조국의 영광을 영구히 보전하려고 하는 것이다.

이상은 재일조선거류민단 설립시 취지의 요지다.

외국에 거류하는 조선 민족으로서 당면한 조국의 독립과 민족통일을 눈앞에 두고 스스로 그 존재방식을 규정하고, 단결 또 단결하여 조국의 영광을 우리 자신의 두 어깨에 걸머져야 한다는 신념을 밝혔다.

물론 우리들이 본국으로 돌아간다면, 자연히 우리의 정치적 내지 당파적 의지도 생길 것이다. 그러나 조국의 독립과 민족의 통일·해방이라는 하나의 점에 있어서는 단연코 변함이 없을 것이다. 모든 것은 이를 위해 존재하고, 모든 싸움도 오로지 이것을 위해서만 필요하다.

그래서 우리가 언명할 수 있는 것에는 예를 들면 학문의 구명이 있다. 학문은 세계인류의 문명과 복지에 직·간접으로 작용할 것이나, 무엇보다도 먼저 조선 민족의 궐기에 도움이 되기를 바란다. 올바른 철리도, 치밀한 과학의 연구도 먼저 조선 민족이 당면하고 있는 문제에 쓰이기를 바란다.

또한 예를 들면, 각 정당·정파간의 투쟁이 있다. 정견과 식견을 달리하는 이상, 어디까지나 투쟁해야만 한다. 그러나 이 투쟁은 투쟁만을 구하는 이른바 '투쟁을 위한 투쟁'이 아니라, 민족통일과 조국독립의 한 목표를 지향하여 이것을 올바르고 신속히 구현하는 방법으로서의 투쟁이지 않으면 안 된다. 조국 없이 우리의 산하도 없다. 민족통일 없이 우리들의 영광은 있을 수 없다. 더욱이 이것은 상식일 뿐이며 그 누구도 이를 비난할 수 없다. 그럼에도 불구하고 이것이 구현되지 않고 있다. 그러므로 우리는 철두철미한 상식을 지니고, 우선 동맹체로서의 조직을 개선하여 거류민단의 형태를 취해 여기에서 재출발했다. 아마 식자들은 우리들이 지향하는 것이 가장 겸허한 자기반성에서 출발하여, 오로지 조국과 민족의 운명으로 이어지는 운동체가 되기를 염원하는 뜻을 인정할 것이다.

민족의 현실을 응시하라

나는 제2차 세계대전의 결과가 전 세계의 사상·정치·경제·문교·노동·무역 등의 모든 부문에 유례없는 커다란 영향을 미쳤다는 것을 상기하고 놀라움을 금치 못했다. 그것에는 2가지 점이 있다.

첫째, 전쟁은 창조의 어머니라고 불리고 있듯이 인류가 지난날 도저히 생각하지 못했던 정도의 커다란 창조를 이룩하고, 과학 분야에서나, 지정학적 분야에서나, 세계정치의 면에서나 아마 몇 세기를 거쳐 도달할 수 있는 것을 일약 수년간에 이룩하여 크나큰 사상의 비약과 문화의 약진을 완성한 일이다.

둘째, 전쟁의 참화가 너무나 엄청나고, 어떤 나라는 재기불능의 상태에 빠지고, 어떤 민족은 그것에 가까운 타격을 받았는가 하면, 전승국에 있어서도 국민생활의 곤궁, 생산력의 저하, 높은 물가, 그리고 사상 혼란, 사회질서의 문란, 도덕의 타락, 노동쟁의의 빈발 등 모든 바람직하지 못한 사태가 발생하여, 전쟁 이전의 화려했던 국가의 모습과 아름다운 형태를 재현하기까지는 상당한 곤란이 수반된다. 특히 패전국에 있어서는, 전채(戰債) 배상, 전범자의 처리, 이것에 따르는 국민사상의 분열 등이 잇따라 발생하고, 10년이나 20년의 세월로서도 재기할 수 없는 전 국민적인 고난이 닥쳐왔다. 더욱이 이 고난은 아무 죄가 없는 일반 국민의 어깨를 짓누르고, 국가에 대한 봉사가 미약했던 약삭빠른 소시민과 자본가들에게는 아직도 안주(安住)의 여지를 남겨두었다. 이것은 세계 공통의 현상이다.

조선은 제2차 세계대전의 종료에 의해서 독립의 영광을 얻어 일본 제국주의의 36년간의 지배에서 벗어났으나, 세계 각국의 전쟁에 있어서의 영향을 완전히 피할 수는 없다. 세계 공통의 현상대로 사상의 혼란도 크고, 정당·정파의 상극(相剋)도 격심하게 되었다. 더구나 경제입국의 구체적 방책을 취하지 못하고 있는데다가 38도선의 문제가 남아 있어서 정치면에서는 한층 곤란한 문제가 잠재하고, 여기에서 다시 새로운 문제가 파생하여 복잡한 정국을 나타내고 있다.

그 고통은 크고 독립에의 진통은 극심하다.

그 이유는 도대체 무엇일까?

민족의 의식수준에도 불구하고, 민족 전체의 일대 혁명이기 때문이다. 더욱이 세계의 대혁명을 배경으로 한 혁명이기 때문이다. 그 예를 정치의 한 국면에서 들면 세계는 전면적인 평화를 바라고 세계 민주주의의 방향으로 이행하고 있다. 조선도 이제부터 세계평화에 독자적으로 공헌하고자 하면 국내적인 민주정치를 완성해야만 한다. 그러나 근대조선에 민주주의를 탄생시킬 만한 소지가 존재했었던가. 근래 30년간에 있어서도 제국주의 치하에 있었던 우리 민족은, 세계사적인 근대를 갖지 못했다고 해도 과언은 아니다. 이 민족이 숙명적으로 세계 민주주의 국가의 일익이 되어, 그 완성을 스스로 이룩하지 않으면 안 될 것이다.

'무에서 유를 낳는다'라는 것은 바로 이것을 말하는 것이리라.

이러한 지극히 어려운 사태가 평이하고 원활하게 진행될 리는 없다. 당연히 혼란은 야기되고, 커다란 혁명 전야의 격동이 일어나는 것이다. 민족은 살려고 하는 강렬한 본능력을 지니고 있다. 그러나 그 본능력을 어떤 방향으로, 누구에 의해서, 그리고 어느 때에 발현시켜서 완성해 갈 것인가 하는 그 정확한 프로그램을 가질 수 없는 것이다. 그러므로 먼저 사상의 대혼란이 일어나고, 수습할 수 없는 사태가 잇따라 발생한다.

물론 이러한 사태는 바람직한 것은 아니다. 그러나 사물의 이치로 보면 일단 이러한 과정을 경과하지 않으면 안 되는 것이다. 탄생의 고통인 것이다.

왕정복고사상·무정부주의·공산주의·농민주의·노동자주의·도시상공주의 혹은 그 중간을 노리는 것 등 사상적으로나 계급적으로도 연구되지 않고 오늘날까지 지방에 있었던 세력이 한꺼번에 봄바람을 타고 다투는 것이다. 게다가 국제적인 사상관계도 반영되므로, 친미적 또는 친소적인 방향도 당연히 생긴다.

현재에 있어서는 이러한 정당·정파·문화·사상의 연구자, 실천단체 등이 전력을 다해서 밝혀야 할 것은 책임과 용기를 가지고 철저하게 연구해서 밝혀야만 한다. 어중간해서 어느 곳으로도 통용되는 듯한 기회주의적 사상 동향을 버리고, 온몸을 바쳐 연구의 길로 매진해야만 한다. 그럼으로써 길은 저절로 열리게 된다. 그와 같은 추구를 경솔하게 간과하거나 혹은 중도에서 타협하는 일이 있다면 끝내 민족은 구제될 수 없다. 그것은 혼란으로 하여금 더욱 더 혼란케만 할 뿐이다. 거기에서 반드시 민족 자체가 자기 수습의 길을 발견하게 된다고 믿는 바이다.

나는 이 신념을 전제로, 우리 민족이 즉각 조국독립과 통일을 바란다면 민족의 올바른 존재방식과 그 방향은 스스로 민족 자체의 손에 의해서 열국의 호의 있는 협력과 더불어 완전 독립이 가능하다고 믿는다. 더구나 이것은 결단코 가능케 하지 않으면 안 되는 것이다. 이를 가능케 하는 실력이야말로 우리 민족이 내포하고 있는 것이며 민족의 본능력이다.

이 점에 관해서 언급해야 할 것이 3가지가 있다.

첫째, 이 민족통일과 조국독립을 위해서 민족 전체의 힘이 집중되고, 민의가 그 기초로 되어야 한다는 점이다. 특히 인구의 9할을 점하는 농민의 의지가 이 혁명에 집중적으로 동원되어야 하는 것이다.

둘째, 철저한 구명은 어디까지나 현실에 입각하여 그 목적을 꾸준히 추구한다는 점이다. 탁상공론이나 소시민적 방관주의나 투쟁을 위해서 투쟁하는, 한 계급의 이익추구주의 내지는 개인의 이기주의로 타락해서는 안 되며, 높은 구국의 상념과 가장 현실적인 민족의 당면과제를 결코 망각해서는 안 된다.

셋째, 이상과 같은 사항을 위해서 계급투쟁도 지양되고, 정당·정파간의 주의·주장도 일단 구국의 큰 목적 앞에 통일될 것이나, 보수와 진보와의 싸움에는 휴전·타협·협조·제휴 등이 있을 수 없다는 점이다. 어디까지나 민족과 조국과 앞에 봉사해야 할 것이며, 결합하기 위해서 결합한다거나 적당하게 타협하는 일은 있을 수 없다. 따라서 휴전도 아니며 협조도 아니다. 그 본질을 조국과 민족의 운명에 두고 서로 구명해야 하며, 서로 보다 높은 것을 산출케 해야만 한다. 이러한 뜻의 마찰은 곧 전진이며 진보다.

이리하여 나는 주의·주장을 연구하기 위하여, 그것에 구애받지 말고 또한 그것에 홀리지 말라고 말하고 싶다. 모든 것은 조국과 민족의 운명에 연결되어 있지 않은가?

이 근본과제를 눈앞에 두고 충돌하면 사심이 생긴다. 겸허하게 자기 자신을 간직하고 올바르게 세계의 현실을 보고 공정하게 조국의 현실을 응시한다면, 세계에 자리 잡은 현재 조선의 지위가 어디에 있는지는 말하지 않더라도 명백한 것이다.

지금은 어디까지나 현실에 투철하며, 현실을 살피고 구명하여야 한다. 그러나 이것에 구애되어서는 안 된다.

제3절 공산당을 말한다

새로운 세계질서의 방향은 민주주의이며 국제주의다. 이것에 위치하는 동양의 조선 역시 당연히 그 일원임은 재론할 필요조차 없다.

이러한 세계정세를 배경으로, 조선 민족이 민주조선, 사회주의적 조선-그 과정으로서의 조국독립을 인식한다면, 민주주의라는 광범한, 그리고 깊이와 너른 폭을 가진 사상이 무엇인가를 엄밀히 연구하는 것도 또한 당연하다. 거기에서 사회주의의 구체적 내용에 대해서도, 더욱이 공산주의·무정부주의가 무엇인가에 대해서도 더 한층 연구해야 한다는 것은 당연한 이치다.

솔직히 말해서 이러한 연구와 구명이 없는 곳에 조선 독립의 안전한 조건은 구비되지 않는다. 왜냐하면 민주주의란 국민 자신이 자기의 책임과 권리·의무를 기반으로 삼고 스스로 민족정치를 행하는 일이기 때문에……. 만약 국민으로서 그러한 자각이 없이 일부의 전리(專利)적인 지도자에 의해서 지도되고, 그 지도력에 권력을 부여했을 때에는 파쇼 독일의 형태가 또 다시 등장하기 때문이다. 이런 이유로 해서, 우선 민족의 자주에의 자각이 생기면, 그것을 국민 자신의 것으로 파악하고, 조선 민족에 알맞은 민주주의가 훌륭하게 육성되는 것이다. 이러한 자각 없이 헛되이 어떤 나라의 사회주의나 또한 어떤 나라의 민주주의를 모방하여 이것을 조선에 적용시켜서 그것을 진정한 조선의 사상이라고 착각한다면, 그것은 단지 차용한 것이 되고 말 것이다.

그러한 의미에서 민주주의가 내포하는 것을 구체적으로 구명하고, 민족에 알맞은 민주주의를 창조하는 일이 참된 건국이념인 것이다. 이것 없이 노도와 같이 밀려드는 세계 민주주의로의 풍조에 무의식적으로 편승하여, 다만 정책적으로만 조선의 민주를 실현하려고 한다면 민족의 본능적인 강렬한 반발에 부딪치게 된다. 건국의 대과업에 주목하는 자는 그 진리를 파악해야만 한다.

그런 점에서 세계 각국의 선각자들이 건국을 위해서 어떻게 숭고한 피를 흘렸는가를 민족 자체가 체득해야 하며, 그 건국의 규범은 항시 넓고 높은 이념에 의해서 정화되고 그 세계적인 규모를 배경으로 삼은 것이어야만 한다.

"일찍이 마르크스의 변증법 응용철학은 이렇게 주장했고, 레닌은 이와 같이 말하고 있다……."라고 말하는 것은 이러한 의미에서 그 착각이 이만저만이 아니다. 그 시대에 그 민족에게 완전히 적합한 진리가 언제든지 존재한다고 믿는 착각은 배격되어야만 한다. 그것은 한 시대의 그 민족의 역사를 배경으로 볼 때 완전한 진리였음에는 틀림이 없으나, 그 진리가 영구불변의 것이며 우리 조선의 건국을 위해서 준비된 것같이 생각하는 것은 진리 그리고 사상을 동태적으로 파악하지 않고, 생피(生血)가 통하고 있는 것으로서 파악하지 않기 때문이다.

나는 앞서 말한 바와 같이, 우리 민족의 눈부신 발전의 전야(前夜)인 오늘날, 모든 동지들이 건국의 지표를 파악하기 위하여 분골쇄신의 노력을 바치고 있는 사실에 최대의 경의를 표하며, 또한 나 자신도 그러한 사람이 되도록 노력하고 있다.

그러나 현재의 폐단은 공식론이 많다는 점이다. 주의와 주장에 열의가 높다고 말할 수 있으나, 이미 공식론에 재촉받고 그것에 현혹되어 일종의 신앙적 경지에 빠져서 어떤 다른 사상을 받아들이지 않는다. 자기만이 올바르고 다른 사람은 아주 속악(俗惡)하다고 하는 풍토가 강하다. 나는 이것을 부정한다. 이러한 독단의 폐해는 다음과 같다.

1. 사상에 있어서 그 진보성이 완전히 상실된다.

2. 민족이 직면하고 있는 현실을 정확히 파악할 수 없다.

3. 따라서 통일성 있는 민족의 목적을 구현할 수 없으며, 사상의 기본인 자유가 자의적으로 변화되어 권리만 있고 의무와 책임을 갖지 않는 결과로 빠진다.

이러한 폐단은 공산주의자에게서 많이 나타난다. 공산주의자를 나쁘다고 생각하지는 않는다. 그 사상은 유물사관에 투철하고, 거기서 출발하여 계급을 강하게 인식하고, 계급투쟁을 통하여 이상 실현의 기회를 파악하려고 하는 사상이다. 나는 그것도 나쁘지 않다고 생각한다. 그러나 주의의 실현을 위한 방법은 오로지 이것 하나만은 아니다. 더욱이 건국의 지표를 설정하는 데에 있어서 계급성의 인식만이 그 전제가 아닌 것이다.

또한 그 조직력과 실행성에 있어서의 강인함과 예리함은 배울 바가 많다. 그러나 그 조직력이 배타적으로 작용하고, 그 실행성이 권력의 장악에만 집중될 때에는 공산당원이 아닌 자는 적으로 간주하여 배격한다. 그리하여 민족의 단결을 통해서 조국독립을 쟁취하려는 민족 본연의 요구를 부정해버리는 셈이다. 전선은 넓고, 현재 우리는 안으로나 밖으로 민족 전체로서 말해야 할 것과 행해야 할 일이 산적해 있다. 그러나 이것은 민족 전체의 단결을 통해서만 가능하다. 이런 시기에 있어서 하나의 사상과 이념 혹은 이상의 달성에 있어서 방법을 달리한다고 해서 전적으로 부정해버리고 스스로 민족의 단결을 깨는 일이 있다면 이는 하나는 알고 열을 모르는 자다. 주의와 사상을 알고, 이것을 민족의 것으로 발전시키는 일을 스스로 거부하는 것이다.

물론 조국독립, 민족통일이란 당면과제도 세계적 국제주의로 비약시켜야 하는 것이며, 나 역시 그 이치는 알고 있다. 그러나 먼저 조선이 독립되지 않고서 어떠한 힘으로 세계평화의 이상에 기여하려는가? 민족통일이 어중간하며, 스스로의 결속이나 독립마저도 불충분해서는 국제환경에 처해서 민족의 이상을 논할 수는 없다.

소련을 보라. 코민테른은 해소됐으나 아직도 그 실력을 세계에 과시하고 있는데, 그것은 혁명을 통해서 적색 소련 자체가 강해졌기 때문이다.

중국을 보라. 중국공산당은 결코 소련을 거론하지 않고 코민테른을 논하지 않는다. 그러나 대일항전 10년을 통해서 중국을 양분할 정도의 실력을 배양했고, 게다가 농민을 완전히 장악했다. 그것은 앞에 내건 '공산'이란 간판 때문이 아니라 바로 애국애족 때문이다. 중공은 민족의 애국운동에서 출발하고, 그 때문에 국부(國父) 쑨원 선생의 지도하에 국민당과 합작하고, 조국의 위기를 구하기 위해서 대일(對日) 전선에 협력하여 싸웠던 것이다. 그 결과 오늘의 실력을 갖추고 국민의 신망을 얻게 된 것이다.

나는 결코 소련을 배우라든지 중공을 배우고 모방하라는 따위의 시시한 말을 하고 있는 것이 아니다. 나는 조국의 위기 앞에서는 전 민족이 결속하는 길밖에 없다는 이치를 말하고 있는 것이다.

소련은 이렇게 해서 성공했다.

중공 역시 이렇게 해서 실력을 획득했다. 나는 그 결과를 말하지 않는다. 다만 이렇게 단결해서만이 조선의 새로운 활로가 발견된다는 이치를 거듭 되풀이하는 것이다.

물론 나는 상당한 기간에 걸쳐서, 민주조선을 완성하기 위한 계몽적·문화적 운동이 있어야 함을 알고 있다. 그렇기 때문에 민주의 내용은 철저히 분석되고 구체화되어 국민 전체에 의해서 되씹고 소화하는 그 과정에 있어서, 공산주의 사상도 당연히 지금보다 더 중요시되고, 실력을 지니게 될 것이다. 그러나 나는 실력을 가지면 가질수록, 보다 큰 민족을 포함하고 민족 전체의 지표가 되어야만 한다고 믿는다. 계급성의 문제와 조직력의 문제, 정치투쟁상의 문제도 앞으로 더욱 복잡한 것이 등장하게 될 것이다. 그때에 공산당원 내지 공산주의자가 넓은 시야를 민족 전체의 방향에 두고, 초계급적인 태도를 취하는 것이 필요하다고 믿는다. 건국의 이상을 확고히 파악하고, 그 목표의 측정을 그르치지 않는 것이 절대로 필요하다. 세계에서 차지하는 조선의 위치를 잃지 않는 것이 필요하다.

마지막으로 거듭 되풀이하지만, 나는 민족통일과 조국독립만을 고집하고 있는 자는 아니다. 단순한 민족주의를 주장하는 자도 아니다. 오히려 그 반대로 세계적으로 보아 '세계는 하나'가 되어야만 한다고 믿고 있다. 그럼에도 불구하고, 민족을 논하고 조국을 운운하는 까닭은 민족 발전상의 한 단계이기 때문이다. 한 인간이 성장하기 위해서는 소년기와 청년기를 거치지 않으면 안 된다. 그 과정을 무시한 이상은 몽상이 아닌가?

우리는 소승적인 선(善)을 구하지 않고 남이 주는 것을 바라지 않는다. 나는 대승적인 선을 구하며 타인이 자진해서 나에게 협력하는 것을 바라며, 연민이나 은혜에 관한 일을 바라지 않는 것이다.

제4절 죽어야 산다

나는 노인들처럼 자신의 경험담을 말하기를 즐기지는 않지만 한 가지만 얘기하고자 한다.

'인간은 살려는 것에 대한 집착이 강하면 강할수록 뜻밖의 병마에 시달려 그 목적을 달성할 수 없다. 반대로 죽고 싶다고 언제나 입버릇처럼 말하는 자는 죽지 않는다. 죽게 되지 않는 것이다. 오히려 죽음의 고통에 직면하면 죽을 각오를 한다. 각오가 서면, 죽거나 살거나 상관이 없게 된다. 그러므로 우리 의 삶 그 자체에 너무 연연해하지 말고 열심히 살아가면 되는 것이다. 문제 의 핵심은 사느냐 죽느냐 하는 문제에 투철하며 그것을 초월하는 일이다.'

옥중에서 나는 그렇게 생각했다. 그러므로 나는 생명이 있는 한, 매일 아침 냉수마찰을 하고 건강을 유지하려고 애썼다. 상식적으로 생각해서 나는 살아서 다시 사회인이 되리라고는 전혀 생각지도 않았다. 죽을 때까지 옥중에 서 지내리라고 생각했다. 명확한 삶에의 희망도 그것을 이루기에는 너무도 곤란한 조건하에 있었다. 일본의 법률이 그렇게 정하고 있었던 것이다.

그러나 나는 죽음을 바라지 않고, 또한 삶에도 집착하지 않고 주어진 시간 동안 살 각오를 하고 있었던 것이다. 생사의 한계를 초월하고 있었던 것이 다. 삶과 죽음의 양극단에서 빠져나와 있었던 것이다.

이리하여 나는 불가사의한 운명으로서 기적적으로 다시금 사회에서 생활할 수 있었다. 이러한 나 자신을 분석하면, 세상에서 말해지고 있는 유심론적인 삶이나, 유물론적인 삶이라고 하는 생명관 위에 서 있는 것은 아니다.

물론 나 자신도 인간인 이상, 23년여의 옥중생활 동안 머릿속에서 수없이 삶과 죽음을 문제로 삼았었다. 사형 언도를 받아 그날이 내일일지 모레일지 생사가 경각에 달려 있었다. 그동안에 생사 문제를 고민하고 번민도 했다.

살고 싶다는 생각이 들기도 했다. 또한 당장 죽어도 좋다고 생각하기도 했다. 그 두 가지의 생각을 기회 있을 때마다 곰곰 생각한 것도 사실이다.

그러나 이 2가지가 스스로 바란다고 해서 어떻게 되는 것이 아니라는 사실이 확실히 몸에 뱄고, 깨달아서 각오가 서게 되면 사는 것 이외에는 다른 길이 없는 것이다. 보다 훌륭하게 사는 것 이외에는 길이 없는 것이다. 유심이나 유물로 양분해서 삶을 분석하는 것이 아니라, 양자를 초월하고 양자에 투철한, 오직 하나의 강한 생명의 불태움만이 남는 것이다. 나는 이것을 창생(創生)의 원리라고 칭한다. 혹은 평범하게 창조의 원리라고 말해도 좋다.

다만 창생과 창조가 있을 뿐이며, 이것을 분석해 보아도 2가지 것은 나오지 않는다. 완전히 양자를 초월한 하나, 그 어느 부분을 갈라보아도 하나인 사는 길만이 있을 뿐이다.

나는 이 철리가 나 자신에 있어서 진실한 것인 한, 생사에 투철했던 나의 이웃과 친지와 벗들도 모두가 그렇다고 생각한다. 그리고 우리 민족이 그러하며 우리 민족의 운명관 역시 그렇다고 생각한다.

조국과 민족에는 여러 가지 고난이 있다. 난국(難局)도 있다. 그것은 피하려고 해도 피할 수 없으며, 고뇌하지 않으려 해도 그럴 수 없는 어려운 문제이다.

그렇다면 어떻게 할 것인가?

그것은 이 난관을 뚫고 나가는 일이다. 이 고난을 극복하고 돌파하는 일이다. 목숨을 내던지는 일이다. 삶도 죽음도 가릴 것이 없다. 살 수 있는 만큼 살고, 언제 죽어도 좋다는 각오를 정하는 일이다. 이리하여 조국도 민족도 반드시 그 생명의 원리를 창조하는 것이다.

이러한 점은 살아 있는 현실 상황에서 그 예를 찾아보아도 마찬가지다. 예를 들면 자본가와 대지주 계급 등은 그들 자신의 보수성 때문에 건국의 지표를 그 보수성에서 찾고, 가능한 한 보수성을 충분하고 여유 있는 것으로 간직하고 싶어 한다. 그러므로 모든 지혜를 모아 자본의 전의성을 주장한다. 그렇지 않으면 조국도 없고 민족은 멸망하므로 진심으로 그렇게 생각하고 행동할 것이다.

또는 그 반대로 근로자와 소작인과 시민계급은 그 계급성을 자가하고, 계급적 이해를 전면적으로 내세워 자본 및 그 속성을 전적으로 부정하고 오직 계급성 하나만을 주장하며, 그러한 뜻을 관철할 사회혁명을 주장할 것이다. 학대받은 자와 빼앗긴 자의 입장에서 바르게 살고, 정당한 보수를 받고, 사회복지를 평등하게 누려야 한다고 강경하게 주장하고, 그러한 뜻에서의 사회혁명이 건국의 주체이며, 이것을 애매모호하게 하거나 타협하게 되면 참된 혁명은 수행될 수 없다고 믿고 또한 그렇게 행동할 것이다.

나는 그 2가지 모두가 부분적으로는 옳다고 생각한다. 바로 그렇다고 믿는다. 따라서 나는 양자의 주장이 가장 올바르고 공평한 방식으로 싸우고 논쟁하여, 정정당당한 싸움을 통해서만이 조국과 민족의 운명도 역시 올바른 형태로 창출되고 성장도 달성된다고 생각한다.

그러나 여기서 간과할 수 없는 것은 무엇 때문에 양자가 서로 대립하는가 하는 문제이다. 즉 그 주체의 문제, 그 목표의 문제인 것이다. 물론 그 대답은 누구라 할지라도 똑같은, 상식적인, 너무나도 상식적인 것으로, 조국과 민족을 살려서 세계인류의 복지로 향하는 일이다. 그렇다고 하면 그 양자를 통해서 전체는 양자에 공통된 것이 아닌가? 방패를 양쪽에서 보고, 수레의 두 바퀴에 대해서, 그 한쪽만을 주장하고 있는 것이 아닌가?

나는 많은 말은 하지 않겠다. 현명한 독자는 이를 통찰할 것이다.

나는 이러한 전체, 그 전체를 통한 공통된 하나, 그 하나의 목표를 말하는 것이다. 그리고 그 하나의 목표를 어떠한 경우라도 놓치지 말라고 말하는 것이다.

조국을 완전히 독립시키고 민중을 통일시키는 것은 구체적으로 말하자면 정치에 있어서 민주주의를 확립하고, 중앙과 지방을 통해서 민치(民治) 조직을 확립하는 일이다. 각급 기관의 구성을 각각 민주적 선거를 통해서 완성하고, 기관 그 자체를 민주화하고, 각자가 민주적인 교양을 쌓고 민주적 운영에 위임하는 일이다. 또한 경제적으로는 민주적 국가경제와 재정의 확립, 즉 민주적 기업과 생산체를 기반으로 산업을 일으켜 생산하고, 또한 무역을 확대하여 국가재정을 확립하며, 국민을 풍요롭게 하여 생활을 안정시키고 또한 각 부서에 있어서 생산의 증강을 추진하도록 시책을 수립하는 일이다. 더나아가서 문교 분야에 있어서는 민족을 옳게 알고 세계를 인식시켜서 민족의 문화수준을 놓이고, 한 나라의 문화가 세계문화를 완전히 소화시킬 수 있도록, 그 기본인 아동교육 부문부터 새롭게 하는 일이다.

예를 들자면 끝이 없지만, 그 근간은 오직 하나, 조국독립과 민족통일의 완성을 향해서 각자가 자신의 자세를 정비하면서 나가는 일이다. 사회혁명은 일정한 시기에 갑자기 도약하는 것은 아니다. 이러한 민족부흥을 위한 노력의 하나하나가 참으로 혁명적으로 그 시책이 수립되어 전진하는 일이며, 그러한 전진의 누적이 곧 혁명 성취를 뜻하는 것이다.

이와 같이 본다면 조국을 일으키고 민족을 통일시키는 지표 앞에서는 자본의 자본주의성 – 이것만이 만능이라고 하는 사상 – 의 근본 토대는 완전히 상실되어야만 한다. 또한 사회혁명을 통해서 새로운 이념을 구현하기 위한 첫걸음인 계급성의 인식, 계급투쟁의 일변도, 근로자와 소작인만의 경제적 이익만을 기본으로 한 계급사회를 고려하는 사상도 함께 사상적 기반을 잃게 되는 것이다.

하나의 물건이 생산된다. 그 형태가 창조되고 거기서 물건의 용도가 생긴다. 곡물은 식량으로서, 기계와 기구는 각각 우리들의 생활을 편리하게 하는 것으로서 그 가치가 창출되고, 그 가치의 창조가 소중하게 되는 것이다. 그 물건은 식량이건, 기계이건, 비품이건, 문화용품이건 모두 우리들 일상생활의 필수품이 됨으로써, 우리들이 이를 사용하게 되고, 그것 자체가 편리하고 필수불가결한 물건이 되어 그 가치를 낳는 것이다. 우리는 그 가치에 돈을 지불하고 그 가치를 귀중한 것으로 여기는 것이다. 그러므로 자본이건, 노동력 그 자체이건 그 하나하나가 여기에 존재했다고 할지라도, 그것 자체는 무가치한 것이다. 그것이 악용되면 나쁜 가치를 낳고 사회·국가·민족·인류에 해독을 끼치게 된다. 그것 자체는 모두 무가치하지만 그것이 효과 있게 작용하여, 즉 활동하고 일하여 쓸모 있는 물건을 생산했을 때, 그 물건의 가치는 결과적으로 귀중한 것이 된다. 즉, 우리들이 생활을 영위하는 데 없어서는 안 되는 것으로서 그 가치를 창출하는 것이다. 우리가 문제시하는 것은 바로 그 가치인 것이다. 바꾸어 말하자면 우리는 창조된 그것 자체의 가치를 높이 평가하는 것이다.

여기서 명백해진 것은, 자본이나 노동력은 그대로의 존재로서는 무가치하며, 그것이 필수적이며 쓸모 있는 것을 생산했을 때에 또한 생산하는 까닭에 높이 평가되는 것이다. 그러므로 어느 한편에 치우쳐서, 그쪽만을 주장하고 목적을 잃었을 경우에는 높이 평가될 것이 전혀 없는 것이다.

조국 독립을 획득하고, 민족해방을 얻고, 자유와 평등의 세계가 열리고, 인권이 존중되며, 올바른 생산력의 주체로서의 근로의 가치가 높이 평가되는 것은 지극히 당연한 일이다. 오늘날까지 근로자와 소작인이 일종의 노예적 존재였다는 점은 불합리하다. 그 가치는 높이 평가받아야 마땅하다. 그러나 올바른 생산의 경우, 그것만을 주장하는 것은 당치도 않다. 자본과 토지의 경우, 그것이 일정한 개인에 의해서 점유되고 한 사람의 점유물이 되어 그 부가 한 개인에게 귀속되고 그 가치가 만인에게 유익한 것으로 작용하지 않는 경우, 물론 자본과 토지는 마땅히 있어야 할 올바른 위치에 자리를 잡지 못한 것이므로 이것은 만인의 복지를 위해서 해방되어야만 한다. 그것은 자본과 토지 그 자체를 죄악시 하는 것이 아니라 그 운영에 잘못이 있으며, 그 성과를 바르게 만인의 것, 사회복지 그 자체로 돌리지 않는 점에 잘못이 있는 것이다. 자본이나 토지는 희지도, 검지도 않은 무색이다. 그것에 대해서 우리는 백색을 필요로 하는 경우에 백색을 만들고, 흑색을 필요로 하는 경우에 흑색을 만들어 그것을 필요로 하는 사람의 요구에 맞게 사회복지에 이바지하게 하는 것이 바로 자본과 토지를 쓸모 있게 쓰는 것이다.

따라서 자본이나 토지 그 자체의 만능을 주장하는 것도 올바른 인식의 결여에서 나온다. 자본과 토지, 근로의 노동력, 운영, 기술 등이 모두 완전히 작용하여 유용한 것을 생산해 가치를 낳고, 그 개개의 것에 편집(偏執)하여 그것 자체의 올바름과 유효함과 가치만을 주장하는 것은 타당치 않다.

내가 사물을 인용하는 방법이 약간 엉뚱하고 비약적이기 때문에 의문이 생기고 이해되지 않는 점도 있을지 모르지만, 나는 먼저 개인으로서의 나의 생명으로부터 출발했다. 삶과 죽음과의 문제를 해결하고, 그 양자를 모두 온전하게 살리는 점에 생명으로서의 완전 연소가 있다고 말했다. 그것은 유심론이나 유물론 가운데 하나를 분석하여 사물을 보는 관점에서 출발하여, 이것을 일원론적으로 보고, 그 양자 위에 통일성 있는 하나의 창조의 생명과 창생이 있다고 말하고, 그 창생만이 참된 생명이라고 말했다.

또한 사물의 가치, 인간으로 말하자면 생명력은, 즉 생산수단인 자본과 토지 등은 그것 자체에 가치가 없고 더욱이 노동력이나 기술과 운영 등은 종합적이며 전적으로 유용한 생산을 이룩했을 때만 그 가치를 낳는다고 말했다. 이것은 반드시 나의 창조적 의견이라고 할 수는 없다. 그러나 나는 나 자신의 체험을 통해서 이것을 말하고 있는 것으로서, 어느 누구의 사상도 빌려서 말한 것은 아니다. 그러므로 오직 진실한 마음에서 나는 말한 것이다.

또한 조국과 민족의 통일에 있어서도, 그 과정에 있어서 성과를 얻으려고 하는 것이 자본과 토지라는 일방적인 것의 노력이나 기술, 운영이라는 또 다른 한편의 것만을 교대로 고집스럽게 몰두하여 양보하지 않는다면 그 조국과 민족이 당면한 목적을 달성할 수 없다고 말했다.

결론적으로 나의 생명관에서 대립하는 2개의 것은, 형태상 둘일지라도 그 본질은 하나라고 생각한다. 그 하나를 구현하기 위해서 2가지 것은 두 갈래로 투쟁하고 항쟁한다. 이와 같은 투쟁이나 항쟁은 그것 자체에 커다란 의미가 있는 것이며, 참된 모습인 하나의 목표를 놓치지 않는 한에 있어서는 옳다. 그러므로 단호히 올바르게 항쟁해야만 한다. 오직 이 항쟁을 통해서만 길은 열린다. 즉 창조이며, 조국과 민족의 통일이라는 이상이 달성되는 것이다. 문제는 그 이상을, 다시 말해 사물의 참된 모습인 기초적인 본질의 하나를 놓치지 말라고 말하는 것이다.

이 하나에 살고, 하나에 투철하고, 하나를 공동목표로 삼았을 때, 우리 조국은 반드시 완전히 독립한다. 우리 민족은 훌륭하게 통일된다. 또한 독립과 통일이 도래했을 때, 그 길은 자연히 민족을 초월해서 세계로 그리고 인류의 행복을 위해서 훌륭하게 공헌할 수 있는 것이다.

우리들의 이러한 길은 정확하다. 다만 올바르게 대지를 응시하고 올바르게 방향을 놓치지 않는 경우에, 우리 민족은 반드시 그 목적을 달성할 수가 있다. 반드시 할 수 있다. 나는 그것을 믿어 의심치 않는다. 민족에 대해서, 현 단계에 대해서 불만이 있고 말하고자 하는 것은 많이 있지만, 우리 조국과 민족이 반드시 이 커다란 이상을 달성하지 않으면 안 된다는 점을 나는 강하게 주장하고자 하는 것이다.

제2장 건국의 지표

제1절 독립은 형식이 아니다

제2차 세계대전의 종료와 더불어 우리 조선도 독립의 환희를 만끽할 수 있었다.

지난날 36년간의 일본 지배는 결코 짧은 세월은 아니다. 그동안 조국의 정치·경제·문교 심지어는 풍속과 습관에 이르기까지 일본 제국주의의 침해를 받아, 이른바 합병이란 미명 아래 통치되어 왔던 그 오욕으로 얼룩진 역사를 회고하면, 우리는 통분을 한시라도 잊을 수가 없다.

그러나 나는 과거를 반성함과 동시에 장차 우리가 어떻게 해야 할 것인가를 검토해야 한다고 생각한다.

첫째, 조선이 참된 대조선 민족으로서 오늘날의 독립을 스스로 일본 제국주의와 싸워서 얻은 것인가 하는 문제다.

물론 아니다.

일본 제국주의가 제2차 세계대전에서 완전히 패배한 그 여파로서, 세계 전승국의 올바른 판정이 조선을 독립시킨 것이다. 우리는 우리 자신을 바르고 완전하게 평가해야만 할 것이다. 우리 자존에 조금 불쾌감이 있어도 올바른 평가는 반드시 필요하다. 그러므로 이번 독립을 우리 민족의 우수성 혹은 노력의 결과라고 맹목적으로 단언해서는 안 된다. 물론 민족독립을 위해서 다년간에 걸쳐서 우국지사들이 목숨을 내던지고, 또한 자기 생애를 희생한 위대한 영웅적인 분투에 대해서는 이루 헤아릴 수 없이 깊은 감명을 받고 뜨거운 눈물을 금할 수 없으나, 독립의 공적을 현존하는 우리의 몫으로만 돌려서는 안 된다.

그래서 스스로 싸워서 얻은 독립이 아니라 주어진 독립이라고 볼 때, 우리는 독립 완성을 위해서 앞으로 다년간에 걸친 인고를 각오하지 않으면 안 된다. 즉 조국의 정치방식·경제입국책·교육시설에 이르기까지 모든 입국의 경륜을 우리들 스스로가 창조하고 우리 민족에 가장 적합한 독립의 방향을 설정해야 할 것이다. 그러기 위해서는 근세의 민족이 경험한 바가 없을 정도의 수련이 필요하다. 받아들일 준비도 없이 받아들인 독립의 환희는 환희 그것만으로는 달성될 수 없으며, 이것은 민족의 흥망을 걸 정도의 고된 시련이 요구되는 것이다.

우선 그러한 각오와 결단이 갖춰져야만 한다.

둘째, 어떻게 독립을 완성하는가 하는 입국의 구체적인 정책을 가져야만 한다.

우리는 입만 열면 38도선의 문제를 논한다. 물론 그래야 한다. 이 38도선이 해결되지 않는 한 입국의 대계(大計)도 세우기 힘들 것이다. 그러나 그 문제와 병행해서 우리 민족 스스로가 입국의 구체적인 제반조건을 명백히 인식하고 있어야만 한다. 세계 민주주의 국가의 일환으로서, 장차 동양의 한 모퉁이에서 세계의 항구적 평화에 공헌해야 할 운명을 지닌 조선 민족은, 우리들 자신의 실력에 의해서, 민족의 본성에 입각한 그 역사적 체험을 완전히 살린 방식에 의해서 독립 완성에의 노력을 시작하지 않으면 안 된다.

예를 들면 입국의 경제·재정의 조건이다.

아주 좁은 국토에서 3천여 만의 민족을 수용한다면 결코 밀도가 작다고는 말할 수 없다. 당연히 농지의 총체적 개혁, 즉 다수확주의·금비(金肥) 이용 및 경지정리 등을 포함한 토지의 개조, 더 나아가 토지제도에 관해서도 근본적인 개혁이 요구되고 대외적으로는 중·경공업의 진흥이 필요하며, 무역 면에서는 원자재의 수입 대신에 제품 내지는 반제품을 수출하는 방식을 취하고, 이에 따라 무역에 의한 경제정책, 공업진흥에 의한 경제정책이 당연히 채택되어야만 한다.

그렇다면 이것을 어디서부터 착수하고, 어떠한 규모로 시작해야 할 것인가? 경제입국의 정책 하나를 들어보더라도 중대한 현안이 산적해 있다.

우리는 이러한 문제들에 오늘 당장 착수하여 충분한 준비와 자신을 갖지 않으면 안 된다. 더욱이 정책 면과 교육 보급 면 등 전반적인 시책에 걸쳐서 이를 검토·연구를 추진한다는 것은 용이한 일이 아니다. 다만 착안만이 아니라, 진실로 민족의 역사를 알고, 그 습성을 알고, 혈맥의 흐름을 아는 우리 민족, 우리 핏줄만으로 조국 재건에 매진해야만 할 것이다.

요컨대 입국의 구체적인 문제에 대해서 우리는 민족 전체의 운명으로서 이것을 확립해야만 한다. 주어진 독립의 기회를 바로 우리들 자신의 것으로 견지하며 확립해야 할 것이다.

셋째, 이러한 커다란 목적 달성 이전에 우리는 민족의 약점을 보강해야만 한다. 예컨대 광범한 문화 면의 문제를 그 예로 들어도 좋다. 제2차 세계대전에 있어서 파쇼 독일과 이탈리아, 제국주의 일본은 완전히 패배했다. 이것은 사상 면에서 보면 파쇼의 패배이며, 민주주의의 승리이다. 구체적으로는 세계 공통의 사회주의의 승리이며, 침략주의의 패배이기도 하다. 더욱이 이를 동서 문명사에 입각해서 보면, 서구문화의 승리이며 동양문화의 패배이다. 이 사실은 우수한 군비와 조직과 훈련과 뛰어난 무기에 의한 패배이며, 이는 전승국인 중국조차도 시인할 것이다. 그렇다면 패배한 동양문화 중에 우리 조선문화도 포함시켜서 생각해야 할 것이다. 동서양의 문화 수준을 비교하면 분명히 동양문화는 뒤떨어져 있다. 바꾸어 말하면 원시적이고 가내 수공업적이며 미조직적이다. 문화 수준은 서구에 비해 비교가 되지 않을 정도로 낙후되어 있다.

이 점은 누구나 다 시인할 것이다. 그러므로 조선의 완전 독립을 기약하기 위해서 민족 전체로서의 문화 수준 향상의 시책이 가장 급히 요구될 것이다. 더욱이 세계대전도 세계평화 문화의 방향이 세계 민주주의 노선임은 두말할 나위도 없으나, 과연 조선 민족은 민주적 문화를 스스로 지니고 있는 것일까?

이 점은 지극히 의심스럽기만 하다. 여기서 서구문화에 대한 동양문화의 낙후성을 우리 민족의 종합적 역량에 의해서 만회한다는 구상 속에서 조선 독립의 완성을 꾀해야 할 것이다. 만약 이와 같이 수수하기만 하여 본질적인 문제를 경시한다면, 대조선 완성을 눈앞에 두고 식민지적 조선이 탄생될 수밖에 없다. 그렇게 되면 독립의 의의는 명백히 상실되고, 민족 자체로서도 장래 세계평화의 범주 밖에 위치하게 될 것이다.

넷째, 우리는 민족의 최대 약점인 단결력의 결여를 시정해야만 한다. 이것은 일종의 민족성이라고도 말할 수 있을 것이므로 하루아침에 어찌할 도리가 없지만, 문화수준 향상시책을 통해서, 또한 사회교육의 구체적인 공작을 통해서, 경제건설 작업의 구체화를 통해서 점차로 민족의 단결·강화에 힘을 쏟아야 할 것이다. 단결이란 외적에 대해서 대책을 강구하기 위한 것이 아니다. 또한 외적을 정해놓고 단결해야 하는 것도 아니다. 자기 민족의 보다 높은 문화와 보다 높은 생활과 보다 아름다운 민족의 긍지를 보전하기 위해서 민족은 항시 단결하여 스스로 부정(不淨)한 것과 옳지 못한 것을 말끔히 정화해야만 한다. 그렇게 함으로써만이 민족은 언제나 정화되고 향상이 기약된다. 단결이 없는 민족이 멸망하게 되는 것은 반드시 외적 때문이 아니다. 스스로 자신의 내부에 멸망케 하는 요소가 누적되어 안으로부터 그 지주를 잃게 되는 것이다. 이리하여 민족은 멸망하는 것이며, 내부의 지주란 바로 단결력을 뜻하는 것이다.

이 점은 모든 국가의 흥망사에도 명백한 사실이며, 대체로 개개의 실생활에 있어서도 각자가 풍부한 경험을 지니고 있을 것이다. 단결이란 어디까지나 협동을 뜻한다. 민족의 화합이다. 특히 현재와 같이 화합이 상실된 시대에 있어서는 우리가 이 점을 아무리 거듭 강조해도 지나치지 않다.

단결은 미(美)이며 정(正)이며 살아 있는 민족의 내면적 지주이다.

다섯째, 생활혁명이다. 한마디로 말해서 생활의 간소화이다.

현재 조선이 직면하고 있는 경제 위기는 오히려 일본의 그것보다도 더 심각하다고 말할 수 있다. 왜냐하면 생산기업이 일어나지 않기 때문이다. 원자재가 없기 때문이다. 이러한 명백한 현실을 눈앞에 두고, 조선 민족의 생활이 결코 높다는 것은 아니지만 적어도 보다 간소화되어도 좋을 것이다.

만약 그것이 불가능하다면 실생활에 소비되는 시간과 자료를 조선 독립의 완성 쪽으로 동원해야 할 것이다. 민족의 커다란 운명으로서, 이 독립을 완성시키느냐 못하느냐 하는 것은 민족 전체에 관한 문제이며, 우리 개개인의 두 어깨에 걸려 있는 절실한 문제이다. 이 점을 스스로 의식하지 않는 것은 자기 자신을 사랑하지 않기 때문이다. 자기를 사랑한다는 것은 일상생활을 행복하고 안락하게 지내는 일만은 아니다. 최악의 경우에는 자기 생활을 희생하고서라도 민족 전체가 사는 길에 헌신해야만 한다. 우리는 언제나 이와 같은 높은 이념에서 살 수는 없으나, 개개인의 행복을 영원한 것으로 삼고, 민족 전체의 문제로 삼기 위해서는 그 과정에서 자기 자신에 대한 커다란 발견이 있어야 한다. 그것은 스스로 향락에 빠지지 않는 일이리라.

즉, 개인의 생활에 있어서의 행복을 그 사회 속에서 발견하고, 그 사회는 민족 전체의 행복을 지향하여 구성되어야만 한다. 내 자신만 있고, 사회가 있음을 알지 못하는 개인생활은 근대인의 생활이 아니고 근대사회도 아니다. 우리는 그 생활에 내포되어 있는 사회를 발견하고, 사회 안에서 그 생활과 행복을 추구해야 할 것이다.

개인의 행복을 위한 행복 – 그와 같은 것이 오늘날 있다고 믿지는 않을 것이다.

경시되어 있는 개인생활의 혁명, 생활에 있어서의 사회의 발견은 앞서 말한 바와 같이 경제협동체제 속에 또한 문화 활동 속에서 강하게 주장되어야 할 문제다.

나는 일단 당면하는 시국에 처해서 이상의 5가지 점을 들었다. 이것을 개괄하면 "조선의 독립 문제는 다만 형식에 의해서만 이루어지는 것이 아니라, 조선인 하나하나가 독립국가의 일원으로서 충분한 소질을 갖추지 않으면 참된 뜻에서의 독립된 것이 아니다."는 점을 주장한 것이다.

물론 이밖에 지적해야 할 점도 많이 있으나 이와 같은 것들은 바로 헤아릴 수 없을 정도이다. 그러나 우리는 현재 형식상의 독립을 성급하게 추구하고 있지는 않은가? 물론 형식이 있어야 내용도 있는 법이니, 형식 역시 중요하다. 그러나 형식만이 있고 내용이 없다면 무슨 소용이 있겠는가?

양자는 함께 갖추어져야 한다. 그러나 현재 우리는 먼저 형식을 부여하고 있다. 이제부터는 그 내용을 충실케 해야 할 때이다. 더욱이 우리들 자신이 그 내용을 구체적으로 거듭 연구하고 있지 않다. 지금과 같은 추세로 나간다면 지금보다 나은 형태를 기대할 수 없으며, 또한 현재 이상의 내용도 얻기 어려울 것이다.

형태만으로는 그 의미를 성취할 수 없다. 독립이란 입국의 한 조건이지 그 내용은 아니다. 이 독립으로써 진실한 것을 만들고, 우리 민족의 것으로 만들기 위해서는 지금이야말로 총체적으로 독립국가의 구체적인 면까지 파고들어갈 것을 기대하는 바이다.

제2절 구체적인 건국의 입지 조건을 연구하라

자기 혼자서 올바른 생활을 견지하는 데에 있어서도 어떻게 할까, 어떻게 생활해야 할까라는 것은 커다란 고민거리다. 하물며 한 나라가 그 생계를 얻으면서 민족의 발전을 도모하려고 하는 것은 하루아침에 이루어질 수 없다.

그러나 문제는 긴박한 상태에 있다. 게다가 우리는 아무런 준비도 갖추어져 있지 않다. 그래서 대조선의 완전독립에 기여해야 할 기본적인 하나의 과제, 즉 건국의 입지조건을 구명해야 할 것에 대해서 한마디 언급하고자 한다.

즉 먼저 면적과 그 인구 비율인데, 만약 종래와 같이 원시적인 산업입국책이 채택되어 농업과 경공업 분야가 지극히 소박한 봉건적인 수공업을 택한다면 아무리 많은 국토가 있어도 부족하다. 그러나 장차 조선의 국토와 민족의 발전 방향을 예측하여 고도의 산업입국책을 채택하면, 3천만 국민이 생활하기에 충분한 국토이다.

요컨대 국토의 면적보다도 총체적인 조건, 즉 3천만 국민이 어떻게 높은 문화시설을 보유하고, 어떻게 전 민족의 협동 자존의 실력을 길러서, 국가 전체로서의 경영을 하느냐 하는 문제다. 다시 말해서 전 국민의 문화수준이 향상되고, 협동입국의 정신활동이 정부에 의해서 통일되고, 산업 전체가 그러한 협동체를 구현해간다면, 국토에 비해서 인구밀도는 크게 문제가 되지 않는다.

이 점에 있어서도 조선 민족의 높은 문화가 국민 전체의 문화적 교양으로 중요시된다.

이리하여 입국의 기본조건은 어쨌든 산업입국책에 의거하지 않으면 안 된다. 산업입국책에 있어서는 다음과 같은 방향을 택해야 한다.

1. 중·경공업 시설을 완비하고 원자재를 생산함과 동시에 그 부족한 부분에 대한 수입을 책정한다.

2. 농지제도를 개혁하고, 한편 대지주와 불로소득자를 일소함과 동시에 소작인을 감소시키고, 생산의욕을 고취시키기 위해서 자작농을 기본 농가로 삼는다. 그렇게 함으로써 토질 그 자체를 개조하여 다수확, 이모작에 이르기까지 누진시키고, 시비(施肥)에 대해서는 인공비료, 경지개조 및 수확 등에 있어서는 중간 정도의 기계화주의를 채택한다. 예를 들면 미국 등의 농가가 취하고 있는 고도의 기계화는 우리의 토지의 면적과 소유관계 등으로 봐서 그 실현이 곤란하다. 동양의 농가가 봉건성을 탈피하지 못한 결점은 솔직히 인정하지만, 거기서 파생되는 생산양식의 일부를 단번에 개량하는 것은 곤란하다. 그러므로 농업정책에 한해서는 결단성 있는 개혁을 점진적으로 시행함으로써 농민이 부담을 전혀 느끼게 하지 않고서, 토지 문제와 경작 및 시비의 문제, 나아가서는 무엇을 재배하고 무엇을 장려해야 하는가 하는 문제까지도 해결해야만 한다.

3. 지방행정제도는 근본적으로 개혁되어야만 한다. 중앙집권의 폐해가 다시 등장하면, 지방의 중소도시와 농어촌은 일본군·관벌의 발호에 대신해 조선인 관료층의 횡행에 의해서 봉건제도에서 탈피할 수 없게 된다. 이 지방제도를 근본적으로 개혁할 수 있다면, 조선독립 완성에의 길은 절반은 성취된 것이나 다름이 없을 정도로 이 문제는 실로 중대하다. 즉 철저한 지방자치가 실현되어야 한다. 최저변의 부락·면·읍의 구성에 이르기까지 철저하고 공정한 선거를 통해서 민주화가 취해지고, 민주정치에의 기반을 이 최저변의 말단 조직부터 경신할 것을 게을리 해서는 안 된다. 이것은 북조선에서 실시된 토지제도의 개혁과 아울러 고려되는 일이지만, 민주화의 기반이 최저변의 국민의 실생활 면에 두어지지 않으면, 표면적이고 기만적인 쇄신으로 끝날 것이며, 그것은 사회혁명과 정치혁명의 본질을 놓치고 일종의 변질된 변

혁으로 끝날 것이다. 그렇게 되지 않도록 하기 위해서는 이 최저변, 즉 말단 조직에 철저한 혁신을 단행하여, 조직과 구성과 인재에 이르기까지 새로운 출발을 할 필요가 있다. 물론 형식과 표면적인 것이 아니라, 어떠한 목적으로 어떤 방향으로 나아갈 것인가를 과제로 삼고, 즉 민주정치의 기반으로서의 촌락 자치제의 완성을 목표로 개혁되어야 할 것이다. 독립의 영예가 대외적인 의례(儀禮)가 되거나, 정치적·경제적인 상층부의 단순한 만족으로 끝나지 않게 하기 위해서, 또한 이것을 국민적·민족적인 것으로 하기 위해서, 독립에의 의욕이 국민의 총의로서 결집되도록 다스려지는 것이 중요하다. 이와 동시에 정치가 국민의 실생활과 직결되고, 국민의 의욕이 항시 그 정치에 반영되게 하기 위해서는 말단조직이 가장 민주화된 조직을 갖는 것이 시급하며 필요한 것이다. (이 문제에 관해서는 별항에서 다시 설명하기로 한다.)

4. 대·중도시에 있어서의 산업·금융 및 무역 등의 업자조합이 업자 자신의 창의를 기초로 하여 민주화되는 것은 당연하지만, 그것은 자본주의의 병폐를 허용하지 않기 때문에, 가장 합리적인 활동조직체여야만 한다. 경영 면에서는 노자(勞資)간의 협동에 의한 경영협의체에 의거해야 하며, 노동자와 사무원 및 금융의 각급 조합대표가 각 업종별로 조직되어 횡적으로 연합체를 갖는 것은 당연하다. 이 점에 대해서는 뒤에서 상세히 설명하겠지만, 자본의 만능성 또는 그 반대로 노동 계급의 계급 일변도의 편향은 조선의 산업입국의 근간에 반대되므로 어디까지나 이두 편향의 세계에서 탈피하여 산업입국의 지상명제인 민족 부흥의 관점에서 하나로 통합되어, 민족의 총력이 여기에 결집되도록 그리고 총력을 기초로 하여 조선의 산업적 발전이 대외적으로 계획되어야만 한다.

5. 산업입국의 기간조건으로서 기술자의 양성을 등한시해서도 안 된다. 하나는 보통교육의 면에서, 또 하나는 산업경영을 진행시키면서 실제 면에서 기술자(과학과 발명을 포함)의 자주적인 양성은 새로 시작해야만 한다.

이상은 내가 산업입국의 기초조건이 되어야 하는 점에 대해서 잠간 살펴본 것이지만, 물론 하나의 청사진에 불과하다. 더욱이 산업과는 별개의 부분에 속해야 할 지방행정의 개혁 문제까지 포함해서 간단히 그 허용된 일정 범위 안에서 설명했다. 이것은 충분하진 않지만, 입국의 기초를 어디에서 구하건, 이러한 정치문제가 되어야 할 지방자치의 문제를 등한시할 수는 없기 때문이다. 지방자치제가 스스로 독립 조선의 완성을 목표로 조직되고, 그것 자체가 능동적으로 목표를 향하여 활발하게 움직이지 않으면, 산업입국은 물론 어떠한 입국의 조건도 성립되지 않는 것이다.

우리는 언제까지나 이상을 꿈꾸며 바라보고 있을 수만은 없다. 독립의 기회인 이 순간을 파악하여 철저한 민중정치에 의한 민주산업을 기반으로 하여 입국의 기초를 견고히 해야만 할 것이다. 그렇기 때문에 이러한 문제도 역시 여기서 언급하지 않을 수 없는 것이다. 그것은 근본적으로는 한 산업이 자본과 노동력과 운영력 및 모든 기술의 총화로서 완전히 발달하는 것이며, 그점에 있어서는 노동가치설만이 만인의 행복을 가져온다고는 믿지 않기 때문이다. 그렇지만 조선 산업계의 현 단계에 있어서는 그러한 사고방식이 성숙되어 있지 않을뿐더러, 산업계의 조직에 대해서도 산업을 구성하는 제반 요소에 대한 검토조차 충분히 이루어지지 않고 있다. 그 결과, 산업으로 하여금 일국의 운영에 결부시켜서 생각하는 사고방식과 그 조직에 대해서는 전혀 언급함이 없이 자유기업 하에 이른바 부정업자가 횡행하고, 이것을 어떻게 할 도리가 없는 상태에 있다. 이런 상태로 이 복잡한 업계를 통제한다는 것은 지극히 어려운 작업으로 여겨진다. 그러나 나는 독립과 조선의 정치 세력이 한 방향으로 통합되는(민족을 구하고 국가를 구하는 재건운동으로서) 커다란 협력이 성공을 거두는 경우에는 반드시 이룩되리라고 확신한다.

만약 민족을 구하는 정치이념에 통합되어, 국민이 그 운동의 기초가 되어 활동하는 경우, 산업입국은 보다 구체적인 과제가 되고, 이 정치이념과 기반을 이룬다고 믿기 때문이다.

마지막으로 내가 말하고자 하는 것은 조선 민족의 진흥 과정에 있어서, 금후 어떠한 난국에 부딪친다 할지라도, 민족의 본 능력을 비하해서는 안 된다는 점이다.

모든 간난(艱難)은 그것 자체가 독립 완성에의 노력인 것이며, 추호도 완성의 목적을 포기시키지는 않는 것이다. 두려워해야 할 것은 자기비하이다. 겸허하게 협동정신을 불태우는 것은 독립 완성에의 대도(大道)지만, 자기와 자기 민족을 비하하는 방법은 저열한 허무주의 내지는 민족 재건에 분열을 꾀하는 악의적인 태도이다.

산업입국의 구체적인 구명은 오늘날 탁상공론에 의해서는 결코 만족되지 않는다. 보다 구체적인 그리고 사실에 입각하고 시대의 진운(進運)에 관련하여 연구를 총체적으로 추진하지 않으면 안 된다. 나는 현재 이것이 초미의 문제라고 믿기 때문에, 하나의 과제로서 제기하여 대상으로 삼고자 하는 것이다.

제3절 통일전선에의 방향

조국 독립의 과정에 있는 오늘날, 조국 전선이 통일되지 않는 것은 참으로 유감스러운 일이다. 이제 그 원인의 구명과 어떻게 전선 통일을 구체화해 나갈 것인가 하는 점에 대해서 말하고자 한다.

전선 불통일(不統一)을 초래하고 있는 원인은 뿌리가 깊다. 그 원인은 안팎의 양면에서 구명될 수 있다. 두말할 나위도 없이 대외적인 면은 38도선의 문제로, 세계대전의 종말기에 있어서 불가피한 사태로서 초래된 것이다. 이것은 미·소 양국이라기보다는 오히려 세계 전체의 새 질서의 과제로서 제기되어 결정되어야 할 문제이다. 이 근본 문제가 해결되지 않는 점에 조국 전선의 분열이 잉태되고, 그렇잖아도 분열과 혼란 상태에 있는 민족의 사상을 더욱 혼란케 하여 현실을 분열로 이끌고 있는 것이다.

문제의 전제로서, 이 해결은 절대적 역할을 다할 것이다.

그렇다 하더라도 반대로 이 문제를 민족 자체의 힘으로 적극적으로 해결할 수 없는 점에도 조국의 미약한 역량을 고려하지 않으면 안 된다. 이러한 절대적인 명제 앞에서 만약 총력을 경주할 수 있다면, 38도선 해결의 목표도 스스로 개척하지 않으면 안 된다. 물론 개척되기는 할 것이지만 이것을 추구하는 민족의 치열한 요청은 반드시 일원적으로 결속된 힘으로써 작용하지 않고 있다. 내부의 전선은 불통일한 상태이며, 그 수단과 방법에 있어서도 전적으로 긍정할 수 없는 점이 있다. 따라서 현실 면에서 판단하면, 외적인 원인도 역시 내적인 원인에 공통된다.

그래서 나는 당면한 미·소 양국에 대해서 신속한 해결점의 발견을 요청함과 동시에, 내적인 우리 조국의 전선도 하루빨리 통일해 그 목적을 하나로 하여 총력을 경주함으로써 독립에 알맞은 태세를 급속히 정비해야만 한다고 생각한다. 내적·외적인 원인은 표면상 둘이지만 문제는 하나다. 조국 해방의 목적을 달성하기 위해서 작용하는 2개의 힘이지만 근본적으로는 하나다. 이와 같은 이치를 분명히 명심하고 통일 전선의 의의가 얼마나 중대한가를 생각해야만 한다.

그렇다면 이 중대한 전선을 어떻게 하여 통일로 방향을 돌릴 것인가?

이것은 세계에 공통된, 현재 세계가 고민하고 있는 문제이다. 이러한 고뇌가 전 세계적이라는 것은, 대전 종결에 의한 세계의 새 질서가 형성 과정에 있기 때문이다. 유럽의 나라들도 같은 형편이며, 전승국인 중국 역시 마찬가지 상태. 즉, 양대 전선이 통일점을 발견하는 데 고심하고 있는 것은 세계대전의 종결이 가져온 일시적인 공통 현상인 것이다. 그러므로 빨리 이 혼란에서 벗어나서 하나의 새 질서를 신속히 발견하면 할수록 조국의 완전 독립도 그만큼 빨라질 것이다.

그 예로 중국을 들어보자.

항일전쟁 10년간에 있어서 국민당과 공산당은 외적을 앞에 두고 혼연일체가 되어 싸웠다. 그리하여 승리한 것이다. 중국의 새로운 질서는 이제부터 수립되는 것이다. 헌법을 제정하고 거국적으로 근대국가의 형태를 정비해야 한다는 문제가 대두되었다. 그래서 국민당은 솔선하여 이 문제를 해결하기 위해 거국적인 체제를 갖추려고 했다.

이것이 실패로 끝나고 양당은 완전히 분열되어, 그토록 열성적으로 국·공 합작에 노력했던 마셜 원수와 스튜어트 대사도 결국은 포기하고, 미국은 일단 중국에서 손을 뗀다는 성명마저 발표하기에 이르렀다. 그렇다면 중국이 완전히 거국(擧國) 체제를 취할 수 있었는가 하면 그렇지는 않다. 만약 중국의 분열이 미국의 개입으로 기인되었다고 하면, 미국이 손을 뗌으로써 중국은 거국 체제가 정비되었어야만 했을 것이다.

또한 양군(兩軍)의 군사력 문제가 있다. 한 나라에 2가지 계통을 가진 무력이 제멋대로 실력을 발휘하는 것이 허용되는가? 항일전쟁 때문에 점차로 강화된 양 군대는 그 모습 그대로 여전히 대치하고 있는 것이다. 이래서는 한 국가의 면모를 갖출 수 없다.

구체적인 문제를 논하려고 하면 끝도 없지만, 어쨌든 중국도 명백히 2개의 전선이 필사적인 항쟁으로 돌입하여 도저히 수습할 수 없는 상태가 되어버렸다.

그렇다면 이제부터는 어떻게 될 것인가? 만약 새로운 협상공작이 성공된다면 모르거니와, 그렇지 않다면 내란은 금후 10년이 지나도 수습되지 않을 것이다. 이러한 경우에 역시 폭동적이며 격발적인 대규모 내란이 도처에서 발발하여, 국민당측이 말하는 바와 같이 이를 단시일 내에 진압할 수 없다. 또한 그렇다고 해서 중국공산당측이 말하는 바와 같이 변두리에 근거지를 두고 중공세력권에서의 자위책도 가능하다고는 여겨지지 않는다.

더 나아가서 항일전쟁을 힘들게 승리로 종결지었으면서도 국민생활이 대단히 불안정하며 언제 내란의 위기에 봉착하고, 언제 경제적 혼란이 야기될지도 모르는 상태에서 한 국가의 생계는 어떻게 처리될 것인가?

만약 중국이 열국의 지원을 받는다고 할지라도 양분된 세력이 팽팽히 대치하고 있는 상황에서는 그 소망을 달성할 수 없다.

만약 중국이 자존·자위의 길을 걷는다고 할지라도 이것에 동조하지 않는 강대한 내부의 무력이 이를 반대하는 상황에서 그들의 목적 달성은 아주 의심스럽기만 한 것이다.

결론은 명백하다.

한 국가로서 강대케 하여 국민 전체의 복지를 보전하고 인류의 진보에 공헌하려면 당연히 내란과 대립을 종식시키고 힘을 하나로 결속시켜서 함께 그 방향을 규정해야만 한다. 양분된 세력을 그대로 지니면서 하나로 통일될 수는 없다. 이러한 이치는 이미 삼척동자도 다 아는 상식이다.

그리고 우리의 조국 전선 역시 바로 이것과 동일하다. 더욱이 중국과 같이 국토가 넓고 전승(戰勝)의 좋은 조건을 지니고 있다면, 아직도 우리 앞날에 어떠한 희망을 가질 수도 있으나, 우리 조국은 독립 그 자체가 문제의 과정에 놓여 있다. 분열도 때로는 진보의 역할을 맡을 수도 있지만, 지금은 통일 국가로서 독립을 희구하고 있는 시점에 있다. 이런 시점에서 이미 분열을 통일로 이끌지 못하면, 민족의 전도에 상당한 고난을 각오해야만 한다.

즉 공산당과 그 외의 세력으로 구성된 좌파가 정책상 먼저 근대국가로서의 면모 정비에 전력을 기울이고, 좌파 전선을 국민 전선으로 확대해야만 한다. 또한 계급적·대립적인 당의 존재를 민족의 앞날을 통찰한 민족 독립의 방향으로 전력을 쏟아야 할 것이다.

극우익인 보수 진영도 자체의 계급적 이익을 기초로 한 자본, 토지와 영예만을 기반으로 삼는, 민족 전체의 방향을 간과하는 태도를 버리지 않고서는 독립의 목적은 달성할 수 없다.

그러나 이것은 쉽사리 이룩되는 것은 아니다. 또한 나는 이것을 타협하라, 협력하라, 제휴하라고는 말하지 않는다.

예로부터 보아오건대 만약 가능하다 할지라도 이러한 제휴는 단순한 정략이며 일시적인 것이다. 거기에는 전체로서 창조해나가는 발전성이 없다. 부

착된 칼날은 언젠가는 떨어져나가고 만다. 따라서 나는 이러한 타협이나 협력이 아닌 문자 그대로 진실한 일체관(一體觀)을 어떻게 해서라도 전선의 지도자들 자신이 파악하지 않으면 소용이 없다고 믿는다.

이것을 구체적인 예를 들어 말하자면, 조선을 부흥시키는 하나의 문제는 생산을 일으키는 일이다. 이 생산에 대해서도 종전과 같은 자본과 노동의 대립관을 지양하고, 생산 그 자체의 가치에 모든 목적을 두는 일이다. 생산을 이룩하기 위해서는 공장마다 자본가나 노동자나 기술자도 모든 요소를 대표하는 사람들에 의해서 민주적이며 또한 완전한 경영협의회를 갖는 일이다. 이 협의회는 생산한다는 커다란 목적 앞에 각자의 특유한 능력을 완전히 발휘케 하고, 그 분배를 동일하게 해야 한다. 자본의 전능성(全能性)을 부정하고, 동시에 노동기술이란 각개의 생산요소의 전능성을 부정하고, 생산된 물건 그 자체의 가치를 높이 평가하는, 만약 있다고 하면 물건 그 자체에 전능성이 있는 것이다. 생산 과정에 있어서는 물론, 생산요소인 자본도, 노동력도, 기술도 그것 자체로서는 전능성을 갖지 못하고 서로의 조직으로서 전능성을 갖는 일이다.

이상은 한 예에 지나지 않지만, 농촌 경영의 경우도 마찬가지다. 생산된 물건에 가치가 부여되고, 도시에서의 생산품이 농촌의 생산품과 그 필요도에 따른 가치를 지니고, 농촌의 생산에 필요불가결한 용구가 도시에서 생산되고, 도시인의 식량 대금이 농촌을 자존케 할 만큼의 정당한 가격으로 지불되어야 마땅하다.

도시와 농촌의 일체화는 생산 부문에서 경제적으로 하나로 결합되는 조직을 필요로 한다. 그것은 도시의 공장에서 경영협의회가 완전히 운영되면 농촌의 경영도 동일한 취지에 입각한 조직을 통해서 도시와 농촌의 결합을 하나로 하는 것이다.

이들은 생산을 일으키는 일에 대한 하나의 구체적인 방안에 지나지 않지만, 그밖에 정치적 의견의 대립이나 경제시책의 분열, 국가기구에 대한 이론(異

論) 등…… 현실적으로는 다양한 문제가 현존하고 또한 내재하고 있으나, 그와 같은 여러 문제에 대해서 각 당·각 파는 제각기 식견을 갖는 것은 당연하다. 그러나 그 식견에 구애되어 전선을 분열시키고, 내적으로 더욱 더 분열의 정도를 짙게 하고, 그것이 원인이 되어 밖으로 그 분열의 증상이 노골적으로 나타나게 되면 독립의 발걸음은 더 한층 늦어진다. 그 결과 초래되어질 민족의 앞날은 어떻게 될 것인가?

경제적 자존을 할 수 없는 조선이 자존에의 노력도 기울이지 않고, 그 생산 체제도 완비되지 않은 동안에 타국으로부터의 경제적 지원을 받지 않으면 완전독립을 이룩하지 못하는 경우에 봉착했다면 어떻게 될 것인가? 조선의 경제산업 체제 그 자체가 독립 체제를 갖추지 못하게 되고, 드디어는 식민지적 조선으로 전락해버릴 수밖에 없는 것이다.

내가 가장 두려워하는 것은 전선의 분열 그 자체에 있는 것이 아니다. 분열이 원인이 되어 민족과 조국의 독립 그 자체가 상실되는 것을 가장 두려워하는 것이다. 현재 그러한 위기 국면에 직면하고 있는 나라는 조선만이 아니다. 그렇기 때문에 나는 세계의 현 정세를 넓게 주시하며 가장 빨리 전선 분열의 위기를 구출하려고 염원하고 있는 것이다.

통일 전선의 실현은 이미 이론이 아니라 상식이다. 문서상의 이론이 아니라 실행이다. 그 실행을 가능케 하는 것은 분열이 초래하는 조국의 앞날에 대해 철저한 성찰을 갖는 일이다.

거기에는 자연히 양자가 귀일하여 창조되는, 조국을 구원할 수 있는 길이 발견되리라고 믿는다.

부록 3 - 박열의 심문조서(총 21회) 주요 대목 발췌

제1회 심문조서(다이쇼 12년 10월 24일, 도쿄지방재판소)

피고인 : 박준식

[모두(冒頭) 생략]

1문 : 이름, 나이, 족칭, 직업은 무엇인가?

답 : 이름은 박준식, 나이는 25세, 족칭은 상민(평민), 직업은 잡지 발행인.

문 : 주소는?

답 : 도쿄 부 도요타마 군 요요하타초 요요기토미야(東京府 豊多摩郡 代代幡町 代代木富谷) 147번지.

문 : 본적은?

답 : 조선 경상북도 문경군 마성면 오천리 98번지.

문 : 출생지는?

답 : 위와 같다.

문 : 훈장, 종군기장, 연금, 공무원 연금을 받았거나 공직에 있었던 일은?

답 : 없었다.

문 : 형벌에 처해졌던 기억은?

답 : 없다.

문 : 피고는 본국의 말에 능통한가?

답 : 일본어는 잘 안다.

문 : 피고는 가네코 후미코와 동거하고 있는가?

답 : 그렇다. 작년 5월중 나는 가네코 후미코와 부부가 되었다.

문 : 호적에 들어 있는가?

답 : 호적에 들어 있지 않다.

문 : 피고는 불령사를 조직하고 있는가?

답 : 조직하고 있다.

문 : 언제 불령사를 조직했는가?

답 : 언제인지 잊었다. 나는 이제 아무것도 말하지 않기로 결심했다. 나는 충분히 이제까지 경시청의 관리나 검사에게 뭐든 다 말했다. 내가 반역적 사상을 가지고 있는 것이나 불령사를 조직한 일, 김중한에게 폭탄 입수를 의뢰한 것을 다 말했다.

경시청 관리는 그것을 두세 달 이전부터도 알고 있었다. 그런데도 그들은 영업적 심리로 그 후 지난 9월 3일 부랑죄라는 명의로 나를 체포하고 50일이나 구류하면서 아무런 적법한 조치도 취해주지 않았다. 나는 그것이 불만이다. 나는 조선에 태어나 이렇게 체포당해 있는 것만으로도 불행한 사람이다. 나는 이제까지 받아온 조치에 대해서 판사를 신용할 수 없다. 이제부터 앞으로는 아무것도 대답하지 않겠으니 좋을 대로 추측하라.

제2회 심문조서(다이쇼 12년 10월 24일 도쿄지방재판소)

피고인 : 박준식

(모두 생략)

1문 : 피고는 '박열'이라고도 부르는가?

답 : 그렇다. '박준식'이 본명이고 '박열'은 내 통칭이다.

제3회 심문조서(다이쇼 13년 1월 30일, 도쿄지방재판소)

피고인 : 박준식

(모두 생략)

1문 : 피고의 가족관계는 어떤가?

답 : 이 대답을 하기 전에 잠깐 말해두겠다. 지난번 나는 아무것도 말하지 않

고, 마음대로 아무렇게나 인정하라고 말해두었지만, 그 후 차츰 생각해보니, 내가 아무것도 말하지 않음으로 해서 동지에게 폐를 끼쳐서는 안 될 것 같다. 경찰에서도, 검사당국에서도 내 말을 존중한다고 했으므로 나는 불령사는 비밀결사가 아니라는 것을 잘 설명해주었는데, 그럼에도 불구하고 불령사를 비밀결사라고 해서 불령사 회원을 기소해버렸다. 경찰관이나 검사가 우리에게 그러한 복수적 태도를 취하므로 맘대로 하라고 하고 그 후 아무것도 말하지 않았지만, 지금도 말했듯이 내가 말하지 않음으로 해서 다른 회원 제군에게 폐를 끼쳐서는 안 되므로 이번에는 스스로 자진해서 여러 가지 일을 말하기로 결심했다.

나는 지금까지 일본 관헌의 신문에 대해서 소위 자백이라든가 진술이라든가 하는 것을 한 적이 없었다. 지금도 그런 일을 하는 것을 커다란 수치로 생각하고 있는 까닭에 이제부터 말하는 것도 자백이 아니라 회원 제군을 위해 말하는 것이라는 것을 잘 유념해주었으면 한다.

그러므로 나는 내 자신에 관한 것이라면 기억하고 있는 한 가장 충실하게 뭐든지 다 얘기하겠지만, 다른 사람에 관한 것은 아무것도 말하지 않을 것이니 그 이상 추궁해 묻지 말아달라. 하긴 일본의 관헌은 법률과 장부만 맞추면 책임을 다했다고 생각하고 자신들의 형편에 유리한 쪽으로 제멋대로 처분해버리니까 아무래도 상관없겠지만 말이다.

내 가족은 올해 육십이 좀 넘은 모친과, 다른 집에 시집가 있는 누이 하나와, 자택에서 농사를 짓고 있는 두 형이 있다. 부친은 내가 5살 때 병으로 돌아가셨다.

2문 : 피고의 가업은?

답 : 고향은 경부선 김천역에서 20리 정도 떨어진 한촌이다. 아버지는 매우 유복하게 사셨던 모양인데, 아버지가 돌아가신 후 무슨 사정에서인지 파산 상태에 이르고, 그 후 어려운 생활을 하고 있다는데 우리 집은 대대로 농업을 하고 있었던 모양이다.

3문 : 피고가 허무적 사상을 갖게 된 경위는?

답 : 나는 처음에 민족적 독립사상을 가지고 있었던 차에, 광의의 사회주의에 빠져들었고, 그 후 무정부주의로 변한 후 다시 현재의 허무주의사상을 갖게 되었지만, 지금도 민족적 독립사상을 내 마음속에서 떨쳐버릴 수 없다. 내가 그런 사상을 갖게 된 경위는 연혁적으로 말하자면, 우선 첫 번째는 학교에 가기 전 내가 8, 9세 때의 일이었다. 조선은 전통적으로 계급제도를 중시하고, 약자는 강자에 대해 절대복종 관계의 고전주의였다. 예를 들면 자식은 부모에 대해, 남동생·여동생은 형 누나에 대해, 어린 사람은 나이든 이에 대해 절대복종 관계에 있고, 특히 조선의 관습상 기혼자는 성인으로 대우받으므로 미혼의 연장자는 연하의 기혼자에 대해, 또 연장자의 하급 친족자는 연하의 상급 친족자에 대해 절대복종적 관계에 있었다.

또 조선에 있어서 조선 고유의 문자가 있는데도 불구하고, 한문을 진서(眞書)라 부르고 존중하며, 새 것을 배척하고 낡은 것을 존중하는 고전적인 이들의 절대복종적, 고전적인 것에 관해 나는 어린애이지만 회의를 품고 있었다.

두 번째로, 내 사상에 영향을 미친 것은 학교에 다니게 된 후의 환경이다. 조선인은 일본인을 왜놈이라고 부르며 모욕하고 무조건 일본인을 배척하였지만, 나는 일본인의 생활이 비교적 개화되어 있는 것을 보고, 일본인이 경영하는 학교에 들어가고 싶어져서, 데라고야(서당)에서 함창공립보통학교에 전학했다.

전학 당시 나는 일본의 교육방법이 얼마나 진보되어 있는가에 감탄하여 열심히 공부했다. 교사로부터 일본과 조선은 한 나라이며, 일본인과 조선인은 동포이며 평등하다는 것을 가르치는 일본 천황의 고마움을 설교받았지만, 사실상 일본인 소학교는 조선인 소학교보다 우선순위에 놓이고, 학교에서 조선어를 사용하는 것을 금하며, 조선의 지사나 위인에 관한 것은 물론 조선 황제에 관한 것조차 조금도 언급되지 않을 정도로 불평등한 것에 대해 나는 회의를 품고 있었다.

졸업할 때에 임박해서 조선인 교사가 우리 조선 소학생을 모아놓고 "이제까지 마음에도 없는 거짓 교육을 했다. 조선의 역사를 존중하지 않으면 안 된다. 일본의 교사는 경찰서의 형사다."라고 말하며 우리들 앞에서 운 일이 있었다. 나는 이것을 보고 매우 감동했다.

학교에서의 생활은 그토록 평등을 표방했지만 사실상 불평등했기 때문에 거듭 학교생활과 가정생활은 모순·충돌하고 있었다. 학교에서 교사가 옳다고 가르친 것이 내 가정에서는 옳지 않은 경우도 있고, 또 당시 나는 어린이였지만 실제로 사회를 보면, 일본인과 조선인은 평등하며 동포라고 하였지만 조선인은 차별적이고 불평등한 대우를 받고 있었다.

조선인 공무원은 직무상 중요하고 높은 지위에 앉는 일이 불가능하고, 일본인 관리보다 봉급도 적고, 승진도 늦고, 또 일본인이 경영하는 상점에서는 조선인 손님에게 도량이나 눈금을 속이고 있었고, 같은 노동자간에도 일본인과 조선인을 차별대우하고 있었다.

일본인은 일본을 본국이라 부르고 있었다. 일본어를 국어라고 했지만, 조선인의 입장에서 보면 일본은 본국이 아니며 일본어는 국어가 아니다. 나는 학교에서 일본의 위인을 위인으로서 가르침을 받았지만, 사회 선배로부터 듣자니, 이토 히로부미를 죽인 것은 안중근이라든지, 그 외에 조선을 위해 일한 지사·위인도 많이 있었다.

그처럼 일본 학교의 교육, 일본인의 생활, 일본 관헌의 통치 방법은, 평등을 표방하고 있으면서 조선인에 대해 민족적 차별대우를 하고 있으므로 나는 12, 13세부터 14, 15세에 이르는 사이 경부터 민족적 독립사상을 우선 갖게 된 것이다.

아까 말하기를 잠깐 잊어버렸는데, 그 당시 나는 어린이였지만 일본인의 조선인에 대한 횡포를 목격하고 적지 않은 반감을 가진 일이 있었다. 예를 들면 일본 정부는, 구 조선 정부 시대의 소학교 교과서인 『동몽선습』, 그 외 역사적 교과서는 물론 구 정부 시대의 연호를 사용한 서적을 몰수하고, 그 후 그런 부류의 서적을 소지하고 있는 사람을 벌금에 처했다. 그때부터 나는 오히려 호기심이 생겨 괜히 그러한 책이 읽고 싶어지는 경우도 있었다.

또 일본 정부는 토지측량조사를 함에 있어서 진짜 소유자가 누구든간에 상관없이 조사 당시의 토지 소유 명의인에게 소유자임을 인정한다고 하는 법령을 설정해, 일본인을 소유 명의인으로 하여, 전국적으로 조선인의 토지를 빼앗아버렸다.

민둥산을 몰수한다는 법률을 설정하고 일본인에게 식수를 장려하여 일정기간 내에 일정한 숲을 이루게 해서 일본인에게 그 토지를 내려주어, 결국 전국적으로 조선인의 손에서 산을 전부 빼앗아버렸다.

또 일본인은 한창 고리대금업을 하여, 조선인의 무지함을 이용해 소유하고 있는 토지 또는 가옥을 저당잡고, 조선인이 변제 기일에 돈을 되돌려주러 가도 그 고리대금업자는 돈을 받지 않고 저당물을 몰수해버리며, 후에 말다툼이 되면 고리대금업자에게 얻어맞아 피를 흘린 조선인이 헌병대에 호소하면 헌병대는 그 고리대금업자를 옹호하여, 저당물을 몰수당한 조선인을 꾸짖거나 때리거나 했다.

빚이 있는 일본인 직인(職人)은 숨어서 길 가는 조선인을 때리고, 또 일본 관리는 발견하는 대로 만나는 조선인을 잡아서 무거운 짐을 지게 하고, 목적지까지 도착하고 나서는 그 조선인에게 어떠한 사례나 보답도 하지 않는 것이 통례였다.

또 조선인의 입장에서는 지사(志士)인 의병을 일본 정부는 폭도라 부르고 학살했다. 이런 일들이 일본 민족·일본 정부에 대한 반역적 기분을 갖게 된 두 번째 동기였다.

제4회 심문조서(다이쇼 13년 2월 2일, 도쿄지방재판소)

피고인 : 박준식

(모두 생략)

1문 : 피고가 세 번째로 사상상의 영향을 받은 동기는?

답 : 내가 사상상의 영향을 받은 것은 고등보통학교 시대였다. 전에 말한 대로 당시 나는 점차 일본 민족·일본 정부에 대한 반역적 기분이 높아가고 있었는데, 한편으로는 나는 학문을 좋아하여 연구·향학열에 불타고 있었다. 전에 말한 대로 우리 집은 유복하지 않았기 때문에 학비가 궁했다. 그래서 나는 '부(富)'를 매우 부러워했는데, 이것이 내가 자본가 및 자본주의적 사회제도에 대해 증오심을 갖게 된 제1보였던 것으로 생각된다. 학비가 궁했으므로 나는 일본에 대한 반역적 기분을 억누르면서도 면학을 위해, 장관(도지사)의 추천에 의해 관비로 입학할 수 있는 고등보통학교 사범과에 입학하기로 결심했다. 고등보통학교라고 하면 일본의 중학교에 상당하며, 조선인을 수용하는 학교였다.

나는 입학시험에 낙제했을 경우의 수치를 고려하여 무단으로 대구로 가서 입학시험을 치르고, 합격했으므로 부모에게 그 사정을 알리고, 일부 학비를 받기로 하고, 경성에 있는 동(同) 학교에 입학했다. 입학하고 나서 한 학기정도는 그다지 눈치채지 못했지만, 그 후 동 학교의 교육 정도가 일본인을 수용하는 중학교보다 매우 낮음을 발견했다.

동 학교는 생도(학생)에 대해 영어를 가르치거나 또 영어의 강의록을 읽는 일조차도 금지하고 있었다. 또한 생도가 상업 방면에 치우치는 것을 경계하고 있었다. 영어를 금하고 상업에 치우치는 것을 막는 것은, 조선인이 영어를 배워서 상업에 종사함에 의해 시야가 세계적으로 됨을 경계하는 일본 정부의 방침에 따른 것이었다.

주요한 학과는 일본어이며 또 모든 학과는 일본어를 가르치기 위한 학과이거나 조선인을 일본의 노예로 만들기 위해 준비된 것이었다. 박물역사 교사는 일본과 조선은 한 나라이며, 일본인과 조선인은 동일 인종이라는 것을 고취시켰다. 또 자주 한 사람에 대해 충정애국을 설교하며, 일본 천황의 고마움이라는 것을 설명했지만 우리들에게는 일본 천황의 고마움이 조금도 느껴지지 않았고, 우리의 흥미를 끌지 않았다.

이 때문에 우리 동료들 사이에는 '국가'를 '곡가(穀價)'로, '우리나라(와가쿠니)'를 '우리 먹으니(와가쿠이)'라 읽으며 반역적 기분을 만족시키며 살았다.

또 학교는 조선인에게 경쟁심이나 적개심을 일으키지 않게 하기 위해 대항시합이나, 이와 유사한 유희를 금지했다. 또 조선에서는 조선의 상류사회 사람에 한해서 그 자녀를 일본인 학교에 입학함을 허가했지만, 우리들에게는 물론 일본인 학교에 들어간 조선인에게도 군사교육을 하지 않기 위해 군대교련을 시키지 않았다.

교사의 과반수는 소학교의 교사 수준이었다. 남자들 대부분이 저능했지만 그중에는 재미있는 남자도 있었다.

어느 일본의 고등사범학교를 졸업한 젊은 심리학 교사는 사상을 품은 자로, 고토쿠 슈스이의 대역 사건 이야기를 들려주었으므로 나는 흥미를 갖고 그 이야기를 들은 적도 있다. 역사 교사는 자기는 일본인이 아니라 세계인이라고 하며, 독일이 프랑스로부터 정복당해 후에 독립하게 된 이야기를 들려주어 우리들에게 독립적 기분을 고취시켰고, 고등관인 판사관이 된 후에 창가(唱歌) 선생이 되었다는 남자의 이야기도 꽤 재미있었다.

또 학교는 우리들 조선인 학생에 대해 일본으로 유학한 학생은 불건전하다고 하며, 일인(日人) 등과 교제하는 것을 금하고, 사립학교에는 조선인 교사가 많다는 이유로 그곳 학생과도 교제하는 것을 금하고, 우리들이 기독교 교회나 강연회, 기타 집회에 출석하는 것까지도 금했다. 그처럼 금지당하자, 호기심이 발동해 각 집회에 출석해보고 싶어지는 것이었다.

조선에서는 연설회를 금지하고 있기 때문에, 연설회를 개최할 때는 강연회라는 명의로 여는 것인데, 나는 학교에 다니면서 속속 강연회에도 가고 기독교 교회에도 출석했다. 출석해 보니 조선인 연사자, 목사, 미국인 목사들이 조선어로 반대어나 속어를 사용해 청중에 대해 인종의 자유평등, 독립을 활발히 연설하고 있는 것을 듣고 나는 매우 유쾌히 여겼다.

학교에 가서 내가 그 연설 내용을 들려주자, 다른 학생들이 매우 기뻐하며, 그날 밤 강연회에 많은 수가 출석했으므로, 강연회 주최자를 학교에서 기피하여 그 강연회를 중지한 적도 있을 정도다.

조선 총독이나 일본 고관이 경성을 출입할 때, 또는 학교에 참관하러 올 때에는, 우리들을 사열시켜 환영하는데, 그때 반드시 교사는 우리들이 담배를 소지하고 있는지를 조사한다며 우리들이 위험물을 소지하고 있는지를 조사하고, 우리들 조선인 생도를 일본인 생도 뒷열에 세웠다.

내가 동(同) 학교에 있었을 때, 미국전쟁이 시작되었으므로 우리들은 정류장에서 일본의 군대를 환송하거나 환영하도록 강요당했는데, 우리들은 군대에 대해 만세라고 외쳐야 하는 것을 "일본 망세(亡歲)"라고 소리치며 내심 몰래 스스로를 위로하고 있었다.

오늘은 피곤하므로 이야기는 이것만 해두겠다. 나는 이전부터 체력이 약한데다가, 어제부터 감기에 걸린 듯하니 내일은 형무소에 와서 신문했으면 좋겠다.

제5회 심문조서(다이쇼 13년 2월 3일, 이치가야 형무소)

피고인 : 박준식

(모두 생략)

문 : 지난번 말했던 것의 다음은 무엇인가?

답 : 고등보통학교 시절에 내가 사회로부터 받은 자극을 말해보고자 한다.

지난번 말한 대로 나는 심리학 교사에게서 그의 사상에 관한 이야기를 듣고, 흥미를 갖게 되어 기노시타 나오에(木下尙江), 나쓰메 소세키(夏目漱石), 오가와 미메이(小川未明), 다케고시 산사(竹越三叉), 구로이와 루이코(黑岩淚香) 등의 저서를 읽고 사상적으로 얻는 것이 많았는데, 사립학교의 조선인 학생은 우리들 관립학교의 학생을 '다 된 왜놈'이라 부르며 냉소하고 있어서 나도 내심 일본 정부가 설립한 학교에서 취학하고 있는 것을 부끄러워하고 있었다.

일본 정부는 조선에 대학과 전문학교를 세우는 것을 허가하지 않았으며, 이렇게 해서 일본 정부는 조선인에게 전문적 지식을 주는 것을 막고 노예로 만들어 사용하기에 좋을 듯한 여건의 학교 설립만을 허가했다.

이런 까닭에 조선인으로 하여금 법률을 배워 일본 정부의 공무원이 되지 않는 자는 일본 정부로부터 미움을 받고 괄시당하게 되었다. 또 일본 정부가 조선인의 집회를 금지하고 신문·잡지 기타 출판물의 발행을 허가하지 않고, 외국으로 여행할 여행권을 주기를 거부하는 일들은 일본 정부가 조선인이 세계적이 됨을 싫어했다는 증거다.

또 일본인은 열차 안에서 넓게 좌석을 차지하고 결코 조선의 노약자 남녀에게 자리를 양보하려 하지 않았고, 목욕탕 같은 곳에서도 조선인의 입장을 거부하며, 일본인 노동자에게 조선인 노동자보다도 우선 일을 주며, 쌀이 모자라 나누어주던 때에도 나중에 온 일본인에게 우선 주었다. 그러므로 일본인과 조선인 사이에 불화가 생겨 수명이 사상한 일조차 있고, 재판에서도 조선인과 일본인 간의 소송에서는 조선인 쪽이 패소함이 당연한 귀결이었다.

특히 심하게 마음에 걸리는 것은 데라우치 빌리켄 총독 시대의 아편 정책·매독 정책이다. 외국에 대한 대면상 일본 정부는 아편 매매를 금지하고 있지만 그것은 표면상이며, 내실은 그 매매를 공인하고 있다. 아편은 대개 일본인 의사의 손에서 팔리며 도쿄 성(東京省) 제품이 사용되고 있다. 생각 있는 조선인이 그 매매 사실을 알고 관헌에 신고하면 그 위범자는 2, 3일간 구류해두는 데 그치는 것이다. 그러면서도 일본에서의 아편 매매는 엄중히 단속되고 있다. 일본 정부는 은근히 매춘을 장려하고, 성병을 일본으로부터 유입해 결코 매독 검사를 하려 하지도 않는다. 이러한 것 등은 일본 정부가 정책상 조선인의 멸망을 꾀하고 있다는 증거다.

또 일본 정부는 동양척식주식회사와 결탁해서, 조선의 경제적 실권을 장악하고자 노력하고 있다. 그리하여 일본인과 일본 정부는 정치적·경제적·사회적으로 조선인의 손에서 실권을 빼앗고, 조선 민족의 멸망을 꾀했다. 학대받고 착취당하고 있는 조선 민족이야말로 정말 가엾기 짝이 없다.

나는 학창 시절부터 그런 사회 실상을 보고, 일본 민족에 대한 증오의 염(念), 조선 민족 독립의 염을 갖지 않을 수 없었다. 이상은 다이쇼 8년(1919) - 나는 일본 연호를 사용하기가 불쾌하므로 검사에게 이야기했을 때에는 서력연호를 사용했는데, 서력으로는 잘 모르겠다하므로 이제부터는 일본 연호를 사용하겠다 - 내가 18, 19세 때의 일이었다.

세계대전도 종결되고 베르사유 회의를 열 즈음이 되고 나서 조선인은 서로 호응하여 세계에 대해 조선 민족의 독립을 선언하는 운동을 일으키게 되었다. 그것이 소위 다이쇼 8년 3월 1일 독립소요사건이었고, 나도 독립 만세를 외치며 시내를 누비며 다닐 때는 유쾌했지만, 그즈음 조선의 이태왕(李太王)이 일본과 호의적으로 합병에 동의했다는 각서에 조인할 것을 거부했기 때문에 일본 정부로부터 독살당했다는 이야기를 듣고, 이윽고 학교에서 쓸데없이 날을 보내고 있을 수가 없다는 생각이 들어, 그 때문에 나는 학교에 적을 두고만 있었고, 그 후 일본에 대한 시위운동을 일으킬 계획을 세우고, 동지와 왕래하며 동지 4, 5명과 함께 「독립신문」을 발행하며, 격문을 배포하거나 하면서 실제 운동에 관계하게 되었다.

그러던 때, 나는 3월 1일 소요사건에서, 혀를 자르고 전기를 통하게 하며, 부인의 음모를 뽑고, 자궁에 증기를 통하게 하거나 또는 음경에 지넘(紙捻, 비튼 종이)을 쑤셔넣거나 하는 고문을 했다는 이야기를 듣고, 이렇게 단속이 엄중하고 잔학한 조선에서는 영속적으로 독립운동을 할 수 없다, 조선에서 독립운동을 하다가 한 번 잡히는 날이면 그걸로 마지막이며 다시는 운동을 할 수 없다고 생각하여 이윽고 조선을 떠나기로 결심했다.

그 무렵 나는 인간은, 인종과 인종 사이는 물론이요, 같은 인종의 인간과 인간 사이에도 절대 자유평등하지 않으면 안 된다는 생각을 하고 있었다. 나는 그즈음 광의의 사회주의사상을 갖고 있었던 것이다. 그래서 나는 반일본민족주의와 범사회주의사상을 갖고 다이쇼 8년 10월경, 일본에 왔던 것이다. 내가 일본에 오고 난 후의 생활은 사상상 제4기로서 일대 변화를 겪은 시기였다.

나는 일본에 온 후에 검거에 이르기까지 생활방편으로서 명소(名所)의 신문판매점에서 신문배달을 했고, 제흙공장 직공도 되었고, 후카가와(深川) 구내에서 날품팔이도 했으며, 우편배달부·인력거꾼·중국집·야경수(야간경비)·점원·인삼행상·조선엿장수 등의 노동에 종사했었다.

일본에 와서부터 나는 일본 사회가 조선 사회보다 생활정도, 교육정도가 진보되어 있음을 느꼈지만, 우리들에 대한 일본 경찰의 단속 방법은 조선에서보다는 소위 문명적이었지만, 직접적인 폭력을 쓰지만 않았을 뿐으로 간접적으로는 음험하고 교묘한 스파이 정책을 써서 우리들의 직업과 주거를 빼앗은 사례가 많이 있으며, 이에 따라 반감이 더 커지고 있었는데 그 실례는 생략해두겠다.

사상에 관해, 나는 조선에 있었던 당시부터 주의부터 말하건, 반역적 기분의 만족부터 말하건, 일본이 싫어하고 있는 점부터 말하건, 미국의 과격파 운동에 흥미를 갖고 있었는데, 그 후의 러시아의 모양새를 보니, 종속민족의 개방평등을 표방하면서 다수결 제도에 의해 소수의 의견을 유린하고, 법률을 설정하여 사회민중의 의사를 강제하고 있으므로, 일종의 국가주의의 변형에 지나지 않으며, 소수의 권력자가 국가사회를 강제하는 모양새는 '로마노프' 왕조시대의 그것과 다름없음을 보고 나는 소위 사회주의·공산주의에 만족할 수 없어 동(同) 주의에 공명할 여지가 없었으므로 무권력·무지배의, 모든 개인의 자주자치에 의한 평화로운 세계를 동경하게 되었다.

즉, 나는 당시 절대로 권력이 행사되지 않을 것을 목적으로 하는 무정부주의를 마음속에 품고 있었던 것이다. 그러나 나는 무정부주의에도 의구심을 가졌다. 인간성은 모두 추악해서 인간성에 신뢰하고 기대할 수 없음을 깨닫고 나서, 이 추악한 인간성 때문에 무정부주의라는 이상이 아름다운 서정시를 이룰 수 없음을 알고 나는 허무사상을 품게 되었다.

나의 허무사상에 대해 상세히 설명해보고 싶다. 우선 인간성의 불순부터 말하자면, 일본에 있어서 각종 사회적 운동자에 관해서 보니 동지를 배반하고 변절하는 일은 종종 있다. 이런 운동자는 대부분의 경우 부르주아 생활을 공격하는 이면에 있어서는 거만한 생활을 하고 이상에 치달아 자기의 주장을 자기 생활에 실현하려고 하지 않는다. 그런 점에서 보니 인간에게는 서로 사랑하는 일면, 증오의 감정이 있으므로 나는 절대적 진리나 절대적 선은 그처럼 많이 있을 리가 없다고 생각한다.

또 많은 사람이 똑같이 진리이며 선이라고 생각했다고 해도 이에 반하는 진리·선의 사고방식을 갖고 있는 소수의 약자는 그 강자인 다수의 진리·선을 위해서 희생된다. 또 소수의 진리·선이 보다 강한 권력 위에 놓이면 다수의 진리·선은 소수 때문에 희생되는 것이다. 어쨌든 강자와 약자의 투쟁, 약육강식의 관계가 결국 우주의 대원칙과 같다고도 볼 수 있다. 소위 이것이 신의 뜻인 것같이 생각된다. 타인의 결점만을 보고, 책임감이 적으며, 우월감이 강하고, 질투심이 많고 또 잔인하고, 허위와 위선이 많은 인간에게는 언제나 투쟁이 일어나는 법이다.

다음으로 나는 진리는 우주의 원칙이며 신의 뜻이므로 소중하게 여기지 않으면 안 된다는 생각에 의심을 품고 있다. 모든 사람은 자기의 주장이 진리이며 선이라고 주장하고 있다. 그렇게 되면 모든 사람의 사고방식이 일치하지 않는 한 소위 인간의 진리나 선은 인간의 수만큼 무수해진다. 인간이 이신의 뜻에 복종하지 않으면 안 된다고 한다면 인간만큼 무참한 것이 없다.

전지전능의 신이라는 조물주는 인간을 만들어 인간에게 약육강식의 진리에 복종케 하고 인간을 학살로 인도하고 있으므로, 소위 은혜롭고 전지전능한 신은 실로 잔인한 악마이며, 신은 인간과 만물을 만들어낼 때에는 자비심이 깊고 전지전능했다고 해도 인간과 만물을 만들어낸 후에는 그 사이에 약육강식의 투쟁이 일어나게 하여 약자는 잔인한 비극 속에 휘말릴 수밖에 없음을 보면서, 그것을 구해내려고도 하지 않고 또 구해낼 수도 없을 정도로 냉혹하고 무능하다면 그 신은 오히려 가장 무지무능한 존재일지도 모른다.

약자를 멸한 강자는 그보다 강한 자에 의해 멸망하게 되며, 결과적으로 약육강식의 현상은 각 시대 각 사회를 통해서 영구적으로 일어나는 법이다. 서로 돕고 서로 구제한다는 것은 어쩌면 선일지도 모른다. 그러나 그것은 강자나 약자가 마음대로 자기의 편의를 위하여 사용하는 방편에 지나지 않는다. 그러고 보면 어느 시대나 사회에서 행해지는 바 진리·선이라 칭해지는 것은 결국 강자를 위해 설정된 구실이며, 사회의 질서·법률제도·도덕·종교·국가주권은 어느 것이나 유형무형으로 약육강식의 투쟁관계를 나타내는 미명에 지나지 않는다.

이 약육강식의 관계는 인간사회뿐만 아니라 만물 사이에도 존재한다. 이런 생각을 해온 나는 인간성 자체를 신뢰할 수 없게 되었고 또한 인간은 적막·고독하다는 생각을 갖게 됨과 동시에 나 자신이 조선인으로서 태어난 약자인 것, 또 인간으로서 약자라고 하는 것이 저주스럽게 생각되었다. 나는 원래 만물의 존재를 부정함과 동시에, 참을 수 없는 학대 하에 약자로서 인내하며 따르는 것이 저주스러워 모든 것에 대한 반역·복수로써 모든 것을 멸하는 일이 자연에 대한 합리적 행동이라고 믿게 되었다.

따라서 나는, 자각하여 복수도 하지 못하고 공손·온순하게 일본 정부의 학정을 인내하고 있는 조선 민족에 대해서도 저주스러운 감정이 생겼다. 그러므로 나는 조선 민족의 한 사람으로서, 약자인 조선을 학대하는 강자인 일본의 권력자 계급에 대한 반역적 복수심을 아무래도 떨쳐버릴 수 없었다.

그러므로 나는 방법이 정당하지 않더라도, 커다란 목적을 달성하기 위해서는 비상수단을 행하여 그들을 멸함과 동시에 자신을 멸하기로 생각하여 그 실행에 착수하게까지 되었다. 또한 가능하다면 일본의 권력자 계급뿐 아니라 우주만물까지도 멸망시키고자 생각했던 것이다.

만물의 존재를 부정하고 저주하는 내가 왜 삶을 살아가고 있는지, 또 일본 권력자에 대해 타오르는 복수심을 떨칠 수 없는 내가 왜 그 법령제도에 따르고 있는지 하는 것을 설명해두겠지만, 요컨대 그것은 큰 결과를 기대하기 위해서 하는 구차한 복종이다.

제6회 심문조서(다이쇼 13년 2월 4일, 이치가야 형무소)

피고인 : 박준식

1문 : 피고는 상경 후 앞에 진술한 대로 자기의 사상에 의거해 그 운동을 하고 있었는가?

답 : 상경이 아니라 도쿄에 온 것이다. 자세한 것은 나중에 말하겠지만, 나는 어제 말한 대로 내 사상에 기인하여 다이쇼 10년 가을경에는 '흑도회', 다이쇼 11년에는 '흑우회', '불령사' 등의 무정부주의사상 연구회를 조직하거나, 가네코 후미코와 함께 「후토이 센징」(훗날 「현 사회」라고 개제) 등의 잡지를 발행하거나, 그 외 각종 운동을 해왔다. 허무사상을 가진 내가 왜 무정부주의사상 연구회 등을 조직했는가 하는 이유는 나중에 자세히 말하겠지만, 요컨대 무정부주의사상의 선전, 그 실현은 내 허무사상의 실현에 다다르기 위한 제일보라고 생각하고 있었기 때문이다.

2문 : 피고는 제1회 조사 때 폭탄을 입수할 것을 계획했던 일이 있었던 것처럼 진술했는데, 그것은 불령사의 목적을 이루기 위함이었나?

답 : 그런 일은 없다. 내가 폭탄을 손에 넣으려고 계획했던 일이 있기는 하지만 그것은 불령사와는 전혀 별개의 문제다. 경시청에서나 검사국에서도 그 것을 잘 설명해두었는데 아무래도 오해를 갖고 있는 모양이다. 불령사 회원 제군이 피해를 입지 않도록 하기 위해서 그 폭탄 계획을 수정하게 된 경위를 자세히 진술하겠다. 아무쪼록 오해가 없었으면 좋겠다.

설령 불령사가 비밀결사라고 해도 내가 불령사를 근거로 해서 폭탄을 입수하고자 했다거나, 그 비슷한 생각도 갖고 있지 않았음을 증명하기 위해서 할 수 없이 내가 일찍이 비밀결사 폭력단체 조직에 가담했었고 거기에 실망하여 그 단체를 해산시켰던 일을 말해보겠다.

다이쇼 10년 중반경이었다. 무정부주의 사상을 갖고 있었고 또한 조선 독립 사상을 갖고 있었던 15, 16명의 재경(在京) 조선 학생들이 혈거단(血擧團)이라는 폭력단체를 조직했던 일이 있는데, 이것은 반년 정도 지속되다가 해산했다.

다음으로 다이쇼 10년 10월경 아마 흑도회를 조직하기 전후였다고 기억하는데, 나는 무정부주의적 또는 사회주의적 사상을 갖고 있는 재동경 학생노동자로 조직된 의거단(義擧團)이라는 폭력단체에 가입했었는데, 이 단체는 1년 정도 지나서 해산되었다.

혈거단이나 의거단은, 조선인에게 있어서 조선 민족을 파는 자, 예를 들면 친일파나 조선인을 모욕하는 일본인을 박멸하고, 비밀문서를 배포하는 것을 그 목적으로 하며, 다소 직접적인 행동을 취한 일도 있었지만 일본의 단속이 엄중했기 때문에 이에 대한 희생의 대가가 너무 커, 이런 종류의 폭력단은 직접행동을 취할 필요에 임박했을 때 임시적으로 결속해도 충분하며, 미리 준비해서 영구적으로 이 단체를 존속시켜둘 필요가 없다고들 하므로 해산해버렸던 것이다.

이 일만으로도 불령사가 폭탄 입수를 목적으로 하지 않았음을 설명하기에 충분하리라고 생각한다. 원래 내가 폭탄을 손에 넣으려고 생각한 것은 전적으로 불령사와는 무관하다. 지난번 진술한 대로 내가 다이쇼 8, 9년경 무정부주의사상을 갖게 되고 나서 여러 가지, 소위 음모를 꾀해왔지만 그 후 영속적 단체력에 의존하면 폭로될 기회가 많고 결속의 영속이 곤란하기 때문에 가능한 한 범위를 축소시켜 타력에 의존하지 않고 자력에 의할 것을 생각하게 되었다.

다이쇼 10년 겨울경이라고 기억하는데, 나는 어떤 사람의 소개에 의해 어린

나이지만 모든 외국을 다녔다는 모 선원을 알게 되어 도쿄의 모처에서 그 사람과 처음 만난 이래 종종 교제하게 되었다. 나는 그 사람에 대해서 가명을 사용했는데, 그 사람은 프랑스의 혁명적 생디칼리슴(무정부주의적 노동조합주의)의 영향을 받아서 대략 내 사상과 일치되는 허무적 사상을 갖고 있었다. 그렇기 때문에 나와 그는 심각한 파괴적 운동을 하기로 약속하고 우선 그 사람이 마르세유의 모처 또는 상해의 모처로부터 폭탄과 총을 가져오기로 하고 경우에 따라서는 동행할 것을 약속했다.

그렇지만 운 나쁘게 마침 그때 나는 일본의 경찰이 상투적 수단으로 사용하는, 부랑죄라는 죄목으로 어느 경찰서에 연행되어 이 감옥에서 29일간 구류 처분을 받은 결과 내가 없는 중에 그 선원은 승선 명령을 받아 출항해버렸고, 이후 그의 소재를 알 수 없게 되었다. 원래 나는 그 계획을 포기할 생각은 없었으므로, 내가 가네코와 함께가 되고 난 후에도 그 선원의 소재를 찾았던 적이 있다.

당시 나는 점점 일본의 권력자 계급 – 황실, 대신, 기타 일체의 부르주아, 그들의 전당을 포함해 – 에 대해 반역적 기분이 고조되어가던 시절이라 어떤 때는 페스트균을 압축해서 작은 용기 하나에 넣어 그것을 그들에게 내던져 박멸시키려고 생각한 일도 있었다. 나는 어느 조선 동지로부터 페스트균을 1만 분의 1인가로 압축시켜 용기에 넣어서, 갑자기 그 용기를 깨뜨려 압력을 제거하면 10만 배 정도의 면적에 퍼진다는 이야기를 들은 적이 있다. 그러므로 그것을 내던지며 "어르신, 어서 오세요."라고 할 즈음에는 자동차 안에서 이미 죽어 있을 것이다. 또 아황산을 뒤집어쓰면 전신이 새하얗게 데어 죽는다고 하므로 그 황산을 그들에게 내던져버릴까도 생각했다. 또 내 손으로 몰래 폭탄을 제조하려는 시도도 해보았지만 일본 영내에서는 이것을 시험할 장소가 없고, 시험하다가 발각된다면 어처구니없는 꼴을 당할 것이므로 삼가고 있었다.

그러던 중 다이쇼 11년 2, 3월경이었다고 생각되는데, 어떻게 내 이름을 알

앉는지 모르겠지만 한 조선인 청년이 무슨 사명인가를 위해서 외국으로부터 나를 찾아 도쿄엘 왔다. 원래부터 그 사명은 어느 특수한, 소위 파괴적 음모여서 그 목적은 나의 허무적 생각에 일치했으므로 나는 거기에 결탁했다. 이 계획에 결속되어 있는 동지는 조선인도 있었고 일본인도 있었는데 나는 그 동지간의 연락을 취하는 임무를 맡고, 각 동지는 직접 교통하지 않기로 하며, 상해의 모처로부터 폭탄을 손에 넣어 이것을 우리들 손으로 건네받기까지는 상해의 동지에게 일임할 것, 우리들의 손에 넣은 이상은 그 후 그 폭탄의 처치는 우리들에게 일임할 것, 반역의 실행으로서 폭탄 대여섯 개, 폭탄 불발의 경우에 대비한 자살용 총 대여섯 개, 자살에 실패하여 체포당한 경우는 자백을 막기 위해서 수은 약간을 소지할 것, – 나는 일찍이 어느 중국의 동지로부터 수은을 먹으면 말을 할 수 없게 된다고 들은 바 있다. 그러므로 체포당하면 곧 수은을 먹어 소위 자백하는 추태를 부리지 않기 위해서 수은을 준비하기로 한 것이다 – 가능한 빨리 기회를 보아 폭탄을 사용할 것, 그 폭탄은 가능한 도쿄에서는 조선인 동지가, 경성에서는 일본인 동지가 서로 호응해서 동시 또는 전후로 해 사용할 것 등을 약속했다.

그래서 외국으로부터 나를 방문해 온 동지 중 한 조선인 청년은 외국으로 돌아갔으므로 나는 그 후 그 동지와 서신 왕래로 동지간의 계획 소통을 꾀하고 있었는데, 그 서면은 처음부터 암호문자를 사용했다. 그 암호는 '알파벳' 또는 '이로하(イロハ)'를 숫자에 대응시킨 것이다.

그 비밀서면을 직접 동지에게 보내지는 않았다. 반드시 다른 사람의 손을 거쳐 동지에게 건네지도록 했다. 내가 그 동지로부터 편지를 받을 때에도 같은 순서를 밟았고, 그렇게 해서 그 비밀 서면봉투는 붉은색 모양의 물건을 사용해서 그 편지의 중간자가 애인으로부터의 연애편지를 전하는 것이라고 생각하게끔 조처해두었던 것이다.

거기에 관한 에피소드가 있다. 나는 언제나 비밀편지를 받으면 즉시 태워버리곤 했는데, 어느 날엔가는 그걸 잊은 적이 있다. 언뜻 보기에 연애편지 같은 편지를 나의 한 친구가 보여달라고 하도 조르기에 할 수 없이 보여주었다. 그런데 그 편지에는 숫자만 나열되어 있었으므로 그는 이유도 모르는 채 나를 의심했던 적이 있었다. 그런 관계로 나는 그 후 조선에도 가고 만주의 모처에도 가서 동지간의 연락을 취한 일도 있었다.

그 폭탄은 다이쇼 11년 11월경까지 입수할 예정이었지만 운반 도중 사고에 의해서 좌절되어 다음해 다이쇼 12년 1월경에 그것을 손에 넣기로 계획했는데, 운 나쁘게 조선에서 김상옥 사건이 발생했기 때문에 조선에 있어서의 일본 정부의 단속이 과민해짐과 동시에 경시청에서는 나를 추궁하게 되었으므로 부득이 그 계획의 진행을 삼가지 않을 수 없게 되었다.

물론 그 계획을 완전히 중지한 것은 아니었으므로 항상 그 계획을 꾀하고 있던 차에 동년 4월중에 동지 김중한 군을 만났던 것이다. 나는 동년 2, 3월경 조선에 있던 친구 이윤희 소개로 김 군을 알게 되어 두세 번 편지를 왕래했는데, 동년 김 군이 나를 방문해 처음으로 김 군을 대면하게 되었다.

나는 김 군과 서신왕래를 하던 시절부터 김 군이 무정부주의적 사상을 갖고 있다는 것을 알고 있었지만, 만나서 의견을 교환해보니, 동 사상에 의한 나와 같은 반역적 사상의 소유자이며 인물이 상당히 믿을 만하다고 판단했다. 당시 나는 조금 전 얘기한 대로 동지와 폭탄을 입수할 것을 계획하여 그 계획을 추진하고 있었는데, 그 편만 믿고 있기에는 역시 부족함을 느꼈으므로 김 군에게 부탁하여 폭탄을 입수해 받기로 결의했다.

그 때문에 나는, 작년 5월 중순경으로 기억되는데, 당시 김 군의 홍고 구(本鄕區) 유시마텐진초(湯島天神町) 긴조칸(金城館)의 하숙집에 김 군을 찾아가 그를 대면하여 "나는 죽어도 좋다고 생각하니 폭탄을 받아다줄 수 없겠소. 그대는 최근까지 조선에 있었으므로 조선의 사정에 밝고 나보다 그동안의 사정을 상세하게 알고 있을 터이고, 상해로부터라도 좋고 조선에서라도 좋으니 받아다줄 만한 방법이 없겠소."라고 의미 있는 말을 하고 그것을 의뢰하자, 김군은 "알았소. 어떻게든 생각해보겠소."라고 의미 있는 대답을 했다.

김 군과 나의 대화는 그것으로 끝났지만 그 후 나는 종종 김 군과 왕래했다. 그렇게 하여 그때마다 그런 의견을 교환했다. 그 후 얼마 안 되어 내가 김 군을 만났을 때 김 군에게 "그대에게 지난번 의뢰한 폭탄을 올해 가을까지 받아다줄 수는 없겠는가."라고 묻자, 김 군은 그때까지는 어려울지도 모른다고 말했다. 그러므로 한 달 정도 지난 후의 일이었다고 생각하는데 김 군은 나를 찾아와서 "나는 근일 중 조선에 돌아가려고 생각하는데 그대에게 의뢰받았던 한 건의 일을 수행해보려고 생각한다."는 의미 있는 말을 했다.

그러나 당시 나는 다른 방법에 의존해 소기의 목적을 달성하기로 생각을 굳히고 있었으므로 김 군에게 의뢰했던 것을 조금 경솔했다고 생각하고 있어서 그때 김 군에게 "나는 한순간에 번복해서 매우 미안하지만 전에 그대에게 의뢰한 것을 지금 취소하겠다."고 했다. 그러자 김 군은 불쾌한 얼굴을 했던 것으로 기억된다. 그래서 나는 김 군에게 "그러한 일은 서로를 위해서 하는 것이므로 절대로 입 밖에 내지 않기로 합시다. 앞으로도 서로 기분을 상하지 않고 공동의 문제에 대해서는 협력합시다."라고 말하고, 어쩐지 꺼림칙한 상태로 헤어졌다.

그 후 김 군과 나는 무의식적으로 점점 멀어져가는 것 같았는데, 작년 8월 11일경이라고 기억한다. 불령사의 정기모임 후에 김 군은 나에게 "나는 그대에게 폭탄에 관한 것을 부탁받고 그대를 존경하고 신뢰해왔는데 그 후 당신으로부터 그 일을 거절당했으므로 매우 낙담했소. 그대는 비겁하지 않은가."라고 말했으므로 나는 한동안 참고 그대로 따르며 김 군에게 그것을 사과했다. 그 밖의 문제도 겹쳐 김 군이 내 집의 다다미를 자른 것은 그날의 일이었다.

3문 : 피고가 김에게 가을까지 폭탄을 입수해달라고 부탁한 경위는?

답 : 나는 작년 가을경 황태자가 결혼한다는 이야기를 듣고 있었다. 그 때문에 나는 가능한 한 그때까지 폭탄을 입수해서 그 기회에 그것을 사용하려고 생각하고 있었으므로 김 군에게 가능한 한 가을까지 손에 넣도록 해줄

수 없겠는가 하고 의뢰했던 것이다. 일본 황태자의 결혼식은 일본 제국으로서 가장 축하할 만한 일 중의 하나이므로 일본의 천황도, 외국의 사신도, 신문기자도 모여들 것이고, 일본의 중신도 그 행렬에 참가할 것이므로 그 행렬 때 일본 황태자에게 폭탄을 내던져서 잘 명중된다면 좋고 만일 명중되지 않는다고 해도 그 주위의 중신을 죽일 수가 있다.

만일 운 나쁘게 황태자에게도, 중신에게도 명중되지 않고 실패한다 해도 조선 민족은 결코 일본에게 일본화되어 있지 않다, 또 일본 정부가 선전하는 만큼 일본인과 조선인은 결코 융화되어 있지 않다, 또 조선인은 일본 제국의 소위 선량한 새로운 백성 즉 노예임을 조금도 원하지 있지 않다는 것을 세계에 알리는 데에는 가장 좋은 기회가 된다. 그것은 조선에 있어서의 사회적 제 운동이 침체한 일본의 사회운동에 커다란 자극을 주는 가장 좋은 기회이며, 일본 천황이나 황태자를 죽여서 일본 민중이 신성시하고 침범할 수 없는 것으로 생각하고 있는 종교적 중심인물을 땅에 떨어뜨려, 그것이 우상이며 두부찌꺼기의 덩어리 같은 자라는 진가를 알리는 데에는 가장 좋은 기회일 거라고 생각했으므로 나는 어떻게든 일본 황태자의 결혼 때까지 폭탄을 손에 넣고 싶다고 생각한 것이다.

4문 : 피고는 일본 황실에 대해서 어떠한 관념을 가지고 있는가?

답 : 나는 일본으로부터 학살당하고 있는 조선 민족의 한 사람으로 일본 천황과 황태자 즉 황실에 대해 떨쳐버릴 수 없는 증오의 감정과 반역심을 처음부터 가지고 있었고 하등의 존경심을 가지고 있지 않았지만, 그러나 일본 천황, 황태자는 하나의 우상에 지나지 않는 불쌍한 제분기(製糞器)이며 가련한 희생자이다. 행렬 때에 민중이 멀리한다는 의미에서 격리된 전염병 환자 또는 페스트 보균자이며, 인중이 긴 놈들을 속여서 모은 사창가의 얼굴마담과 같이 민중을 기만하고 착취하여 억압을 가하는 권력자 계급의 간판인 것이다. 정체를 알고 보면 별것 아닌 유령이지만, 일본 사회에 있어서 정치적 실권자는 황실이 아니며 일본의 정치·경제·사회를 지지하고 있는 것은 정

치가, 군벌 자본가이므로 그들을 보는 일이 현재 사회제도를 전복시키기에 가장 의미가 있다.

계몽적 선전시대에 있어서 오늘날 일본에서는 일본 민중에 대하여 황실이 하나의 미신으로 구축된 우상에 지나지 않음을 드러내기 위해서, 또 황실과 황태자인 유령을 위해서 일반 민중이 얼마나 속박되어 있는가 하는 것을 자각시키기 위해서는 제분기를 노리는 일도 포기하기 어려웠다.

특히 조선의 일반 민중은 일본 천황, 황태자를 명실공히 존재하는 실권자이며 하늘을 함께 받들 수 없는 수적(讐敵)이라고 생각하고 있으므로, 이 자의 존재를 이 지구상에서 말살시켜버리는 일은 조선 민족에게 감격과 함께 자주 전투적 기분을 갖게 한다는 점에서 도저히 포기할 수 없는 유효한 방법의 하나였다. 마침 하라 다카시(原敬)가 살해당했을 때 조선인은 각지에서 비밀로 축하회를 열었을 정도였으니까 말이다. 그러나 일본에서는 황실에 대한 죄는 다른 죄와 비교해 커서 비율이 맞지 않는다는 점과 나무인형이라는 점으로 보아 일본의 사회운동자는 황실을 건드리지 않도록 하고 있는 것으로 받아들인다.

제7회 심문조서(다이쇼 13년 2월 5일, 이치가야 형무소)

피고인 : 박준식

(모두 생략)

1문 : 피고가 김에게 폭탄 입수를 의뢰했을 때 김은 피고에게 그 비용으로 1천 원이나 2천 원을 필요로 한다는 것을 말하였는가?

답 : 나는 나 개인에 관한 일이라면 괜찮지만 친구의 일에 관해서는 별로 이야기하고 싶지 않다. 판사가 신문하는 것 같은 일이 있었는지도 모르겠다.

2문 : 피고는 폭탄 입수에 필요한 비용은 어떻게 만들 심산이었는가?

답 : 그런 식으로 깊이 관여하면 비용 운운하는 것은 언급하고 싶지 않다. 폭

탄을 입수하는 데 필요한 비용으로 500원이나 1천 원의 돈이라면 만들 길이 없지도 않다. 나는 그 방법 출처를 말하지 않겠다.

3문 : 피고는 피고가 발행하는 잡지 「현 사회」의 광고료를 모아서 그 비용에 충당할 생각은 없었는가?

답 : 나는 일찍이 검사실 사람에게 그러한 식으로 말한 일도 있었지만 그것은 거짓말이다. 대저 내가 그러한 잡지를 발행하거나 하고 있었던 것은 하나의 표면운동에 지나지 않았다. 나는 어제 말한 대로 나에게 있어서 커다란 목적의 실행을 기대하고 있었으므로 일본의 관헌으로부터 내가 참된 목적으로 하는 운동을 간파당하지 않도록 기만하는 방법으로서 잡지를 발행하고 있었던 것이다.

지난번에 나는 삶을 부정하면서 살아오고 있고 일본의 관헌에 대해서 반역심을 가지고 있으면서도 그 제도에 부분적으로 복종하고 있었던 것은 커다란 목적을 달성하기 위한 묵묵한 인내라고 말해두었는데, 잡지의 발행 등에 관한 것은 바로 그 하나다. 그런 고로 나는 각종 잡지를 발행하는 데 있어서 이 가벼운 제거 명령에 관해서는 당분간 관헌의 검열을 승인해두었던 것이다. 또 기사 내용도 극히 표면적으로 해두었다.

또 연설회를 개최하는 데 있어서도 반드시 신고를 해서 일본 관헌의 허가를 얻어 개최하고, 허가되지 않는 것에 대해서는 강행하지 않았던 것이다. 이렇게 해서 나는 조금 민중에 대해서 전투적 기분을 자극하고 자극을 촉구하는 데 그쳐서 일본 관헌으로 하여금 내 진의를 알지 못하도록 노력하여, 일본 관헌이 파츠크야르는 직업적 표면운동을 하고 있는 데 지나지 않는 자라고 생각하게 하는 데 노력하고 있었던 것이다.

4문 : 파츠크야르란 무엇인가?

답 : 파츠크야르란 '박열(朴烈)'을 조선의 읽는 법에 따라 부른 나의 이름이다.

5문 : 피고는 진실로 김에게 폭탄의 사용 목적을 말하지 않았는가?

답 : 말하지 않았다.

6문 : 이유는?

답 : 우리 동지 사이에는 목적을 수행하는 데 있어서 그 목적을 듣거나 성명을 듣거나 하는 일은 예의가 아니라고 생각하고 있다. 그런 고로 김 군은 나에게 그 목적을 묻지 않았고 나는 그 목적을 말하지 않았을 뿐이다.

7문 : 피고가 김에게 폭탄의 입수 의뢰를 취소한 이유는 무언가?

답 : 어제도 말한 대로 나는 다른 방면으로 폭탄을 입수하는 것이 김 군에게 입수하는 것보다도 더 안전하며 확실하다고 생각하여 김 군에게 한 의뢰를 취소한 것이었고, 특별히 김 군의 인격에 관해 회의를 품었던 것은 아니다. 이것만은 김 군을 위해서 부언해두겠다.

8문 : 피고는 언제 가네코 후미코를 알게 되었는가?

답 : 나는 다이쇼 11년 1, 2월경 가네코를 알게 되었다.

9문 : 가네코와 동거하게 된 것은?

답 : 그것은 동년 5월 상순의 일이라고 기억한다.

10문 : 피고가 가네코와 동거할 것을 결의한 경위는?

답 : 나는 그녀와 대면하고 그녀의 허무적 사상이 나의 사상과 일치하고 있음을 알고 동지로서 공동생활을 하기로 결의한 것이다.

11문 : 가네코의 허무적 사상의 내용은?

답 : 나는 가네코와 동거하기 전후 종종 의견을 교환했는데, 그녀의 사상은 나와 거의 일치했다. 그녀는 나와 동거하기 이전부터 반역적 기분에 충실해 있었는데, 나와 동거한 후 점점 우리 두 사람의 사상이 공명하게 된 것이다.

12문 : 가네코는 피고가 가지고 있는 듯한 민족적 사상을 가지고 있는가?

답 : 그녀는 나와 같이 조선 민족의 한 사람은 아니므로 민족적 반역심을 갖고 있지는 않은 것 같았지만 깊은 동정심을 품고 있었다.

13문 : 피고의, 소위 일본의 권력자 계급에 대한 가네코의 사상은 무엇인가?

답 : 가네코와 나 사이의 일은 타인과 나와의 일보다 비교적 말하기 쉽지만 그래도 나 자신에게 직접 관계되는 일 외에는 말하고 싶지 않다.

14문 : 피고는 지난번 진술했던 것처럼 폭탄을 입수해서 직접 행동으로 옮길 것을 종종 가네코와 협의했는가?

답 : 과거 사실을 그대로 다 진술하는 것은 그녀의 기분을 상하게 할지도 모르며, 과거 사실을 부인하고 속이는 것 또한 그녀의 기분을 상하게 할는지 모른다. 나는 그녀의 기분을 존중하므로 그 질문에 대답하지 않겠다.

15문 : 피고는 폭탄을 입수하는 데 있어서 김에게 의뢰한 것을 그녀와 협의했는가?

답 : 그것도 지금 대답한 것과 같은 의미로 대답하지 않겠다. 따라서 나는 그런 사실이 있었다고도 없었다고도 말하지 않겠다.

16문 : 피고가 그녀를 옹호하려고 그렇게 말하는 것은 아닌가?

답 : 결코 그런 것은 아니다.

17문 : 피고는 그녀와, 만일 이런 종류의 계획이 폭로되었을 때 한 사람이 그 모든 책임을 짊어지고 남은 한 사람이 소기의 목적을 달성할 것을 약속하였는가?

답 : 그 질문에도 대답하기 어렵다.

18문 : 피고 스스로 상해에 가서 폭탄을 입수해 이를 운반하려고 생각한 적이 있었는가?

답 : 그런 일도 있었다고 기억한다.

19문 : 상해의 어디에서 그 폭탄을 입수하는가?

답 : 대답하지 않겠다.

20문 : 피고는 그 상해행 계획을 가네코에게 말한 적은 없는가?

답 : 그러한 질문에 대하여 대답하는 것은 곤란하다.

21문 : 가네코는 피고가 직접 행동으로 옮기기 위해 폭탄을 입수하는 데 대해, 김에 관한 관계는 물론 그 외 모든 관계를 피고와 상담한 것처럼 말하고 있는데, 정말인가?

답 : 가네코가 임의로 그와 같은 것을 말하고 있다면 나는 그것을 전부 인정

하겠다. 언젠가 자세하게 말하기로 하겠다.

22문 : 지난번 진술에 의하면, 피고가 폭탄 입수 방법을 상담했다는 선원의 이름은?

답 : 나는 이제까지 될 수 있는 한 친구에게 폐를 끼치지 않기로 했으므로 그 선원의 이름을 말하지 않은 것인데, 만일 무관계한 사람에게 폐를 끼치는 일이 생겨서는 안 되므로 말하기로 하겠다. 그 선원은 모리타(森田)라는 사람이었다.

23문 : 모리타의 이름은?

답 : 모리타의 이름은 뭐라고 했는지 진짜로 잊었다.

24문 : 모리타가 근무하는 회사 및 배 이름은?

답 : 그 기억은 지금 확실하지 않으므로 대답하기 어렵다.

25문 : 피고가 폭탄 입수 방법을 상의했다는 조선 청년의 이름은?

답 : 그 청년은 일본 관헌의 세력 범위 외의 지역에 살고 있으므로 그 이름을 말해도 지장 없을 것이다. 그 청년은 최혁진이라는 사람이다.

26문 : 모리타 및 최는 가명이 아닌가?

답 : 모리타 씨는 나에게 가명을 사용하고 있지 않았을 것으로 생각한다. 우리들 동지는 혹 편의를 위해서 동지 사이에서조차 종종 가명을 사용하는 일이 있으므로 최 씨는 나에게 가명을 사용했는지도 모르지만 나는 가명이 아니었을 것으로 생각한다. 또 나는 일단 판사에게 그 성씨를 말한 이상은 모리타나 최라는 가명을 사용해서 대답하는 것도 아니다. 가명을 사용할 정도라면 지난번 모두에서 판사에게 거절한 것처럼 처음부터 아예 모리타 씨 등의 이름을 말하지 않았을 것이다.

27문 : 피고는 우편배달부로 변장해서 폭탄을 던지려고 생각한 적이 있었는가?

답 : 그런 일도 있었다. 나는 소기의 일을 실행하기 위해 일본의 가련한 희생자 우리의 모양을 알아둘 필요가 있다고 생각하고 있었으므로 일찍이 어느

우체국에 고용되어 집배원이 되어 그 우리에 들어가본 적도 있었다. 우리에 들어가자 자연히 혁명가가 입에서 흘러나왔다. 그 가련한 희생자 행렬에 폭탄을 던질 때에는 배달부로 변장해서 카키색 말뚝과 불독의 울타리를 빠져 나갈까 생각한 적도 있었다.

28문 : 희생자의 우리라든지 불독이라든지 카키색 말뚝이라든지 하는 것은 뭔가?

답 : 희생자의 우리가 무엇인가는 판단해보라. 불독이란 경시청의 개 등을 말하는 것이며, 말뚝이란 소위 대일본제국의 간성(干城)을 말하는 것이다.

29문 : 피고는 다이너마이트를 사용하려고 생각한 적이 있는가?

답 : 그런 일도 있었다. 그러나 다이너마이트는 폭발에 손이 가므로 불편하다고 생각했다.

30문 : 피고의 조선 황족에 관한 관념은?

답 : 나는 조선의 황족에 대해서도 별로 존경심을 갖고 있지 않으며 오히려 증오심을 갖고 있다. 조선 황족은 일본의 황족이 가련한 희생자인 것보다 그 이상의 의미에서 가련한 희생자다.

원래 조선에서는 일반에게 황족의 존재는 특별한 인종이 아니라는 것을 의미하여 속담에 '왕에 종류 없음'이라고 하듯이, 일본에 있어서와 같은, 황실은 신성하다고 하는 종교적 미신을 가지고 있지 않다. 또는 이것은 유교의 양위(讓位)를 마음대로 하는 식의 사상의 영향을 받고 있을지도 모른다.

제8회 심문조서(다이쇼 13년 4월 11일, 도쿄지방재판소)

피고인 : 박준식

(모두 생략)

문 : 피고에 대해서 폭발물단속 벌칙위범으로 이러한 추가 기소가 있었는데 어떤가?

(이때 판사는 피고인에게 다이쇼 13년 2월 15일 날짜로 피고인에 대한 폭발물단속 벌칙위반 피고 사건임을 알렸다.)

답 : 나는 우리들이 그러한 일을 할 것인가 하고 생각하며 암암리에 기다리고 있었다.

문 : 피고는 이소홍을 알고 있는가?

답 : 알고는 있다.

문 : 피고는 이소홍에게 의뢰하여 암호문서를 건네준 적이 있나?

답 : 그런 적도 있었다.

문 : 피고가 이소홍에게 의뢰하여 암호문서를 건네받았다는 수취인은 김한인가?

답 : 그렇다.

문 : 피고가 김한과 그러한 암호문서를 왕래한 사정은 어떤가?

답 : 나는 김군과 폭탄에 관해 어느 정도 관계하고 있었으므로 그와 암호문서를 왕래하고 있었다.

문 : 김한과 폭탄에 관해 관계하고 있었다라는 것은 무엇인가?

답 : 김한 군은 조선에서 사회운동을 하고 있는 유력한 동지였었는데, 나는 재작년경부터 잡지 등을 왕래하여 알고 있었다.

그런데 재작년 9월중 내가 시나노가와의 조선인 학살사건에 관해 경성에 보고하러 갔을 때 그곳의 무산자동맹회 및 기타 두세 군데에서 여러 번 김한 군을 대면했었는데, 나는 일본 정부에 대해 철저하게 반대하기에는 비상수단을 취할 수밖에 없었다. 그것이 곧 선전이며 투쟁이기도 하다. 모든 표면적 사회운동은 심각한 운동을 하기 위해 일본 권력자의 눈을 속이는 수단이 아니면 안 된다고, 지난번에 내가 진술해둔 내 생각을 김한 군에게 말했더니 김한 군도 그에 공명하여, 여기에 나와 김한 군이 상호 연락해주기로 된 것이다.

그래서 동 군은 재작년 11월경까지 폭탄을 나누어주게 되어 있었으나 김상옥 사건 때문에 다시 일이 꼬이게 된 것이다. 나는 김한 군과 회견했을 때 경성에 약 일 주일 정도 체재하며 마지막에 연락을 위한 암호문서에 관한 것을 상의하고 돌아왔다.

문 : 재작년 11, 12월경 폭탄을 입수하는 데 관하여 어떤 사정 때문에 좌절했다는 것은 뭔가?

답 : 그것은 어떤 사람이 문나(文那)의 어떤 곳에서부터 폭탄을 운반하는 도중 조선과 만주의 국경 부근에서 그자가 장작림(張作林)의 부하에게 체포되어 그 폭탄을 몰수당했으므로 좌절을 초래한 것이다.

문 : 김한은 의열단원인가?

답 : 그런 것 같다.

문 : 피고는 의열단에 가입되어 있는가?

답 : 의열단과 관계는 있다.

문 : 의열단의 주의(主義)는?

답 : 의열단은 일본 자본주의적 제국에 대해 폭력으로써 대항하는 단체다.

문 : 허무사상의 피고가 어째서 의열단과 제휴하게 되었는가?

답 : 공통의 문제 때문이다.

문 : 공통의 문제 때문이란?

답 : 의열단이 일본의 자본주의적 제국주의에 반대하는 점에서 내 사상 감정에 거의 일치하기 때문이다.

문 : 피고가 지난번 어느 사명을 가진 한 조선인이 외국에서 피고를 방문해 온 결과 상해의 모처로부터 폭탄 수 개, 총, 수은 등을 수입하는 것을 계획한 일이 있다고 진술했던 그 조선인은 김한인가?

답 : 그렇지 않다. 나는 당시 어떻게든 폭탄을 입수하여 빨리 내 계획을 추진하고 싶다고 생각하고 있었으므로 지난번 말한 바와 같은 관계의 조선인 청년 쪽에게만 기대하고 있을 수가 없어서 별도로 김한 군과 지난번 말해두었던 바와 같은 관계를 맺은 것이었다. 그러나 김상옥 사건 때문에 나는 김한

군 쪽은 물론 그 조선인 청년과의 관계를 끊지 않으면 안 되게 되었던 것이다. 그러므로 잠시 후에 제3단계로 김중한 씨와의 관계가 생긴 것이다.

문 : 이소홍은 피고와 김한과의 연락관계를 알고 있는가?

답 : 이씨는 그 관계를 조금도 모른다.

문 : 김한으로부터 피고인 앞의 암호문서는 누가 피고에게 전해주었는가?

답 : 그것은 말하지 않겠다.

제9회 심문조서

피고인 : 박준식

(모두 생략)

1문 : 피고가 저번에 진술한, 상해의 어딘가에서 폭탄 수십 개와 권총 몇 자루 등을 들여오는 것을 피고와 계획했다고 하는 조선인 청년은 누구인가?

답 : 그것은 전에 언급한 바 있는 최혁진 군이다.

2문 : 최혁진은 지금 어디에 있는가?

답 : 상해에 있을 것이다.

3문 : 최혁진의 주의나 사상은 무엇인가?

답 : 최군은 조선독립주의 사람으로 25, 26세에 그 사상을 받았다.

4문 : 피고는 최혁진과 언제, 어디서 만나서 그 같은 이야기를 나누었는가?

답 : 최 군은 전에 진술한 바대로 내가 1923년 2, 3월경에 도쿄에 와서 10일 정도 체재하면서 최 군이 다카다 부근에서 있다는 말을 들었지만 확실히 어딘지는 알 수 없었고, 실제로 만난 곳은 밤중에 에도가와 공원 내에서이다.

5문 : 피고는 그 이전에 최혁진을 알고 있었는가?

답 : 그렇지 않다. 그때 본 것이 처음이었다.

6문 : 피고는 소개를 받아서 최혁진과 만났는가?

답 : 그렇다.

7문 : 누가 피고에게 최혁진을 소개해주었나?

답 : 이필호 군이 나에게 최군을 소개시켜주었다.

8문 : 이필호는 피고와 최혁진의 교섭에 관여하고 있었는가?

답 : 이 군은 나와 최 군과의 교섭에 함께 참여했다.

9문 : 이필호는 지금 어디에 있는가?

답 : 이 군은 1년 전 천국에 갔다.

10문 : 피고가 폭탄을 입수할 때 최혁진과 교섭을 계속했다는 것은 전에 진술한 바대로인가?

(그때 판사는 피고인에 대한 제6회 조서 중 제2문답을 낭독한 것으로 되어 있다.)

답 : 대체로 그와 비슷하지만 조서가 조금 틀린 부분이 있다고 생각된다. 그 잘못된 점을 정정해주었으면 한다. 그때 나에게 읽어준 내용 중 붉은 봉투를 사용한 암호편지를 전달자가 받아 온 밀서라고 간주한 점, 폭탄을 운반 중에 사고 때문에 중단된 점 등은 나와 최혁진 군과의 사이에 있던 일이 아니고, 이것은 나와 김한 군이 관련된 것이다. 그 외의 점은 모두 나와 최 군이 관계한 일이다.

11문 : 피고는 최혁진과도 암호편지를 주고받았는가?

답 : 그렇다.

12문 : 이필호는 당시 어디에 있었는가?

답 : 그때 이 군은 주로 나가하쿠 기숙사에 있었다.

13문 : 피고는 김한과의 사이에도 암호문서를 교환했는가?

답 : 그것은 전에 말한 대로이다.

14문 : 가네코 후미코는 의열단에 가입해 있었는가?

답 : 가네코 후미코는 내가 폭탄 건에 대해 김한 군과 교섭하고 있던 때부터 간접적으로는 의열단과 관계하고 있었다고 말할 수 있지만 직접적으로 의열단에 가입한 것은 아니다.

15문 : 그러면 피고는 전에 진술한 바대로 폭탄을 입수해서 사용하는 것에 대해 제일 먼저 그 선원, 두 번째로 최혁진, 세 번째로 김한, 네 번째로 김중한과 교섭하기로 계획하고 있었는가?

답 : 그렇다.

16문 : 가네코는 피고와 선원의 교섭에 관계하고 있었는가?

답 : 그렇지 않다.

17문 : 가네코 후미코는 피고와 최혁진과의 교섭에 관계하고 있었는가?

답 : 역시 그렇지 않다.

18문 : 그러면 가네코 후미코는 김한 또는 김중한과의 교섭에 대해 피고와 함께 교섭하고 있었는가?

답 : 가네코가 그렇게 말했다면 틀림없는 사실이다.

제10회 심문조서

피고인 : 박준식

(모두 생략)

1문 : 피고는 선원 모리타 아무개하고 폭탄 유입에 대해 협의를 했을 때 그 사용 목적과 방법에 대해 말해주었는가?

답 : 나는 모리타 군과 폭탄 유입 방법에 대해 상담해야겠다고 속으로 생각하고 있었다. 그러나 사용 방법이나 목적 등은 모리다에게 말해주지 않았다.

2문 : 그러나 피고는 전에 모리타와 함께 심각하고 파괴적인 운동을 하기로 약속했다고 말하지 않았는가?

답 : 전에 그렇게 진술한 것은 틀림없는 사실이지만 모리타 군에게 폭탄의 사용 목적에 대해 구체적으로 언급하지는 않았다. 그러나 그 당시 모리타 군은 어느 정도 진척된 파괴적 사상을 가지고 있었기 때문에 그 사용 목적이 어떤 방면이었는지 어느 정도 알고 있었다고 생각한다.

3문 : 피고는 최혁진에게도 그 사용 목적을 말해주었는가?

답 : 나는 최 군에게도 그 사용 목적을 말하지 않았다. 최 군도 그 사용 목적에 대해 별로 나에게 묻지 않았다.

4문 : 그러나 피고는 전에 최혁진이 어떤 사명을 가지고서 피고를 방문했다고 말했으며, 또 그 사명의 용건은 어떤 특수한 파괴적 음모를 목적으로 하는 것이며 피고는 그 사명 의뢰를 수락했다고 진술하지 않았나?

답 : 전에 내가 그와 같이 말한 것은 최 군의 사명에 대해 이심전심으로 내가 느끼고 있던 것이었을 뿐이다. 나와 최 군은 명시적으로 폭탄의 사용 목적에 대해 말하지는 않았다.

5문 : 김한과는 어떠한가?

답 : 김한 군에 대해서도, 김중한 군에 대해서도 마찬가지다. 미리 폭탄을 입수하는 것을 서로 의논했기 때문에 모리타, 최혁진, 김한, 김중한 등과 그 사용 목적을 감으로만 알고 있었다고 생각한다. 그렇기 때문에 그들은 비록 위험을 동반하는 일이라는 것을 알면서도 폭탄을 입수하는 것을 양해해주지 않았나 생각한다.

그러나 나는 이것이 발각당하게 되면 이들에게 폐해를 끼치게 될 것을 염려했기 때문에 나는 늘 그 사용 목적을 밝혀두지 않았던 것이다. 또 그와 같은 것에 대해서도 서로 묻지 않는 것이 우리 동지간의 도덕이었다. 그리고 나와 이들간에는 요컨대 폭탄 운반 준비에 관한 사항에 대해서만 서로 이야기했을 뿐이다.

6문 : 그렇다면 다시 한 번 묻겠는데, 피고가 폭탄을 사용하려는 목적의 진의는 어디에 있었는가?

답 : 모리타 군, 최혁진 군, 김한 군에게 폭탄을 유입하는 것을 상담했을 때의 내 심정은 일본의 정치적·경제적 실권을 있게 하는 모든 계급자 내지는 그 간판 - 그 간판이란 일본 천황, 황태자를 말한다 - 에 종속하는 것에 대해 폭탄을 사용하기로 생각하고 있었다. 가능하면 폭탄으로 그와 같은 모든 것들을 날려버리고자 했다. 그 모든 것을 다 없애버리는 것이 불가능했기 때

문에 내가 조선인이라는 입장에서 제일 먼저 일본 천황과 황태자 가족을 겨냥한 것이었고, 지금도 그러한 마음을 가지고 있다.

나는 허무적인 사상의 입장에서, 목적에 대해 미리 상세한 설계를 해야 했고, 그렇기 때문에 그 대상에 대해서도, 요컨대 폭탄을 입수할 수 있는 가장 빠르고 적합한 기회를 이용해서 가장 효과적인 그와 같은 한두 가지 방법으로 폭탄을 사용할 계획이었다.

7문 : 김중한과의 관계에 있어서 피고의 폭탄 사용 목적은 무엇이었는가?

답 : 내가 김중한 씨에게 폭탄 건에 대해 부탁했을 때의 처음 목적은 김한 군 등에 대해 부탁한 바와 거의 같았다. 나는 김중한 씨의 의사를 확인해서 확실하다면 그에게 부탁해서 상해의 최혁진 군이 있는 곳에서 폭탄을 가져다 달라고 할 생각이었다. 그랬기 때문에 나는 당시 김중한 씨에게 먼저 그해 가을까지 폭탄을 입수해줄 수 있겠는가 하는 의미로 말한 것이다.

8문 : 피고가 김중한에 대해 그해 가을까지 폭탄을 입수해달라고 말한 진의는 무엇인가?

답 : 내가 김중한 씨에게 그와 같이 부탁한 것은 작년 5월 중순쯤의 일이었다. 당시 일본의 황태자는 지난해 가을경에 결혼식을 올리겠다는 것을 발표했기 때문에 나는 그 결혼 시기 때까지 폭탄을 입수할 수 있으면 그 결혼행렬이나 식장에 폭탄을 사용해서 가능한 한 천황이나 황태자를 없애야겠다고 생각했기 때문이다.

9문 : 피고는 왜 일본의 천황, 황태자 전하에 대해 소위 폭살 대상으로 삼았는가?

답 : 나는 일본의 천황, 황태자 개인에 대해서는 어떤 원한도 가지고 있지 않다. 그러나 내가 일본의 황실, 특히 천황, 황태자를 대상으로 삼은 가장 중요한 첫 번째 이유는, 일본 국민에게 있어서 일본의 황실이 얼마나 일본 국민에게서 고혈을 갈취하는 권력자의 간판 격이고, 또 일본 국민들이 미신처럼 믿고 있고 신성시하는 것, 신격화하는 것의 정체가 사악한 귀신과 같은 존재

임을 알리고, 일본 황실의 진상을 밝혀서 그 신성함을 땅에 떨어뜨리기 위함이었다.

두 번째 이유는 조선 민족에게 있어서 일반적으로 일본 황실은 모든 것의 실권자이며 민족의 증오의 대상이기 때문에 이 황실을 무너뜨려서 조선 민족에게 혁명적이고 독립적인 열정을 자극하기 위해서였다. 세 번째는 침체되어 있는 일본의 사회운동가들에게 혁명적인 기운을 불어넣기 위해서였다. 일본 천황은 병이 들었지만 황태자와 함께 황실의 표면적이고 대표적인 존재이다. 특히 내가 작년 가을 황태자의 결혼식에 폭탄을 사용할 계획을 가지고 있었던 것은 조선 민족의 일본에 대한 의지를 세계에 표명하기에 최적의 시기라고 생각했기 때문이다.

10문 : 피고가 김한과 폭탄 건을 계획한 내용은 김중한과 협의한 것과 마찬가지로 황태자 전하의 결혼식을 겨냥한 것이었나?

답 : 김한 군에게 폭탄 건을 이야기했을 때, 나는 일본 황태자 결혼식에 관한 것은 생각하지 않았던 것으로 기억한다.

11문 : 그러나 피고가 김한과 연락을 취한 1923년 9월경의 신문상에는 황태자 전하의 결혼 이야기와 그 결혼식이 1924년 봄 또는 가을에 거행될 것이라고 발표되어 있었지 않은가? 따라서 피고는 김한과의 관계에 있어서도 역시 황태자 전하의 결혼식을 겨냥해서 김한에게 폭탄 건을 제시한 것이 아니었나?

답 : 내가 김한 군과 폭탄 건을 상의할 당시, 일본의 황태자 결혼에 관한 것과 그 결혼이 작년 봄 또는 가을에 거행될 거라는 내용이 신문에 실렸는지 어땠는지는 모른다. 그러나 나는 그 당시 그 결혼식을 이용할 생각은 하지 않았다고 기억한다.

12문 : 피고는 천황 폐하와 황태자 전하를 소위 유일한 목표물로 생각하고 있지는 않았는가?

답 : 그렇지 않다. 아까도 말했듯이 나는 일본 천황과 황태자를 대표적인 대

상으로서 생각했을 뿐이다. 일본의 사회조직을 정리하기 위해서는 원로대신, 관료, 군벌과 자본가 등 정치·경제상의 실권자를 말살하는 방법이 천황과 황태자를 없애는 것보다 효과적일지도 모르지만, 일본의 천황과 황태자를 대상으로 하는 것이 보다 의미 있다는 것은 아까 말한 바와 같다. 그렇기 때문에 나는 파괴적인 행위의 대상 중에서도 이 두 사람을 중요한 목표물이라고 생각하고 있었던 것이다.

13문 : 피고는 일단 그 폭탄을 입수하고 나서 그것을 누가 사용하게 할 생각이었나?

답 : 내가 그것을 사용할 생각이었다.

14문 : 가네코 후미코와 함께 그것을 사용할 생각은 없었는가?

답 : 영역을 넘어서 나 이외의 사람에 관한 것을 말하는 것은 내 성미에 맞지 않기 때문에 언급하기 싫다.

15문 : 그러면 피고는 피고의 소위 대상 중의 중요한 목표로서 천황과 황태자 전하에게 위해를 입히기 위해 김중한 등에게 폭탄을 유입할 것을 계획한 것은 틀림없는 사실인가?

답 : 그렇다.

제13회 심문조서

피고인 : 박준식

(모두 생략)

1문 : 피고는 지난번 김한과 다음과 같은 담화를 나눈 적이 있다고 말한 적이 있는가?

(이때 판사는 피고인에 대한 제8회 심문조서 중 6문과 그 대답을 읽었다.)

답 : 그렇다. 그와 같이 말한 기억이 있다.

2문 : 이 점에 대해 김한은 피고와 일반적으로 추상적으로 그같이 말한 것은 아닌가. 특히 폭탄에 관한 내용에 대해서는 말하지 않는다고 서로 말해둔 것은 아닌가?

답 : 만약 그렇다면 김한 군의 기억이 맞을 것이다.

3문 : 피고는 가네코 후미코에게 경성과 도쿄에서 호응해 폭탄을 사용한다는 것을 말했었나?

답 : 어쩌면 그 얘기를 가네코 후미코에게 말했을지도 모른다. 그러나 그것을 말했다고 하는 것과 그녀가 범행을 함께할 요량으로 서로 이야기를 나누었다는 것은 전혀 근거 없는 것이므로 이 점에 대해서는 오해를 풀어주었으면 한다.

4문 : 그와 같이 호응해서 폭탄을 사용한다고 하는 것은 최혁진과의 일임이 틀림없는가?

답 : 틀림없다.

제14회 심문조서

피고인 : 박준식

(모두 생략)

1문 : 피고가 지난번 프랑스 방면 등에서 폭탄 유입 방법에 대해 협의를 본 선원 모리타 아무개라고 하는 자는 스기다 요시이치라는 자가 틀림없는가?

답 : 나는 그 선원 이름을 모리타 또는 스기다라고 부른 것을 기억한다.

2문 : 피고와 스기다 요시이치와의 관계에 대해 묻겠는데, 피고는 이 사람을 알게 될 당시 기무라라는 이름을 사용하고 있었는가?

답 : 나는 나와 그 선원과의 관계에 대해서는 전에 진술한 것 이상으로 더 이상 진술할 생각이 없다.

3문 : 이유는 무엇인가?

답 : 그런 것은 그다지 중요한 것이 아니기 때문에 말하고 싶지 않다. 더 이

상 이것에 대해 심문하지 않았으면 한다.

제15회 심문조서

피고인 : 박준식

(모두 생략)

1문 : 피고가 지금까지 진술한 내용 중에서 사실이 아닌 것이 있어서는 안된다. 지금까지의 피고에 대한 심문조서 전부를 읽어주는 것을 원하는가?

답 : 지금까지 진술한 것은 모두 사실이므로 읽어줄 필요는 없다.

2문 : 그때그때의 기분에 따라 대충 진술해버린 것도 있어서는 안 되기 때문에 읽어주는 게 좋지 않을까?

답 : 소위 임의의 진술이기 때문에 평소와 같이 내가 말하는 것을 그대로 허심탄회하게 기록해주었으면 한다.

일본의 사법 관헌과 셀 수도 없는 교섭을 한 경험이 있는 관점에서 보았을 때 지금 심문관은 비교적 적을 바르게 이해해주려고 했고, 적을 모욕하지 않는 사람이었다. 이같이 이전과는 다른 경우였기 때문에 적이기도 하고 동지라고도 느끼며, 지금 심문관을 진실된 사람이라고 생각하고 존경하고 있는 바이다. 이와 같은 이유에서 나는 처음부터 그렇게 불쾌한 기분을 갖지 않고 당신들에게 소위 심문에 대해서 아는 대로 대답한 것이다. 따라서 지금 그것을 읽어줄 필요는 없을 것 같다.

제16회 심문조서

피고인 : 박준식

(모두 생략)

1문 : 폭발물 단속 벌칙 제1조에는 '치안을 방해하고 사람의 신체, 재산을 해하고자 하는 목적으로 폭발물을 사용한 자 및 남에게 그것을 사용하게 한 자는 사형 또는 무기 혹은 10년 이하의 징역 또는 금고에 처한다'라고 규정하고 또한 그 제2조에는 '앞 조항의 목적으로 폭발물을 사용하고자 할 때 발각된 자는 무기 혹은 5년 이상의 징역 또는 금고에 처한다'라고 규정되어 있는데, 그러나 형법 제73조는 '천황, 태황, 태후, 황태후, 황후, 황태자 또는 황태손에 대하여 위해를 가하거나 또는 가하고자 했던 자는 사형에 처한다'라고 규정되어 있는 바에 의하여 피고의 이제까지의 진술을 종합하니 피고의 소행은 혹은 이 형법 제73조의 죄에 해당하는 것처럼도 생각되는데 피고의 진술은 사실 그것과 상이(相異)는 없는가?

답 : 그것에 대답하기 전에 우선 들어주지 않으면 안 되는 것이 있는데, 가네코와 김중한에 관한 것으로, 두 사람은 당신에게 어떠한 것을 말하고 있는지 가능한 한 들려주었으면 좋겠다.

2문 : 요컨대 가네코는 김한과의 관계에 대해서는 처음부터 피고와 상담해서 폭탄 투거를 계획하고 있었다고 진술하며, 김중한은 피고의 의뢰를 받아 폭탄 입수를 위해서 상해에 연락을 취하러 갈 것을 승낙했다고 진술하고 있는데 어떤가?

답 : 또 그에 대답하기 전에 물어두고 싶은데, 가네코와 김중한 씨는 폭탄 투거의 목적이라든지 대상이라든지에 관해 어떻게 진술하고 있었는지 그것을 들려주었으면 좋겠다.

3문 : 가네코는 요컨대 황태자 전하를 폭탄 투거의 대상으로 하고 있었다고 진술하고 있고, 김중한은 단지 지금 읽고 들려주는 대로 진술하고 있다. 확실히 해두기 위해 이 두 사람이 함께 진술하는 바를 읽고 들려준다면 다음과 같은데, 어떠한가?

(이때 판사는 피고인에게 피고인 가네코 및 김중한에 대한 예심 심문조서를 전부 읽고 들려주었다.)

답 : 지면상으로는 무인 것을 유라고 쓰는 일도 가능하다면 유인 것을 무라

고 쓰는 일도 가능하다. 또 혹 하나의 사실을 길게 연장하는 일도 가능하다면 짧게 축소하는 일도 가능하다. 실제로 상대로부터 들은 것조차 신용할 수 없는 경우도 있을 정도이므로 나는 원래 소위 조서라는 것을 신용하고 있지 않았는데, 작년에도 당신에게 말해두었을 테지만 그와 같이 나는 당신이 자신의 견해를 상대에게 강제하는 사람이 아니라고 믿는다. 조금이라도 그렇게 믿고 싶다. 그런 기분으로 지금의 당신의 심문에 대답하고자 생각하는 나는 가네코와 김중한 씨를 소위 공범자로서가 아니라 증인으로서 맞이하고 싶었던 것이다.

그러므로 나는 이제까지 소위 음모의 대상이나 목적물에 대해서는 그다지 결정적으로는 말할 수 없었었는데, 가네코가 그와 같이 말하고 있다고 한다면 나도 그 대상에 관해 결정적으로 말할 수가 있다. 실은 나는 일본의 황제, 황태자를 폭탄 투거의 가장 중요한 대상으로 하고 있었다. 그렇기 때문에 폭탄이 손에 들어오면 언제라도 좋은 기회에 그것을 사용한다고 이전에 진술해두었던 것이었다.

또 그것과 다름없지만 가능한 한은 일본 황태자의 결혼기까지 모두가 시기에 맞도록 계획을 진행시키고 있었다. 제일 처음에 당신에게 거짓말은 하지 않겠노라고 밝혀두었고, 또 실제 지금까지 거짓을 말할 작정은 아니었는데, 그러나 사실에 있어서 폭탄 투거의 대상물에 관해서는 엄밀히 말하자면 소극적으로 거짓말을 해둔 것이 되므로 그것을 여기에서 고쳐 말함과 동시에 당신에게 사과하겠다. 어떻게든 양해해주길 바란다.

이제까지 이번 사건에 관해 가네코가 처음부터 소위 공범자로서 관계되어 있는지 어떤지를 밝히기 꺼리고 있었는데, 가네코가 그와 같이 진술하고 있다고 한다면 나는 가네코의 의견에 긍정한다. 이 일을 전과 같은 의미로 당신에게 사과한다. 그러나 김중한 씨와의 관계에 관해서는 나는 내가 이전에 진술해둔 것을 고집하겠다.

제17회 심문조서

피고인 : 박준식

(모두 생략)

1문 : 피고 김중한에 대하여 폭탄을 투거하는 데는 이번 가을의 결혼식 또는 노동절 때를 호기로 하여 또는 대사, 공사, 경시청 등을 목적으로 해도 좋은 것처럼 진술했는가?

답 : 그런 것을 일반적으로 말했는지도 모른다.

2문 : 피고는 천황·황태자 전하에게 폭탄을 투거할 것을 주요한 목적으로 한다고 하면서 어째서 김중한에게는 그러한 것을 말했나?

답 : 김중한 씨와의 교섭에 대해서는 전에도 말해두었지만 내가 김중한 씨에게 그러한 것을 말한다고 한다면 그것은 혁명이나 반란이나 하는 것을 일으키기 위해서는 그러한 것을 목적으로 하는 것이 비교적 유효할 것이라고 일반적으로 열거했을 것이다. 내가 김중한 씨와 교섭한 진의는 만일 김 씨와 마음이 맞는다면 나는 김 씨에게 부탁하여 상해의 최혁진 군 있는 곳에 가서 받을 작정이었다. 그러나 나는 아직 김 씨에게 그것을 해명할 정도의 마음도 되어 있지 않았기 때문에 일반적으로 열거하여 김중한 씨의 마음을 들어보았을 뿐이었다고 생각한다.

그러나 나는 인원의 형편에 따라서는 주요한 동물 외에 내각, 의회, 경시청, 재판소 또는 수도·전기의 근원지까지도 폭파할 생각도 있었기 때문에 나는 수도나 전기의 근원지를 조사해본 적도 있었다. 그렇지만 내 아내와 나에게 있어 그중에 가장 곤란한, 그리고 가장 주요한 목적은 일본의 황제, 황태자에 해당하는 것이었는데, 여기에 잠깐 다짐해두겠지만 인원의 형편에 따른다고 해도 나는 어떤 사람들과 그 의논을 하고 있었다는 것은 아니다. 다른 사람에게 폐를 끼쳐서는 안 되기 때문에 그것을 부연해두겠다.

3문 : 피고는 어떻게든 그 마음을 반성할 수 없겠는가?

답 : 반성이라고 하는 것은 어떤 의미인지 모르겠지만 반성이 소위 개과천선을 의미하는 것이라면 그것은 나에 대한 커다란 모욕이다. 나는 적에게 이와 같이 잡히기 전까지는 이 지역에서 나 자신에 속한 모든 것을 걸고 일본의 제국적 자본주의 국가를 도괴시키기 위해서 충분히 자유롭게 행동해왔기 때문에 적도 나에 대해서 충분히 자유롭게 행동하는 것이 좋을 것이다. 그것이 정녕 당연할 것이므로 나는 어떤 일에 대해서도 적인 일본 관헌의 방식에 대해서 불법이라든가 불공평이라든가 잔인이라든가 악랄이라든가 하는 그러한 말이나 항의 같은 것을 할 생각은 없다.

나는 적에게 잡힌 그날부터 적의 손에 의해 좌우될 수 있는 모든 것은 다 포기하고 있는 것이다. 또 말해두겠지만 일본 관헌은 나와의 싸움에서 이겼다. 당신들도 이기겠지만 그러나 잘 생각할 것까지도 없이 그대들은 승리하고 패해 있는 것이다. 나는 실제 실패해서 승리한 것이다. 이것은 단순한 기분만이 아니라 현실의 가까운 장래를 바라보아 나는 모든 위기를 부정하므로 나는 그대들이 마음대로 만든 법률이나 재판의 가치는 전혀 인정하고 있지 않다. 따라서 내가 한 일이 폭발물 단속규칙의 제 몇 조에 해당하는지, 형법 제73조에 해당하는지 그것이 어떤 형태인지 모르겠지만 그런 것은 아무래도 좋은 것이다.

그런 것은 그대들이 마음대로 결정했으므로 마음대로 하는 것이 좋다. 그런 것으로 그대들과 싸우지 않겠다. 원래 나는 죽음이라는 것을 무서워하지 않는다. 새삼 말할 것까지도 없이 나는 그대들이 가장 신성시하는 것으로 있는 또 유난스럽게 여기고 있는 우상을 죽이려고 했다. 불령선인이므로 그대들도 당 불령선인을 죽여도 좋을 것이다. 그것은 극히 당연한 일이기도 할 것이다. 나에게 반성한다든지 개과천선한다든지 할 여지는 없다.

4문 : 그밖에 뭔가 진술할 것은 없는가?

답 : 나는 당신에게 진정하려고 생각해서 내가 감옥에서 쓴 「음모론」, 「한 불령선인으로부터 일본의 권력자 계급에게 전한다」, 「나의 선언」, 「일하지 않

고 잘 무위도식하는 논」을 가지고 왔다. 「나의 선언」과 「일하지 않고 잘 무위도식하는 논」이란 내 허무적 사상을 나타낸 것이며, 「음모론」은 허무주의자로서의 전략을 쓴 것이며, 「한 불령선인으로부터 일본의 권력자 계급에게 전한다」는 조선인으로서 내가 일본 제국에 대한 태도를 나타낸 것이므로 그대들이 읽어보면 좋을 것이다(이때 피고인은 우측에 그가 쓴 책 4권을 제출했다).

5문 : 이 책을 압수하려고 생각하는데 어떤가?

답 : 나는 이런 것을 쓰면 어떨까, 그대들의 보물이 될 것이라고 생각하고 있었다. 그러나 나는 재판정에 서서 재판실 사람들의 심문에 대답하는 것조차 굴욕이라고 생각하고 있다. 그러나 재판실 사람들이 어떻게 해서든 심문하고자 한다면 전부터의 사건의 영향 하에 하나하나의, 소위 심문에 앞서 우선 이 4책을 낭독해서 내 입장을 선언하고자 생각하므로 그것을 알아준다면 이것을 압수해도 좋고 마음대로 해도 좋다(이때 판사는 피고인에게 우측의 책을 4권 압수하는 취지를 알렸다).

6문 : 변호인에 관해서 희망하는 바가 있는가?

답 : 나는 소위 공판정에서 변호사를 번거롭게 하는 일은 일절 피하고 싶다고 생각한다. 일본 제국의 법정에서 나의 권리를 요구하거나 또는 싸우거나 할 의사는 조금도 없다. 일본 제국에 대해 그 근본부터 반대하고 있는 내가, 그 법정에서 어떠한 권리를 주장하고 또는 요구한다고 하여 내가 일본 제국 정부의 법정에 있어서 자기의 권리를 쟁취한다고 한다면, 그것은 곧 내가 일본 제국에 항복해 그 신민이 되는 것을 의미한다. 그렇지 않으면 자선을 탄원하는 거지가 되는 것을 의미하는 것이다. 나로서는 이 이상 나 자신을 모욕하는 것이 또 있을 수 없겠다. 나는 자기의 입장을 선언하기 위해서 법정에 나온 것이다. 진술을 하기 위해서 나온 것이 아니므로 어떤 종류의 변호사도 나에게는 필요 없음을 여기에 밝혀두겠다.

제19회 심문조서

피고인 : 박준식

(모두 생략)

1문 : 피고가 다테마쓰 예심판사에게 서술하고 있는 바에 의하면 단순히 폭발물단속 벌칙위범이 아니라 형법 제73조 황실에 대한 죄에 해당하는 것처럼 생각되는데, 그런 것이라면 중대하고, 관할도 대심원의 관할이 되므로 당직도 이 사건에 간여하여 다테마쓰 예심판사와 함께 돕게 되었다. 지금 우선 피고에 대해 확인하는데, 이제까지 피고가 다테마쓰 예심판사에게 서술하고 있었던 일은 사실과 다름없는가?

답 : 틀림없다. 또 이것을 증명하기 위해 당 불령선인들의 다음 시구를 제시해두겠다. "처음부터 승인하지 말고 뭐든 확실히 부탁해라, 일본 개야.", "평소 결심했는데 기로친, 나는 북도(北道)를 용기를 내어 간다." "태어나는 것이 축하스러운 일이라면 죽는 것은 거듭 축하스러운 것이다, 기로친".

2문 : 피고는 최초 다이쇼 10년 스기모토에게, 다음으로 다이쇼 11년 2, 3월경 최혁진에게, 다음으로 동년 9월 이후 김한에게, 다음으로 다이쇼 12년 5월경 김중한에게 폭탄 입수를 부탁한 게 틀림없는가?

답 : 그들 일에 관해서는 지금 여기서 새삼스럽게 말할 필요를 느끼지 않는다. 나는 이제까지 이것들에 관해서는 말할 필요가 있다고, 또는 말해도 좋다고 생각한 것은 모두 당신들과 한패거리인 다테마쓰에게 말해두었을 것이다. 그리고 그것이 틀림없다는 것을 이곳에서 확실히 해두겠다.

3문 : 그 폭탄 입수의 목적은 그 폭탄을 사용하여 주로 천황 전하와 황태자 전하를 죽이려고 한 것이었는가?

답 : 그것에 상이 없다.

4문 : 천황과 황태자 전하를 죽이려고 하는 이유는 피고가 다테마쓰 예심판사에게 작년 5월 12일에 진술한 "나는 일본의 천황, 황태자 개인에 대해서는 아무런 원한을 가지고 있지 않다. 그러나 내가 일본의 황실, 특히 일본의 천황·황태자를 대상의 하나로, 가장 중요한 자 중 하나로 든 것은 첫째로 일본 민중에 대해서는 일본 황실이 일본 민중의 고혈을 착취하는 권력자의 간판이며 또 일본 민중이 미신으로 하고 있는 신성한 것, 신과 같은 자가 아니라 그 정체는 실은 유령과 같은 자에 지나지 않음을, 즉 일본 황실의 진가를 알리고 그 신성함을 땅에 떨어뜨리기 위해서, 두 번째로 조선 민중에 대해서는 동 민족이 일반적으로 일본의 황실을 모든 실권자라고 생각하고 있고, 증오의 과녁으로 하고 있으므로 이 황실을 쓰러뜨려 조선 민중에게 혁명적·독립적 열정을 자극하기 위해서, 세 번째로 침체되어 있는 것 같은 일본의 사회운동자에 대해서는 혁명적 기운을 불어넣기 위해서였다. 일본의 천황은 병자이기는 하지만 황태자와 함께 황실의 표면적·대표적인 자이며, 특히 내가 작년 가을 황태자의 결혼식에 폭탄을 사용할 것을 결심한 것은 조선 민중의 일본에 대한 의사를 세계에 표명하기에 가장 좋은 시기라고 생각했기 때문이었소."라고 진술한 대로의 이유였는가?

답 : 틀림없다고 생각한다.

5문 : 피고가 천황·황태자 전하를 죽이려고 했다고 하는 것이 피고의 이상이며, 아직 그 이상을 실현하려고 계획한 것은 아니었는가?

답 : 그것은 단순한, 소위 이상은 아니었다. 그것을 직접 목적으로 계획을 추진시킨 것이었다.

6문 : 그 일을 직접적인 목적으로 해서 계획을 추진했다는 것은 가네코와 공모한 후의 일인가?

답 : 그렇다. 가네코는 처음부터 그대들이 말하는 소위 공모자였던 것이다.

제21회 심문조서

피고인 : 박준식

(모두 생략)

1문 : 누마(沼) 판사의 조사에 관해 진술한 것은 틀림없는가?

답 : 나는 거짓은 말하지 않는다고 했으므로 거짓이 아니다.

2문 : 반복해서 심문하겠지만 피고가 황태자 전하의 결혼식을 기다려서 천황·황태자 전하에게 위해를 가할 것을 계획하고 있었던 것은 틀림없는가?

답 : 그렇다. 틀림없다.

3문 : 민족 인류의 공동평화를 위해서도 피고의 생각을 반성하지는 않겠는가?

답 : 서로 사랑한다든지 평화라든지 하는 미명하에, 기실은 약육강식의 보기 흉한 투쟁을 행하고 있다는 것은 이미 내가 진술해둔 바이다. 삶이 있기 때문에 모든 해악이 행하여지므로 만일 사랑이라는 관념을 허가한다면 인류를 이 지상으로부터 대청소하는 것이 참된 사랑이 아니겠는가. 또 삶을 긍정하고 삶이 해악의 원천이 아니라고 가정했다고 해도 천황·황태자와 같은 기생충을 살려두는 것은 인류사회 민족의 참된 평화를 해치는 것이 아니겠는가. 따라서 반성하라는 그 말은 당신들에게 돌려주겠다. 당신들이야말로 반성하는 것이 어떤가.

4문 : 그러면 피고에 대한 폭발물단속 벌칙위범 사건의 심리를 이 정도로 끝내고자 한다. 피고들이 혐의를 받고 있는 원인은 전회에 알린 대로이지만 역시 다짐을 위해 말한다면 이와 같다. 뭔가 변명할 것이 있는가.

(이때 판사는 피고인에게 증인 스기모토, 하라자와, 이소홍, 이소암, 신염피, 신영우, 김한, 최영환, 나가타의 각 증언 요지 및 피고인 가네코 후미코, 홍진우, 최규종, 육홍균, 서동성, 정태성, 오가와, 김중한, 니야마, 장찬수, 한예상, 서상경, 하세명, 노구치, 구리하라가 각각 공술한 요지를 알림으로써 혐의를 받은 이유를 알렸다.)

답 : 아무것도 없다.

나는 **박열**이다

초판 1쇄 펴낸 날 2017. 6. 23.

지은이   김삼웅
발행인   양진호
발행처   도서출판 인문서원
임프린트   도서출판 책뜨락

등 록   2013년 5월 21일(제2014-000039호)
주 소   (121-893) 서울시 마포구 양화로 56 동양한강트레벨 718호
전 화   (02) 338-5951~2
팩 스   (02) 338-5953
이메일   inmunbook@hanmail.net

ISBN   979-11-86542-40-8 (03910)

이 도서의 국립중앙도서관 출판예정도서목록(CIP)은 서지정보유통지원시스템
홈페이지(http://seoji.nl.go.kr)와 국가자료공동목록시스템(http://www.nl.go.
kr /kolisnet)에서 이용하실 수 있습니다. (CIP제어번호: CIP2017013468)